# MÉMOIRES

## INÉDITS

### DE LOUIS-HENRI DE LOMÉNIE,

# COMTE DE BRIENNE,

### SECRÉTAIRE D'ÉTAT SOUS LOUIS XIV;

PUBLIÉS

### Sur les Manuscrits autographes,

AVEC UN ESSAI SUR LES MOEURS ET SUR LES USAGES DU XVIIe SIÈCLE,

### PAR F. BARRIÈRE,

Éditeur des *Mémoires de madame Campan*.

### TOME PREMIER.

## PARIS.

### PONTHIEU ET Cie, LIBRAIRES,

PALAIS-ROYAL.

LEIPZIG. — PONTHIEU, MICHELSEN ET Cie.

## 1828.

# MÉMOIRES

## INÉDITS

### DE LOUIS-HENRI DE LOMÉNIE,

# COMTE DE BRIENNE.

### TOME I.

DE L'IMPRIMERIE DE CRAPELET,
RUE DE VAUGIRARD, N° 9.

# AVERTISSEMENT.

« Un historien, dit Mably, n'est plus un « homme privé : il juge les peuples et les « Rois. » Brienne n'a jamais eu de si hautes pensées. Après avoir été ministre, c'est en homme privé qu'il écrit ses Mémoires. Il n'est point historien, il est peintre : il n'a voulu juger ni son souverain ni son siècle, mais il a montré l'un et l'autre ; et personne, à la cour de Louis XIV, ne fut peut-être mieux placé pour rendre un semblable tableau tout à la fois piquant et vrai.

Les Mémoires de Brienne renferment des particularités si secrètes, qu'on pourrait s'étonner qu'elles aient été sues. Mais ses premières années, âge heureux où les souvenirs sont si vifs, il les passa pour ainsi dire dans l'oratoire d'Anne d'Autriche, dans les cabinets des ministres et dans la familiarité d'un jeune Roi, qui n'avait rien de caché pour lui. A quinze ans il était secrétaire d'État : Mazarin, tout-puissant, lui dictait ses dépêches; Louis XIV, amoureux, s'étonna de l'avoir pour rival : jeune, bien fait, courtisan spirituel, homme aimable et ministre, il surprit à la cour de son maître les secrets de l'amour et de la politique. C'en est assez déjà pour exciter un désir curieux ; mais la curiosité redouble quand des manuscrits autographes ne laissent aucun doute sur l'authenticité de ses révélations.[1]

Elles sont, je l'avouerai, quelquefois indiscrètes ; et cependant la malignité n'y a point

[1] Henri-Auguste de Loménie, comte de Brienne, père de celui dont il est ici question, publia, en trois volumes in-12, des Mémoires qui parurent en 1719. Quant aux Mémoires inédits de son fils, il y a long-temps qu'on en connaissait l'existence. Presque tous les biographes en ont parlé. C'est un devoir pour moi de donner des détails scrupuleux sur le hasard qui les a fait passer dans mes mains.

Ils se composent de deux manuscrits. Le premier, relié en maroquin rouge, est d'une belle écriture du temps. Je dois la propriété de ce volume à M. Robert, conservateur de la Bibliothèque Sainte-Geneviève; il le tenait de son

## AVERTISSEMENT.

de part. Si la plume de l'auteur est un peu libre, cette licence même ajoute un trait de plus aux mœurs de l'époque. En faisant son portrait, il a peint ses contemporains, quoique aucun d'eux n'ait eu peut-être une fortune si changeante et des goûts si divers. Il fut ambitieux et joueur, dévot et libertin : il passa du ministère au fond d'un cloître,

père, qui avait été lui-même attaché, comme bibliothécaire, à MM. de Brienne, descendans de l'auteur des Mémoires et ministres sous Louis XVI.*

Le second manuscrit, plus authentique encore et non pas plus curieux, *est tout entier de la main de l'auteur, et signé de lui.* Ce manuscrit autographe appartenait à M. le vicomte Morel de Vindé, pair de France. J'en ai fait l'acquisition à l'époque où S. S. mit en vente quelques parties de sa bibliothèque.

Je n'avais pu lire le premier manuscrit sans éprouver le regret de voir qu'il renfermait des souvenirs fort piquans, mais incomplets : qu'on juge de ma surprise et de ma joie, lorsqu'après avoir parcouru le manuscrit de M. de Vindé, je m'aperçus qu'en rétablissant l'ordre des temps et des faits, il offrait l'ensemble des Mémoires.

On va les lire tels qu'ils sont, et tels que M. de Brienne,

* *Voyez la Notice, page 190 de ce volume.*

et de la cour dans une prison. Ces vicissitudes expliquent comment des cardinaux et des femmes célèbres, des grands seigneurs et des jansénistes figurent tour à tour dans ses Mémoires. Les faits qu'ils retracent ne pourraient nous sembler étranges que parce que les usages du temps ne nous sont pas assez familiers.

archevêque de Toulouse, avait eu lui-même l'intention de les publier, au moment où la révolution éclata. Quelque étranges que puissent paraître plusieurs des faits racontés dans ces Mémoires, les manuscrits originaux sont là pour en garantir l'authenticité. Je me ferai toujours un plaisir de les communiquer à tous ceux qu'intéressent la littérature et l'histoire.

Soulavie en avait connu quelque chose : il en cite des extraits en cinq ou six pages, à la suite des Mémoires de Saint-Simon ; mais, soit qu'il ne pût se défendre de dénaturer ce qu'il touchait, soit que M. l'archevêque de Toulouse, qui avait pu lui donner ces extraits, voulût détourner de lui l'attention, Soulavie attribue à M. de Luynes ces Mémoires, dont il n'a pas cité d'ailleurs une seule phrase conforme au texte. D'autres écrivains en ont dit un mot depuis lui : tout ce que je puis penser de plus favorable à leur égard, c'est qu'ils en ont parlé sans les connaître.

## AVERTISSEMENT.

Le dix-septième siècle nous est connu. Des écrivains du talent le plus rare ont peint les hommes et raconté les événemens; mais la dignité de l'histoire a négligé trop souvent de descendre, des faits publics, aux détails des mœurs privées. On a lieu d'en être surpris et d'en éprouver du regret, car c'est, pour ainsi dire, rappeler une seconde fois à la vie toute la société d'une époque que de la reproduire avec ses goûts, ses usages, son ton, ses penchans, ses plaisirs. En voyageant, on ne peut quitter un pays pour visiter une contrée voisine, sans y saisir d'un œil avide les moindres différences dans les traits, le costume et le maintien des habitans; dans l'aspect des édifices et l'ameublement des maisons : passer d'un siècle à un autre, c'est encore faire un voyage; et les détails qui nous plaisent, en traversant les lieux, n'ont pas moins de charmes pour nous lorsque nous traversons les temps.

Cette observation m'a frappé en retrouvant, dans les Mémoires de Brienne, des usages si différens des nôtres, et des coutumes qui s'accordent si peu avec les idées de notre âge. J'ai donc pensé qu'on ne lirait pas sans utilité, et, si j'ose le dire, sans intérêt, une suite de faits, de particularités, d'anecdotes, empruntés à l'époque elle-même, et qui peindraient l'esprit de la nation, le caractère de la galanterie, les mœurs du clergé, le cérémonial de la cour, les divertissemens du peuple ; qui montreraient avec leurs habitudes, leur physionomie et quelquefois leur langage, le courtisan dans les salons de Versailles, le guerrier sous la tente, l'homme d'État dans ses bureaux.

Voilà dans quelles vues et par quels motifs j'ai cru nécessaire d'écrire l'Essai qui précède ces Mémoires. La singularité des scènes que Brienne y raconte, les usages bizarres auxquels il a fait allusion, sans s'imaginer un moment qu'on en perdrait la trace après lui, tout m'a confirmé dans ce projet.

Mais en crayonnant une esquisse des mœurs du siècle où vivait l'auteur, j'ai suivi constamment son exemple. Autant que possible, dans cet *Essai*, je me suis abstenu de l'éloge et du blâme. J'aurais voulu, dans quelques passages, me défendre de l'indignation que le vice inspire; j'aurais voulu faire tomber, sans colère, le masque de l'hypocrisie, et sauver même, aux travers, les traits du ridicule : si je n'ai pas toujours été maître de moi, je l'ai tenté du moins.

Quelle impression laissera cet Essai? S'il doit en résulter que nous valons mieux que nos aïeux, et qu'il y a, de nos jours, plus de retenue dans le langage, plus de décence dans les mœurs et plus d'humanité dans les cœurs, je ne vois pas qu'on ait sujet de s'en plaindre.

Je ne vois pas surtout qu'on ait sujet de se plaindre, si nous avons à la fois plus de vertus privées et plus de bien-être, et si nous trouvons, dans la comparaison d'un autre âge, plus de motifs d'aimer le temps où nous vivons et les institutions qui nous gouvernent.

# ESSAI

SUR

## LES MŒURS ET LES USAGES

### DU DIX-SEPTIÈME SIÈCLE,

POUR SERVIR D'INTRODUCTION AUX MÉMOIRES
DE BRIENNE.

Les souvenirs du dix-septième siècle sont remplis, pour nous, d'illusions. Le règne de Louis XIV y jette, en effet, un éclat qui pourrait éblouir et tromper tous les yeux. Au seul nom de ce prince se réveillent en foule des idées de grandeur et de magnificence : comment supposer que les habitudes conservassent encore quelque rudesse et les mœurs quelque âpreté, chez un peuple qui n'admirait dans les arts, dans les lettres, au théâtre, que les chefs-d'œuvre du génie? Notre imagination prévenue ne voit rien que de noble à la cour du grand Roi; et parce qu'un cercle brillant s'y montrait rempli de politesse, on serait tenté de penser qu'il n'y avait de même, à cette époque de splendeur et de gloire, qu'élévation dans les sentimens, élégance dans les manières, et délicatesse au fond des cœurs : on pourrait se méprendre.

Chez toutes les nations, les esprits se policent long-temps avant les mœurs. En France, il en devait être ainsi plus que dans aucune autre contrée. Un peuple vif et gai, brave et galant, mais léger, mais indiscret, dut s'exercer de bonne heure à trouver ces tours ingénieux, ces traits prompts et malins qui décèlent ou le désir d'être aimable, ou l'art de saisir les travers. L'esprit d'une nation tient à son caractère autant qu'à ses penchans : ses mœurs dépendent au contraire de son gouvernement, de ses lois, de ses institutions; et des institutions sont si lentes à former! A la cour, dans les camps, à la ville, et même au fond du sanctuaire, une foule de coutumes étranges, d'usages ignorés de nos jours, restèrent pour attester long-temps, dans les rapports des hommes entre eux, une rudesse hautaine et grossière que des égards mutuels, et surtout le bien-être, n'avaient pas encore adoucie. Dès les premières années du dix-septième siècle, l'esprit avait donc, parmi nous, devancé de beaucoup le progrès des mœurs. Il est aisé de s'en convaincre.

Brienne, non par ses propres souvenirs, mais par ceux de sa famille et des hommes d'État auprès desquels s'écoula sa jeunesse, remonte, dans ses Mémoires, jusqu'au ministère du cardinal de Richelieu, jusqu'à l'assassinat du maréchal d'Ancre. Si l'on voulait juger des mœurs et du caractère de cette époque par les formes du langage et surtout par la vivacité des reparties, on en aurait assurément la plus favorable opinion. Dans ces galeries du vieux Louvre, dont les fenêtres n'étaient garnies que de morceaux de verre enchâssés dans du plomb; sous ces plafonds que soutenaient vingt poutres saillantes, assez grossièrement chargées d'arabesques; dans ces vastes appartemens où les dames n'avaient encore que des coffres en bois pour serrer leurs bijoux et leurs ajustemens, déjà l'on pensait et l'on s'exprimait avec une finesse ingénieuse ou vive qui semble appartenir aux temps les plus civilisés. J'en chercherai la preuve dans la conversation même des personnages de cette époque, puisque Brienne, en écrivant ses Mémoires, y transporte pour quelques instants ses lecteurs.

Henri IV n'était plus. Une régence timide et prodigue dissipait les trésors, affaiblissait le pouvoir qu'il avait laissés dans ses mains. Le prince de Condé, moins ambitieux qu'avide et plus turbulent que factieux, était l'effroi d'un trône dont il devait être l'appui. Il habitait Paris, et semblait affecter d'y cacher, au milieu des plaisirs et des fêtes, quelques projets dangereux pour l'État. On faisait, par ses ordres, les apprêts d'un ballet nouveau. Le compagnon d'armes, le ministre, l'ami de Henri IV, Sully vivait encore à la cour. Il croyait devoir ses conseils à la veuve et surtout au jeune fils de son Roi. Condé désirait vivement que le marquis de Rosny, fils du vieux ministre, figurât dans son ballet. « Rosny est marié, il a des « enfans », dit le duc de Sully avec la sévérité des mœurs antiques; « ce n'est plus à lui à « danser. — Je vois bien ce que c'est », reprit le

prince en élevant la voix : « vous voulez faire
« de mon ballet une affaire d'État. — Nullement,
« monsieur, lui répondit Sully : tout au con-
« traire ; je tiens vos affaires d'État pour des
« ballets. »

Ces traits légers, que fait ainsi jaillir un dé-
placement de mots, tiennent à la vivacité du
caractère français; l'esprit paraît avoir acquis
déjà plus de souplesse et d'art, quand, moins
prompt et plus circonspect, il emploie un détour pour arriver au but. La comtesse de Til-
lières, dont le mari devint depuis, sous Louis XIII,
ambassadeur de France à Londres, était sœur
du maréchal de Bassompierre. Elle avait étudié
le caractère du maréchal, ardent mais léger, vo-
lage en amitié presque autant qu'en amour. Elle
voyait avec peine un jeune seigneur allemand
s'abandonner sans réserve aux protestations
d'attachement que lui faisait Bassompierre. Peut-
être avait-elle connu l'amertume que laisse au
fond du cœur une amitié trahie! Elle voulut, en
parlant au jeune Allemand, préparer son esprit
à l'idée d'un changement prochain. « Monsieur,
« lui disait-elle, j'ai bien étudié les goûts et

« les affections de mon frère. Je me souviens
« que d'abord il aimait le comte d'Auvergne ;
« puis il aima Saint-Luc, qui dansait à mer-
« veille ; puis un autre eut son cœur ; puis il
« aima passionnément un cheval isabelle, et
« maintenant c'est vous. » Il me serait aisé de
prouver que, familiarisé avec toutes les formes
que peut prendre l'esprit, on en était, même
à cette époque, parvenu presque à l'abus. [1]

Ne se croirait-on pas, en lisant de semblables
reparties, au milieu des cercles polis où, de nos
jours, l'aisance, l'urbanité, l'habitude d'un commerce agréable, ouvrent le cœur à tous les sentimens affectueux et doux ? Voyons cependant
quelles étaient les mœurs d'un temps où la conversation pouvait déjà prêter au langage des
tours si souples et si variés.

L'assassinat du maréchal d'Ancre, tout odieux
que fût un pareil meurtre, ne me forcerait point

---

[1] La faveur dont jouissait le maréchal d'Ancre avait accrédité des bruits répandus par la malignité. Un jour que la Reine se disposait à sortir, elle demanda son voile ; le comte de Lude dit à demi-voix, au milieu des courtisans : *Il ne faut pas de voile pour un vaisseau qui est à l'ancre.*

seul à signaler la barbarie de cette époque; je ne m'arrêterai pas davantage au tableau des vengeances exercées par le peuple sur les restes sanglans du maréchal. Sans rappeler ces odieux excès, il y a, dans les faits du même temps, des circonstances qui peignent encore mieux, suivant moi, la grossièreté des mœurs, la bassesse ou l'insensibilité des cœurs. Sous ce double rapport, la cour ne se distinguait point du peuple : une curiosité cruelle y poursuivait les malheureux pour se repaître avidement du spectacle de leur misère. On violait, à leur égard, les lois de la décence et les droits du malheur. Les plus honteux sentimens, les penchans les plus vils, éclataient sans contrainte, et les assassinats commandés par la politique avaient le caractère du brigandage. Le maréchal respirait encore que déjà ses meurtriers, en présence de la cour, et sous les yeux mêmes du Roi, se partageaient entre eux ses armes, ses bijoux et jusqu'à ses habits.

Cependant, quand cinq coups de pistolet le renversaient ainsi sur le pont du Louvre, que faisait Eleonora Galigaï, sa femme? Élevée à

Florence auprès de Marie de Médicis, dans la douce familiarité du jeune âge, elle s'était attachée pour jamais à la fortune de sa maîtresse, en l'accompagnant en France. « Pauvre papil- « lon », dit le cardinal de Richelieu dans le style du temps, « elle ne savait pas que le feu « qui la consumerait était inséparablement uni « à l'éclat de cette vive lumière qu'elle suivait, « transportée d'aise et de contentement. »[1]

Après la mort de Henri IV, son crédit passa son espoir. Elle était devenue le conseil et l'amie de sa souveraine : elle disposait, par elle, des trésors et des dignités de l'État ; mais, depuis quelque temps, les plus sombres pressentimens l'agitaient. Au bruit des armes à feu, et lorsqu'elle entendit les noms de Vitri et du Roi mêlés au nom du maréchal, elle prévit à l'instant son sort : elle cacha ses pierreries dans son lit et s'y coucha.

« Les archers envoyés par Vitri au quartier de la mareschale, dit un auteur contemporain, la trouvèrent encore dans le lict ; et quelqu'un y fut avec eux pour saisir les cof-

[1] *Mémoires de Richelieu*, t. 1er, p. 450.

fres et empescher que l'argent ne fust destourné. On fouilla partout pour trouver les pierreries, sans rien trouver; et parce qu'on sçavoit bien qu'il y en avoit, on la fit lever pour fouiller dans son lict, où elles furent trouvées : ce qui ne put pas estre fait si paisiblement, que les petits meubles et habillemens qui se trouvèrent hors des coffres, ne fussent pillés ou destournés par lesdits archers; de façon qu'elle ne trouva point de bas-de-chausse quand elle se voulut vestir, et fut contrainte d'envoyer demander à son fils, qui estoit retenu prisonnier en un autre endroit, s'il n'avoit point un escu sur luy pour en envoyer acheter. Ce pauvre petit garçon luy envoya quelques quarts d'escu qu'il trouva en sa pochette, dont on ne luy sceut acheter qu'un bas de toille. »[1]

*Ce pauvre petit garçon* était réservé à de bien plus cruelles épreuves, et sa mère avait

---

[1] Ces détails sont extraits d'une relation très animée, très dramatique, et que j'aurai souvent occasion de citer comme un des plus curieux monumens du temps. On verra bientôt dans Brienne, chapitre III, quelle importante raison j'ai d'y accorder toute confiance. Cette pièce est intitulée :

à subir de plus honteux affronts. Jamais on ne passa plus subitement du comble de la fortune à l'excès du malheur : ceux qui la flattaient la veille s'empressèrent à l'envi de l'abreuver d'outrages. Il semble que la jeunesse dispose d'ordinaire le cœur à la pitié, et qu'un haut rang inspire de plus généreux sentimens : cependant la jeune épouse de Louis XIII, Anne d'Autriche, qui depuis donna le jour à Louis XIV, et qu'on appelait alors *la Petite Reine*, pour la distinguer de *la Régente*, Anne d'Autriche, insensible aux malheurs de la maréchale, voulut jouir elle-même de son abaissement. « Sur le soir, comme on eut résolu de mener la mareschale à la Bastille, la *Petite Reine* y envoya le duc d'Usez, qui fut long-temps avec elle, pour voir seulement sa mine, et la voulut voir mener elle-mesme déguisée, derrière d'autres personnes.

« Ce fut Duhallier, capitaine des gardes, avec Fouqueroles, qui menèrent la mareschale, et,

---

*Relation exacte de tout ce qui s'est passé à la mort du mareschal d'Ancre;* on la trouve insérée dans l'*Histoire des plus illustres Favoris anciens et modernes.* Leyde, chez Jean Elzevier; in-12, 1661.

avant que d'aller, ils lui demandèrent si elle n'avoit plus de bagues; elle montra une layette ¹ qui lui estoit demeurée, où il n'y avoit que certaines chaînes d'ambre; et enquise si elle n'en avoit point sur elle, elle haussa sa cotte, et montra jusque près des tétins. Elle avoit un caleçon de frise rouge de Florence : on lui dit en riant qu'il falloit donc mettre les mains au caleçon; elle répondit qu'en d'autres temps elle ne l'eût pas souffert, mais lors tout estoit permis, et Duhallier tasta un peu sur le caleçon. » ²

Duhallier, frère de Vitri, et qui fut aussi depuis maréchal de France, était du nombre des gentilshommes qui avaient assailli le maréchal sur le pont du Louvre. Il était naturel que les assassins du mari servissent de recors à la femme : ils la conduisirent à la Bastille.

Quant au *pauvre petit garçon*, il resta plus long-temps au Louvre, gardé par des archers.

---

¹ Petits coffres en bois dans lesquels les dames serraient leurs bijoux, et qui composaient, avec de grands coffres nommés *bahuts*, tout l'ameublement qu'une jeune personne, en se mariant, recevait alors de sa famille.

² *Relation de la mort du mareschal d'Ancre*, p. 65.

Des fenêtres du pavillon de l'Infante, qui donne sur la rivière, les archers lui montrèrent le corps de son malheureux père, élevé sur une potence, au milieu du Pont-Neuf, par la populace en fureur. Un gentilhomme qui portait le beau nom de Fiesque et qui avait eu vivement à se plaindre de la maréchale, fut cependant touché de compassion pour son fils. Maltraité par les archers, le pauvre enfant ne voulait plus manger, *pour mourir de déplaisir.* « Fiesque pria le Roi de le lui bailler en garde et de se contenter de *sa responsion ;* ce que le Roi lui accorda. Il alla donc prendre le garçon, et trouvant qu'on lui avoit osté son chapeau et son manteau, lui donna le chapeau de son laquais et l'amena dans le Louvre, dans sa chambre, où la petite Reine lui envoya des confitures; et aucuns adjoutent qu'elle le fit amener et lui dit qu'elle avoit appris qu'il dansoit bien et qu'elle vouloit qu'il dansast en sa présence : ce pauvre garçon, avec toute sa douleur, ne laissa pas de danser pour avoir plus de moyens d'en tirer quelque gratification. »[1]

Le Roi se reprocha toute sa vie, dit-on, le

[1] *Relation de la mort du mareschal d'Ancre*, p. 64.

meurtre du maréchal d'Ancre : il eût mieux valu ne pas l'ordonner. On ne s'explique pas trop comment le prince qui consentit à cet assassinat reçut de ses contemporains le surnom de *Juste*. Ce surnom était devenu l'objet de bien des conjectures. Moins Louis XIII l'avait mérité dans le cours de son règne, plus on cherchait à savoir comment il avait pu l'obtenir. Une anecdote peu connue jusqu'alors, une anecdote qui remonte à l'époque de sa première jeunesse et qui probablement n'était point sortie de l'enceinte du Louvre, indique mieux que tous les historiens l'origine d'un semblable surnom. Le Roi, qui n'avait encore que treize ans, se montrait fort jaloux de son autorité. Il voulait, disait-il, faire observer la justice. Un courtisan vint lui porter une plainte : « Parlez, lui dit le Roi, je vous écouterai d'une oreille, mais je réserve l'autre pour écouter votre adversaire. » Heureux le prince, heureux le pays, s'il eût toujours agi, pensé, parlé de même. [1]

---

[1] *Lettres de Malherbe*. Paris, 1822. On doit la publication de ces lettres inédites aux soins d'un libraire éclairé. Écrites par Malherbe, qui était à la fois poète, gentil-

Peindrai-je son caractère? il est assez connu : impatient du joug et toujours dominé ; ami sans foi, époux sans tendresse, amant sans passion ; jaloux d'un ministre qu'il ne pouvait s'empêcher de haïr et d'admirer, il aima du moins la gloire de la France ; c'est là son seul titre aux yeux de l'histoire. Quoique l'Académie Française ait pris naissance sous son règne, il était peu sensible aux charmes des lettres. La musique exerçait sur lui plus d'empire ; elle plaisait à sa mélancolie. Il cultiva la peinture, puisque la Bibliothéque du Roi possède un tableau de sa main : un passage de Brienne prouve qu'il ne s'était pas sans succès occupé des arts mécaniques. Avec des goûts si divers, Louis XIII n'eut jamais qu'une passion, celle de la chasse ; mais cet exercice violent, qui consumait son temps et ses forces, ne pouvait cependant l'arracher à l'ennui. Ce prince ne savait ni s'occuper ni se distraire : son esprit

homme et courtisan, ces lettres renferment une foule de particularités curieuses qui peignent les usages de la cour et le caractère de la nation pendant une période de vingt ans. Ce livre, qui est fort peu connu, mérite assurément plus de célébrité ; j'y aurai souvent recours.

flottait incertain comme sa volonté; mais l'une devenait inflexible quand on la dirigeait, et l'autre, trop accessible aux opinions de son temps, le livrait quelquefois aux plus vaines terreurs. On le verra, dans les Mémoires de Brienne, s'échapper pâle et tremblant du château d'Écouen, où l'ombre du généreux Montmorenci le poursuivait, disait-il, de ses regards menaçans.

Ce caractère de crédulité se trouvait mêlé, chez le peuple et chez les grands, aux excès de tout genre que la sévérité de Richelieu ne pouvait réprimer. Ce temps abonde en faits singuliers, en résolutions fortes, en complots hardis, en intrigues bizarres, dont on a peine à s'expliquer aujourd'hui l'existence. L'esprit aventureux de la chevalerie, et les violences hautaines du régime féodal, luttaient contre un ordre social qui n'avait point encore acquis assez de force pour leur résister. Un pareil état de choses excuserait Richelieu si jamais la tyrannie pouvait l'être, puisqu'à défaut d'administration, d'ordre, de police et de lois, il était obligé d'employer la terreur pour protéger une société sans défense. On avait mille moyens de commettre le crime et d'échapper au châtiment. Le rapt, le viol, les empoisonnemens, les assassinats, les duels, restaient la plupart du temps impunis; mais ces hommes turbulens, audacieux, intrépides, qu'aucun danger, qu'aucun frein, ni les lois ni la religion même ne pouvaient contenir, étaient en proie à toutes les craintes d'une crédulité vulgaire.

Les chimères de l'astrologie judiciaire n'avaient point perdu leur empire : on croyait encore aux apparitions, aux devins, aux sorciers, aux enchantemens, à la magie. On se plaignait d'avoir un sort; on se vantait de posséder un charme. Segrais racontait, de son temps, qu'au siége de Suze « monsieur le Rhingrave lui mon-
« tra deux billets enchantés, qu'on lui avait
« donnés en Allemagne, pour en avaler un lors-
« qu'il se trouverait en occasion où il craindrait
« les mousquetades. » N'en déplaise au seigneur allemand, cette précaution et surtout cet aveu ne pouvaient honorer beaucoup ni son esprit ni son courage.

L'abbé Arnauld, qui était brave et spirituel,

et qui avait porté le mousquet avant d'entrer dans les ordres, parle d'un monsieur Arnauld, son parent, habile à faire des prédictions *à l'aide d'une certaine pirouette, où étaient marquées les constellations célestes.* Ce qu'il raconte ailleurs est plus curieux. C'était en 1638 : il servait encore à cette époque ; son régiment se trouvait en garnison à Verdun : « Il y avait alors, « dit-il, un célèbre Cravate de bois (c'est ainsi « qu'on appelait certains petits partisans avoués « de quelques garnisons du Luxembourg) qui « nous incommodait assez. Le bruit était qu'il « était *charmé*, et nous nous en moquions. Cependant, ayant un jour été arrêté par un de « nos partis, il vérifia bien ce qu'on en disait ; « car comme on ne faisait point de quartier à « ces sortes de gens, qu'on considérait plutôt « comme voleurs que comme soldats, on lui « donna plusieurs coups d'épée, on lui tira des « coups de mousquet à bout portant, sans pouvoir jamais le blesser, et nos soldats furent « contraints, pour s'en défaire, de l'assommer « à coups de mousquet.[1] » Braver les balles et

[1] *Mémoires de l'abbé Arnauld*, pages 164 et 285.

succomber sous les coups de crosse, c'était, pour un sorcier, montrer bien peu de prévoyance.

L'abbé Arnauld pouvait, au reste, raconter très sérieusement de semblables histoires dans un temps où Richelieu lui-même croyait aux présages : les Mémoires qu'il a laissés en font foi [1]. Il est probable cependant que dans plus d'une circonstance Richelieu ne consultait que son caractère, et croyait plus à son génie qu'aux augures : sa fortune s'en trouva bien.

Poète et théologien, cardinal et ministre, prélat et guerrier, Richelieu, qui voulait rassembler tous les genres de pouvoir, obtenir tous les genres de succès, même ceux du théâtre et de la galanterie, peut donner une idée de l'ambition, des mœurs et des projets du clergé de son temps. Une circonstance qu'on n'a pas assez remarquée peint l'esprit dont ce corps puissant était animé, autant que le caractère particulier du Cardinal. L'évêque de Luçon (car on

[1] *Voyez*, dans les *Mémoires du Cardinal*, t. I, p. 58, ce qu'il dit des pronostics qui avaient, long-temps d'avance, annoncé la mort de Henri IV.

ne lui donnait pas encore d'autre nom) éloigné du conseil après la mort du maréchal d'Ancre, son premier protecteur, y rentrait, en 1616, avec l'appui de la Reine-mère. Ses amis réclamaient pour lui la préséance : ils fondaient leur demande *sur sa dignité de prélat.* Le vieux Brienne, secrétaire d'État, et père de celui dont on va lire les Mémoires, maintenait avec sa franchise et presque sa rudesse antique, les droits de ses confrères et les siens : « La dignité « de prélat, disait-il, oblige à résidence : M. de « Luçon, dans son église, en habits pontificaux, « y pourra précéder non seulement les gentils-« hommes et les princes, mais encore le Roi lui-« même. » Richelieu fut instruit du débat : « Je « sais depuis long-temps, monsieur, dit-il à « Brienne d'un ton fier, que plusieurs person-« nes placées près du Roi, et vous particuliè-« rement avez peu de considération pour l'É-« glise.[1] » Offenser Richelieu, c'était offenser l'Église ; et probablement contester à l'Église un droit de préséance au conseil, c'était offenser Dieu.

[1] *Mémoires du comte de Brienne*, t. I, p. 322.

Quand le Cardinal eut fait périr sur un échafaud Chalais, Marillac et le généreux Montmorenci, l'on n'osa plus lui rien contester. Ses regards ne rencontraient plus que des visages pâles de crainte ou des fronts inclinés, sur lesquels on lisait l'empressement de la servitude. On redoutait ses discours, on redoutait son silence; et, soit qu'il se plût à causer des mouvemens de surprise, soit que, par une longue habitude d'inspirer la terreur, il y trouvât un sinistre plaisir, même au moment d'annoncer un bienfait il jetait l'effroi dans les cœurs.

Le comte d'Harcourt était de la maison de Lorraine : on estimait sa valeur, on avait une favorable opinion de son mérite; mais la disgrâce dans laquelle était tombée sa famille semblait le condamner pour jamais au repos. Il regardait cette oisiveté même comme un refuge, et mettait tous ses soins à se faire oublier. Il vivait au fond d'une province, quand un émissaire du Cardinal vient l'y trouver et le mande à la cour. Il frémit. Les princes de sa famille sont dans l'exil : ont-ils tramé quelques desseins coupables? Il craint leur désespoir, il craint son innocence. Il obéit cependant : il arrive à Ruel. Les courtisans sont froids à son aspect ; pas un regard ami ne vient chercher le sien. Le Cardinal, qu'il aborde en tremblant, lui dit d'un ton sévère : « Le Roi, monsieur, veut que vous sor-« tiez à l'instant du royaume. » Un pareil ordre ne le surprit pas. Il crut pourtant devoir répondre quelques mots. Sans exhaler de plaintes, il exprima les regrets d'un sujet affligé ; mais il promit une soumission prompte à tous les ordres du Roi. « Obéissez-lui donc, reprend Richelieu. Partez à l'instant. Embarquez-vous : « le Roi vous fait, monsieur, général de son « armée navale, et Sa Majesté récompense ainsi « une fidélité qui ne s'est point démentie dans « la disgrâce. » Troublé, confus, passant subitement de la surprise à la joie, et de la crainte à la reconnaissance, le comte d'Harcourt tombe aux genoux du Cardinal, se montrant en cela peut-être moins grand dans sa fortune qu'il ne l'avait été dans son adversité. *Il sortit en effet du royaume,* et la Méditerranée vit bientôt son escadre insulter la Sardaigne et conquérir les îles de Sainte-Marguerite.

Sourdis, archevêque de Bordeaux, partagea, dans cette expédition, ses travaux, ses périls et sa gloire. Il commandait une flotte tandis que le cardinal de La Valette recevait des coups de mousquet, à la tête des armées françaises, et que le Cardinal-Infant échauffait au combat les troupes espagnoles. Ces prélats guerriers avaient oublié l'horreur que l'Église a pour le sang [1]. D'autres ne partageaient point, à cette époque, l'aversion qu'elle montre aujourd'hui pour les représentations dramatiques. Richelieu lui-même, pour se délasser du poids des affaires, traçait des canevas de pièces que remplissaient sous ses yeux Rotrou, l'Étoile, Colletet, Boisrobert, et le jeune auteur de *Mélite*, qui n'était point encore le grand Corneille.

Richelieu faisait représenter dans son palais des comédies de sa composition. Il est curieux d'entendre, de la bouche d'un abbé, le récit de

[1] Le cabinet des estampes, à la Bibliothèque du Roi, possède une petite vignette du temps qui représente *la défaite de Gallas par le cardinal de La Valette*. On voit le Cardinal armé de toutes pièces, tirant un coup de pistolet contre un ennemi qu'il renverse.

ces fêtes données par un cardinal et dont un évêque faisait les honneurs. La description qu'on en doit à l'abbé de Marolles offre plus d'un genre d'intérêt.

« Il y eut aussi, cette année (1641), dit-il, force magnificence dans le palais du Cardinal, pour la grande comédie de *Mirame,* qui fut représentée devant le Roi et la Reine, avec des machines qui faisaient lever le soleil et la lune, et paraître la mer dans l'éloignement chargée de vaisseaux. On n'y entrait que par billets, et ces billets n'étaient donnés qu'à ceux qui se trouvaient marqués sur le mémoire de son Éminence, chacun selon sa condition : car il y en avait pour les dames, pour les seigneurs, pour les ambassadeurs, pour les étrangers, pour les prélats, pour les officiers de la justice et pour les gens de guerre. Je me trouvai du nombre entre les ecclésiastiques, et je la vis commodément ; mais, pour en dire la vérité, je n'en trouvai pas l'action beaucoup meilleure pour toutes ces belles machines et grandes perspectives. Les yeux se lassent bientôt de tout cela et l'esprit de ceux qui s'y connaissent n'en est guère plus satisfait. Le principal des comédies, à mon avis, est le récit des bons acteurs, l'invention du poète et les beaux vers. Si je ne me trompe, cette pièce ne réussit pas si bien que quelques autres de celui qui l'avait composée, auxquelles on n'avait pas apporté tant d'appareil. » [1]

Du vivant de Richelieu, le bon abbé n'eût pas été prudent d'en dire aussi franchement son avis. « M. de Valençey, lors évêque de Chartres, continue-t-il, et qui fut bientôt après archevêque de Reims, aidant à faire les honneurs de la maison, parut en habit court sur la fin de l'action, et descendit de dessus le théâtre pour présenter la collation à la Reine, ayant à sa suite plusieurs officiers qui portaient vingt bassins de vermeil doré, chargés de citrons doux et de confitures : ensuite de quoi les toiles du théâtre s'ouvrirent pour faire paraître une grande salle où se tint le bal quand la Reine y eut pris sa place sur le haut dais : Son Éminence, un pas derrière elle, avait un manteau long de taffetas couleur de feu, sur une simarre de petite étoffe

[1] *Mémoires de Michel de Marolles*, publiés, in-fol., en 1656.

noire, ayant le collet et le rebord d'en bas fourrés d'hermine ; et le Roi se retira quand la comédie fut finie.

« Je ne sais s'il m'échappa de dire quelque chose de l'emploi de M. de Chartres, mais quelque temps après, lorsqu'au même lieu l'on dansa le ballet de *la Prospérité des armes de France,* comme ce prélat, qui était capable de tout ce qu'il voulait, se donnait la peine, avec M. d'Auxerre, de faire les honneurs de la salle, m'eut dit que cette journée-là il ne présenterait pas la collation, je lui répondis qu'il ferait toujours bien toutes choses, et me fit civilité ; de sorte que je vis encore ce ballet commodément, où il y avait des places pour les évêques, pour les abbés, et même pour les confesseurs et pour les aumôniers de M. le Cardinal. Les nôtres se trouvèrent à deux loges de celles qui furent occupées par Jean de Werth et Ekenfort, que l'on avait fait venir exprès du bois de Vincennes. » [1]

[1] Faits prisonniers par les troupes françaises, Ekenfort et le fameux Jean de Werth, dont le nom seul avait si longtemps répandu la terreur, étaient alors gardés au donjon

L'abbé Arnauld, dont je citerai souvent les Mémoires, assista de même à cette représentation de *Mirame*. Elle fut remarquable sous plus d'un rapport. On savait que la pièce était en partie du Cardinal : qu'on juge si l'ouvrage d'un premier ministre, représenté dans son palais, sous ses yeux, en présence de tous les courtisans, devait avoir du succès ! Au bruit des applaudissemens, qui retentissaient dans toute la salle, Richelieu, ivre de joie, s'agitait, se levait, avançait la moitié du corps hors de sa loge pour se montrer à l'assemblée, ou quelquefois imposait silence pour qu'on écoutât mieux les passages dont il était le plus content. Cette pièce ne flattait pas seulement l'amour-propre de l'au-

de Vincennes; avec eux s'y trouvait aussi le célèbre Duvergier de Haurannc, abbé de Saint-Cyran, que Richelieu traitait en criminel d'État. On sait qu'à l'occasion de ces fêtes, qui comptaient pour spectateurs un si grand nombre de prélats, Jean de Werth, songeant à son compagnon d'infortune, l'abbé de Saint-Cyran, dit ce mot rapporté depuis par Racine : *Que ce qui l'avait le plus surpris, en France, c'était d'y voir les saints en prison et les évêques à la comédie.* ( RACINE, *Histoire de Port-Royal.* )

teur, elle satisfaisait les ressentimens du ministre et la jalousie de l'amant : elle abondait en allusions amères sur la conduite d'Anne d'Autriche, sur ses liaisons avec l'Espagne, et sur l'amour qu'en toute occasion le brillant favori de deux rois d'Angleterre, Buckingham, laissait éclater pour cette princesse. Mirame y prononçait les deux vers suivans :

> Je me sens criminelle, aimant un étranger
> Qui met, pour mon amour, cet État en danger.

Il y a grande apparence que le Cardinal eût trouvé la Reine moins *criminelle*, si cette princesse avait plus favorablement écouté la passion dont il brûlait pour elle.

L'homme dont le génie audacieux et vaste secondait les armes de Gustave-Adolphe en Allemagne, et soulevait la Catalogne; qui, d'une main, rendait un sceptre à la maison de Bragance, tandis qu'il ébranlait de l'autre le trône du roi d'Angleterre, Richelieu mêlait, aux intrigues les plus galantes, un nom redouté de l'Europe entière. Mais ce grand politique, qui dominait tous les cabinets, perdait sa supériorité dans les boudoirs, si je puis employer cette expression, qui n'est pas du temps. Les femmes le trompaient aisément: les ruses de la faiblesse passaient, en quelque façon, sa portée. Dupe de leurs artifices, et plus dupe encore de son amour-propre, il descendait quelquefois, sans succès, auprès d'elles, jusqu'aux moindres soins de l'art de plaire. Aussi téméraire dans ses vœux que scandaleux dans ses désordres, l'amant de Marion de Lorme osait parler d'amour à la Reine Anne d'Autriche. On savait déjà, qu'enveloppé d'un manteau, la nuit, quittant son palais et sa cour, il avait souvent traversé Paris pour aller en secret chez madame de Fruges[1]. Que ne hasarderait pas pour une souveraine celui qui s'ex-

---

[1] « Marion de Lorme, qui était un peu moins qu'une pro-
« stituée, dit le cardinal de Retz en parlant de Richelieu,
« fut un des objets de son amour, et elle le sacrifia à Des Bar-
« reaux; madame de Fruges, que vous voyez traînant dans
« les cabinets sous le nom de vieille femme, en fut un autre.
« La première venait chez lui la nuit ; il allait aussi la nuit
« chez la seconde, qui avait été abandonnée par Buckingham
« et de L'Épienne. Ces deux confidens, qui avaient fait entre
« eux une paix fourrée, l'y menaient en habit de couleur. »
(*Mémoires du cardinal de Retz*, t. I, p. 16.)

posait ainsi pour une courtisane ? On verra bientôt ce qu'il hasarda : je ne veux point enlever à Brienne le piquant avantage de représenter un premier ministre, un cardinal, dansant en habit de théâtre, des castagnettes à la main.

Le goût de la galanterie était, à cette époque, répandu dans toutes les classes. Un libertinage hypocrite, si l'on peut parler ainsi, ne semblait attacher de prix qu'aux aveux discrets et tardifs d'une passion sans espérance. C'était un ornement délicat dont on se plaisait à couvrir un tissu qui l'était beaucoup moins. Les subtilités de la controverse avaient passé des écoles de théologie, qu'elles agitaient alors, dans la conversation des ruelles; et tandis qu'on y disputait à l'infini sur des questions de métaphysique amoureuse, l'Église s'efforçait au contraire de porter, dans quelques ouvrages pieux, les passions, le langage et les scènes du monde. *La Pastorale de l'Astrée* occasionna ce bizarre échange. En racontant, sous de feints noms, les singulières circonstances de sa vie, d'Urfé, dans cet ouvrage, avait favorisé le penchant

de son siècle pour les aventures romanesques. Son livre, dont le succès fut prodigieux, fit naître, comme il arrive toujours, beaucoup de productions du même genre. On ne voulait plus d'autre lecture. Le clergé craignit un moment qu'on ne renonçât tout-à-fait aux livres de dévotion. Pour prévenir un pareil danger, « Pierre Ca-
« mus, évêque de Belley, chercha les moyens de
« satisfaire le goût général en composant des
« histoires où il y eût de l'amour, et qui par là se
« fissent lire, mais qui élevassent insensiblement
« le cœur à Dieu par les sentimens de piété
« qu'il y insérait adroitement, et par les cata-
« strophes chrétiennes de toutes les aventures.
« Ce fut un heureux artifice que son ardente
« charité, qui le rendait tout à tous, lui fit in-
« venter et mettre heureusement en œuvre ; car
« ses livres passèrent entre les mains de tout le
« monde.[1] » Grâce à cet *heureux artifice*, la religion, qui, dans des siècles moins avancés où l'on représentait des *mystères*, n'avait point dédaigné le secours du théâtre, obtint dans celui-ci l'appui du roman.

[1] *Hommes illustres* de Perrault, t. I, p. 9.

L'invention de Pierre de Belley accrut encore le goût de son temps pour les choses extraordinaires. Les amans s'écrivirent des promesses signées de leur sang : on verra bientôt que dans des circonstances graves, la politique offrit d'emprunter à l'amour ce moyen de rendre un serment plus sacré. Cet esprit de galanterie, sans reproduire précisément la pureté des mœurs chevaleresques, en reproduisait quelquefois le dévoûment et la témérité. Mais la galanterie du temps avait généralement un autre caractère : née chez la nation Castillane, elle tenait de son origine une exagération qui plaisait à l'imagination des femmes, qui flattait leur amour-propre, et dont la singularité, souvent voisine de l'extravagance, n'était cependant dépourvue ni d'agrément ni de délicatesse : que l'on en juge par une de ces folies; le comte d'Harcourt assiégeait Turin ; le marquis de Léganès, à la tête des troupes espagnoles, essayait vainement de forcer les lignes françaises pour entrer dans la place. Déjà les horreurs de la famine s'y faisaient sentir. Le général espagnol cherchait tous les moyens possibles, même les plus incertains ou les plus dangereux, de procurer des vivres aux habitans. Par ses ordres, on remplissait de farine des bombes que ses batteries lançaient ensuite dans la place, par-dessus le camp des Français : les assiégés les visitaient avec soin. Un jour on en ouvre une : elle était remplie de cailles grasses qu'un Espagnol de l'armée de Léganès envoyait, avec un billet, à sa maîtresse qui se trouvait renfermée dans la ville. C'est probablement l'unique fois qu'on ait eu la pensée d'envoyer un présent de gibier dans une bombe, et de nourrir de cailles des gens qui n'avaient pas de pain.[1]

[1] *Mémoires de Montglat*, t. I, p. 294.
A ce même siége de Turin se passa un fait que j'ai bien plus de plaisir à citer. Celui qu'on vient de lire n'est qu'une aimable folie : l'anecdote suivante honore une tendresse portée jusqu'au dévoûment le plus héroïque.

« Dans la nuit du 1er août, dit un des historiens de Louis XIII en racontant les détails du siége, les ennemis ayant fait une sortie du côté de Valentin, furent repoussés, et laissèrent trois cents hommes étendus sur la place.

« C'est chose remarquable, ajoute-t-il, qu'entre ceux des ennemis qui furent tués à cette sortie, il s'en trouva un fort beau de visage, armé d'une cuirasse sur un collet de

Cet esprit de galanterie était le même dans toute l'Europe. En Espagne aussi-bien qu'en France, à l'Escurial comme au Louvre, des sujets osaient aimer leur souveraine : l'excès de la passion, sa violence et ses emportemens en faisaient excuser l'audace. Le comte de Villa-Médina brûlait, à Madrid, pour Elisabeth de France, qui avait épousé Philippe IV; mais comment pourra-t-il, quoique très grand seigneur, attirer la Reine dans son palais ? Par quels moyens s'ap-

buffle, tenant encore un sabre en sa main gauche, et de la droite la bride de son cheval mort. Les soldats l'ayant dépouillé, l'on vit que c'était une femme. La curiosité d'un cas si surprenant donna lieu de s'enquérir des prisonniers quelle femme c'était. On apprit qu'elle était flamande, femme d'un capitaine allemand du régiment de Fiston; qu'elle aimait si tendrement son mari, qu'elle l'accompagnait continuellement à la guerre, et combattait plus pour défendre la vie de ce cher époux que pour la ravir aux ennemis ; qu'elle y avait toujours heureusement réussi, jusqu'à ce moment fatal qu'elle fut terrassée d'un coup de pistolet dans la tête. Cet exemple d'un si tendre et si parfait amour d'une femme envers son mari méritait, dit l'auteur, que l'on eût su son nom pour le laisser à la postérité. » (*Histoire de Louis XIII*, p. 225.)

procher d'elle, et lui parler un moment sans témoins ? Il annonce une fête brillante : toute la cour y est invitée; la Reine aussi daigne s'y rendre. Aux préparatifs de la fête, il avait, en secret, fait mêler ceux d'un incendie. Tout à coup il éclate, pendant la nuit, quand la pompe d'un spectacle à machine occupait et charmait tous les yeux. Les flammes dévorent en un moment les décorations, les lambris dorés, les riches tentures, les tableaux chefs-d'œuvre des arts. Au milieu de l'effroi général, chacun fuit occupé de son propre danger. Médina, qui suivait les moindres mouvemens de la princesse, l'enlève au milieu de la foule, l'arrache du sein des flammes, l'emporte à travers les débris du palais qui s'écroule, et paie ainsi, de sa fortune entière, le bonheur de la serrer un moment dans ses bras.[1]

[1] C'est en parlant de cette aventure que La Fontaine a dit, dans une de ses fables, *le Mari, la Femme et le Voleur*,

> J'aime assez cet emportement;
> Le conte m'en a plu toujours infiniment :
> Il est bien d'une âme espagnole,
> Et plus grande encore que folle.

*Voyez* la note que M. Walckenaer a donnée sur ce pas-

Buckingham, amant aussi passionné d'Anne d'Autriche, osa tenter davantage dans les jardins d'Amiens. Il n'est pas bien certain que plus tard le favori de Charles I^er, trahissant son devoir, son Roi et son pays, ait, à la prière de cette princesse, retenu dans les ports d'Angleterre les secours si long-temps promis aux protestans de La Rochelle. Il est plus sûr qu'admis pour la première fois à la cour de France, comme ambassadeur de son maître, ce seigneur magnifique y donna l'exemple d'un faste qui révolterait de nos jours au lieu de plaire. Un pareil trait peut caractériser la différence des mœurs et des époques. Le manteau de velours gris qu'il portait en entrant chez Anne d'Autriche était tout brodé de perles fines. Chacun admirait le goût de la broderie, la forme et la beauté des perles; mais on ne pouvait s'expliquer par quelle inadvertance on les avait si négligemment cousues au manteau. Bientôt, à chaque pas, à chaque mouvement du duc, les perles les plus belles se détachaient et roulaient

sage, dans son excellente édition des *OEuvres de La Fontaine*, t. II, p. 169.

à terre. « Ce spectacle, d'une magnificence nou-
« velle, fit naître une espèce de désordre et de
« murmure pour ramasser ce qu'on pouvait
« croire qu'il ne voulait pas perdre. On lui por-
« tait les perles, et les mains qui les lui pré-
« sentaient avec empressement ne pouvaient
« s'empêcher de les prendre par la manière
« noble, gracieuse et persuasive dont il imposait
« à chacun, pour l'amour de lui, la nécessité de
« les garder. ¹ » Anne d'Autriche, qui ne voulut
pas céder à Buckingham, du moins en magnificence, lui remit, au moment de leur séparation,
douze ferrets d'aiguillettes en diamans. Peu connue quoiqu'elle mérite de l'être, et trop compli-
quée pour que je la rapporte ici, l'histoire de ces
brillantes aiguillettes doit rester à jamais célèbre
dans les annales de la galanterie. ²

Elle était à la cour l'âme de tous les plaisirs;

---

¹ Pièce insérée dans le *Recueil* A—Z : tome A, page 7.

² On trouvera cette singulière anecdote à la fin du volume, dans les Éclaircissemens, que j'ai cru devoir joindre à l'Introduction ( Note A ) : elle s'y trouve confirmée
par un passage des Mémoires du duc de La Rochefoucauld.

mais ces plaisirs étaient en général plus dispendieux que recherchés. Les différentes époques de l'année ramenaient aussi des divertissemens populaires auxquels nos Rois ne dédaignaient point de prendre part; et, soit que ces divertissemens peignent la simplicité des usages, soit qu'ils montrent la bienveillance dont les souverains se plaisaient à donner des marques à la nation, l'on aime à retrouver le récit de ces fêtes. La solennité de la Saint-Jean se célébrait avec beaucoup de pompe à Paris. Louis XIII, qui était venu plusieurs fois danser des ballets à l'Hôtel-de-Ville, y vint, en 1620, pour allumer le feu de la Saint-Jean sur la place de Grève. La foule y fut grande, la fête parut brillante, le Roi se montra satisfait. L'historien de la ville de Paris, dom Felibien, remarque comme un trait de somptuosité sans exemple, qu'après la collation, à laquelle Sa Majesté fit honneur, l'on cassa *un nombre considérable d'assiettes de faïence* qui venaient de servir au festin.[1]

[1] Le Roi revint, en 1626, à l'Hôtel-de-Ville pour y danser un ballet. Cette fête fut, à tous égards, aussi re-

Louis XIV lui-même, dans ses jeunes années, vint prendre part à cet innocent plaisir. Sa mère, Anne d'Autriche, et le jeune duc d'Anjou son frère, l'accompagnaient. Le prévôt des marchands, les échevins et les autres officiers de la ville présentèrent au Roi un bouquet, une écharpe, une couronne de fleurs. Ainsi paré d'un diadème qui semblait convenir à son âge, accompagné du corps de ville, suivi du cardinal Mazarin, son premier ministre, du maréchal de Villeroi, son gouverneur, du duc de Joyeuse, grand-chambellan, du comte d'Harcourt, grand-écuyer, et du comte de Charost, capitaine des gardes, le Monarque enfant descendit dans la place, et fit trois fois le tour du bûcher, qu'ensuite il alluma de sa main. Une *magnifique collation* l'attendait dans l'Hôtel-de-Ville : magnifique, en effet, puisque *sur la table du Roi, s'élevait un rocher de confitures qui avait cinq pieds de haut, et d'où jaillissait une fontaine d'eau de fleurs d'orange.* Ce n'était pas marquable que la première. On sera curieux peut-être d'en lire une relation naïve que j'ai placée dans les Éclaircissemens ( Note B ).

une *magnificence* qui pût choquer les yeux d'un Roi de dix ans. L'historien ne dit pas s'il y eut à cette fête, comme à l'autre, beaucoup de faïence cassée; mais j'ai cru devoir m'arrêter sur ce récit, qui peut donner une idée des usages et des divertissemens de cette époque.[1]

Quelques années avant, la naissance de ce jeune Roi avait fait éclater parmi le peuple une allégresse dont on aime à se rappeler les témoignages. Chaque nation, chaque contrée, chaque époque a des manières différentes de manifester sa joie. Les réjouissances publiques offraient alors un aspect qu'elles ne présentent plus aujourd'hui. On illuminait déjà les maisons, mais ces illuminations ne ressemblaient point aux nôtres. Les grands seigneurs, comme cela se pratique encore en Italie, plaçaient en dehors de leurs hôtels, sur des candelabres de cuivre, d'énormes flambeaux de cire blanche. Les particuliers suspendaient, à leurs fenêtres, des lanternes en papier de couleur; et quelquefois les nobles y faisaient peindre leurs armes *en transparent*.

[1] *Histoire de la Ville de Paris*, t. II.

C'est ainsi que Paris fut éclairé à la naissance de Louis XIV. « Dans les rues, on ne voyoit, « dit une relation du temps, que tables dressées et couvertes, remplies et environnées « de peuple, lequel à qui mieux mieux bu« voit à la santé du Roi et du Dauphin.[1] » L'ambassadeur de Venise fit suspendre, avec goût, aux fenêtres et aux portes de son hôtel, des guirlandes de fleurs et de fruits qu'éclairaient, pendant la nuit, des lumières disposées avec art, tandis que, par son ordre, des musiciens, sur un char de triomphe attelé de six chevaux, parcouraient les rues et les faisaient retentir de leurs fanfares. « L'ambassadeur d'An« gleterre (je copie mot pour mot la relation avec « l'orthographe du temps) *fit un très beau feu et* « *donna à boire à tout le voisinage.* A Saint-Ger« main, où la Royne avoit fait ses couches, les « dauphins ne cessèrent de jeter du vin depuis « le matin jusqu'au soir : laquelle magnificence « plusieurs particuliers imitèrent depuis à Paris, « tel en ayant fait pleuvoir de son toict. » Les

---

[1] *Cérémonial français*, p. 225.

congrégations religieuses mêlèrent leurs démonstrations à celles du peuple; mais peut-être ces congrégations diverses conservèrent-elles, dans ces témoignages d'une joie commune, le caractère particulier de chaque ordre? les Jésuites allumèrent des feux d'artifice et jouèrent la comédie; les Feuillans firent des aumônes.[1]

Après dix-huit ans de stérilité, Anne d'Autriche donnait un fils à Louis XIII. La France était avide d'avoir un dauphin. Je ne puis résister au désir de citer encore la relation naïve dont j'ai donné des passages. On verra, par cette relation même, combien les plus simples

---

[1] « Il n'y eut, dit la relation dont j'emprunte ces détails, « il n'y eut maison religieuse qui n'ornast ses murailles de « chandelles. Les Jésuites, outre près de mille flambeaux « dont ils tapissèrent leurs murs les 5 et 6, firent, le 7 dudit « mois de septembre, un ingénieux feu d'artifice dans leur « cour, qu'un dauphin alluma entre plus de deux mille autres « lumières qui éclairoient un ballet et comédie sur le mesme « sujet, représentés par leurs escoliers. Les Feuillans de la « rue Neuve Saint-Honoré firent une aumosne générale de « pain et de vin, emplissant les vaisseaux de tous les « pauvres qui se présentèrent. » (*Cérémonial français*, t. II, p. 214 et suivantes.)

moyens de communication étaient encore difficiles à cette époque du dix-septième siècle. La cour était alors à Saint-Germain. « Plusieurs
« voyaut la Royne sur son terme, et d'autres
« encore, au premier bruit qu'elle estoit en tra-
« vail d'enfant, avoient gens de leur part pour
« leur apporter la nouvelle de sa délivrance ; et
« pour ce qu'à cause de la rupture du pont de
« Neuilly, le bac apportoit lors du retardement,
« aucuns, pour gagner temps, avoient disposé des
« personnes sur la rive de deçà, auxquelles d'au-
« tres de delà devoient donner un signal de cet
« accouchement, qui estoit convenu entre la
« pluspart, que si c'estoit une fille, le messager
« se tiendroit morne sur la grève, les bras croi-
« sés ; mais si c'estoit un Dauphin, le mesme éleve-
« roit en l'air son chapeau, entre nous le signal
« et l'emblème des mâles, comme il l'estoit au-
« trefois à Rome de la liberté. »[1]

[1] *Cérémonial français*, t. II, p. 223.

La Reine fit tirer l'horoscope du Dauphin. Le cabinet des estampes, à la Bibliothéque du Roi, possède une gravure qui représente, suivant les propres mots qu'on lit au bas, *le système du monde au moment de la naissance de*

Qui l'eût dit, que ce jeune Roi, dont la naissance excitait dans la capitale du royaume de si vifs transports d'allégresse, serait, dix ans plus tard, forcé de la quitter en fugitif ! Comment ce peuple passa-t-il, en si peu d'années, de la joie aux murmures et de l'amour à la rébellion ? Si l'on considérait, avec les idées de l'âge actuel, certains usages de cette époque, peut-être serait-on tenté d'y trouver le germe et la cause des troubles qui éclatèrent. La majesté du trône exigeait des respects qu'elle obtiendrait difficilement aujourd'hui, même de la soumission la plus aveugle[1]. Au commencement du dix-neuvième siècle, la dignité d'une nation serait blessée d'entendre un monarque *en jaquette,* du haut du lit de justice où l'on avait été forcé de le porter, adresser, à sept ans, ces paroles aux premiers corps de l'État assem-

---

*Louis-le-Grand, le 5 de septembre, à onze heures trente minutes du matin.* La Note C contient quelques détails qui font connaître à ce sujet les idées du temps.

[1] Les premiers officiers du Roi dans la magistrature, et l'orateur du tiers-état dans les Assemblées nationales, ne parlaient à Sa Majesté qu'un genou en terre.

blés : « Je suis venu, Messieurs, pour vous parler
« de mes affaires ; mon chancelier vous dira ma
« volonté. » Mais de semblables causes ne pouvaient exciter alors ni mécontentement ni surprise : on était, d'étage en étage, trop façonné au joug des conditions supérieures. Il avait fallu des maux plus réels, des désordres graves, des impôts accablans, pour que le parlement s'engageât dans une lutte contre le ministère, et pour que *les bourgeois de Paris*, disposés à soutenir leurs magistrats dans une opposition qui leur semblait légitime, se montrassent, suivant une bien remarquable expression de madame de Motteville, *infectés de l'amour du bien public*.[1]

Cet amour du bien public, que les bourgeois avaient au fond du cœur, servit du moins de prétexte aux grands qui *voulaient rançonner la minorité d'un jeune Roi*. Quand on compare la régence d'Anne d'Autriche à celle de Marie de Médicis, on est frappé de la ressemblance entre les deux époques : même esprit de rébellion, mêmes ligues, même avidité parmi les grands ;

---

[1] *Mémoires de madame de Motteville*, t. III, p. 24.

même faiblesse, même irrésolution, même incapacité dans le ministère, qui négocie au lieu d'agir, et qui achète la soumission quand il devrait prévenir ou punir la révolte ; même prodigalité dans la distribution des revenus, des emplois, des récompenses dont peut disposer l'État. Mais à l'aide des trésors qu'avait amassés la prudente économie de Henri IV, Marie de Médicis, assaillie par les courtisans, put *étourdir*, suivant une vive expression de Richelieu, *la grosse faim de leur avarice*. Les longues guerres soutenues par Louis XIII avaient, au contraire, laissé l'épargne vide quand Anne d'Autriche obtint la régence. Mazarin, son ministre, se vit contraint d'augmenter les impôts par des opérations inhabiles : de là vint que le peuple, qui était demeuré spectateur des débats entre le ministère et les grands, sous la régence de Marie de Médicis, prit une part plus active aux troubles de la fronde.

On a traité la fronde de guerre burlesque : on s'y tuait cependant comme s'il se fût agi de choses sérieuses; mais aucun des partis n'avait de plan, de but, de résolution arrêtée. Les frondeurs étaient plus turbulens que rebelles, et le ministère plus inhabile que tyrannique. On ne peut lire sans étonnement les Mémoires du cardinal de Retz. Quoi! des ressorts si nombreux et de si timides projets! de si hardis moyens et de si faibles résultats! Je vois partout des conspirateurs et je cherche encore la conspiration. Les frondeurs n'avaient qu'une inquiétude sans objet; comme les géans de la fable ils déployaient la vigueur de leurs bras pour entasser Ossa sur Pélion, mais sans oser, à leur exemple, escalader les cieux. Parmi ces héros de théâtre on trouve des esprits vastes, des talens brillans et pas un grand caractère. La fronde était une intrigue de cour à laquelle, pour un moment, et dans leur intérêt seul, les grands avaient associé la nation. Ces agitations ne pouvaient avoir ni le caractère sombre et terrible des guerres enfantées par le fanatisme, ni les résultats profonds et durables des révolutions politiques. Du milieu de ces troubles on ne voit s'élever aucun de ces hommes extraordinaires, dont la volonté constante, opiniâtre, inflexible, entraîne les nations vers un but qu'eux seuls ont marqué d'avance. Le grand Condé *pensait à tout, écoutait tout, et ne voulait rien.* Quelle distance de lui à Cromwell ! Mais aussi, pour l'éternel honneur du prince, quelle différence entre les succès qu'il obtint dans la guerre civile et les tristes résultats de la bataille de Naseby ; et qu'il y a loin des scènes de l'Hôtel-de-Ville, toutes meurtrières qu'elles furent, à la grande et douloureuse catastrophe qui ensanglanta Whitehall !

En France, de tant de remontrances, de délibérations et d'arrêts que dictaient au parlement l'intérêt des chefs et les passions du moment bien plus que le bien général, deux actes méritent seuls un moment d'attention. Par le premier, qui pouvait établir la liberté civile, on demandait « qu'il ne pût être au pouvoir des « ministres d'emprisonner sous le nom du Roi « qui que ce fût, sans que vingt-quatre heures « après le parlement en prît connaissance. » L'autre acte avait peut-être plus d'importance encore : c'était une déclaration tendant *à ce que tous les cardinaux, tant français qu'étrangers, fussent exclus du gouvernement.* On appuya cette proposition sur *ce qu'ayant promis et juré fidélité au pape ils ne pouvaient pas servir deux maîtres.*

La Reine n'eût pas demandé mieux que d'approuver cette dernière déclaration. Mazarin était alors hors du royaume, et par un pareil acte elle trompait les vues du coadjuteur, qui ambitionnait à la fois la pourpre romaine et l'emploi de premier ministre; mais il sentit le coup et s'y opposa. Le clergé tout entier s'y opposa bien davantage. « Ce corps, dit madame
« de Motteville, où il y a pour le moins, en cer-
« tains particuliers, autant d'ambition que de
« piété, et plus de désir pour les honneurs de
« la terre que pour la gloire du ciel, s'assembla
« pour se plaindre du tort qu'on lui faisait de
« les exclure du ministère. [1] »

L'exclusion ne fut point prononcée. Je n'examinerai pas si cette mesure eût été juste; si de pareilles défiances, si de semblables reproches étaient fondés; mais l'une des plus curieuses révélations échappées à l'indiscrétion de Brienne fera connaître à quel point un étranger,

[1] Tome IV, page 169.

un cardinal, un premier ministre pouvait, en tournant les yeux vers Rome, oublier les intérêts de la France. Pour un chapeau de cardinal le coadjuteur de Retz troublait l'État, et Mazarin le sacrifiait à l'espoir d'obtenir un jour la tiare.[1]

Des querelles religieuses se mêlèrent aux troubles de la fronde, parce qu'on voulut voir un parti politique dans la réunion de quelques hommes livrés à des exercices pieux. Les débats qui s'étaient élevés, plusieurs années avant, entre les Jansénistes et leurs adversaires, intéresseraient aujourd'hui bien peu la société. Personne ne songe à renouveler la discussion sur la *grâce efficace*, sur *le concours concomitant*, et sur les *cinq propositions*. On n'attache d'intérêt à ces débats que parce qu'ils peignent l'histoire de l'esprit humain, à peu près comme on cherche, dans Hippocrate, le tableau de quelques maladies qui n'existent plus de nos jours. Descendu des hauteurs de la théologie, l'âge présent agite, je ne dirai pas des questions

[1] On trouvera cette anecdote, t. II, p. 97, des *Mémoires de Brienne*.

plus importantes, mais des questions moins subtiles; mais, outre qu'on ne les considérait point alors à beaucoup près avec la même indifférence, quelques hommes s'exagéraient à dessein le danger des doctrines professées par les Jansénistes. On trouva plus aisé de les dénoncer que de les réfuter; et le gouvernement, qui leur aurait pardonné peut-être quelques opinions nouvelles, ne leur pardonna point leur indépendance.

L'abbé de Saint-Cyran, qui fut le véritable *fondateur du jansénisme*, quoique Jansénius lui ait donné son nom, était un homme d'une vie pure, d'une piété sincère. Quelques écrits avaient fait connaître la pénétration de son esprit et la profondeur de son savoir : il y joignait un caractère ferme et beaucoup de désintéressement. Richelieu voulut l'élever aux honneurs. Saint-Cyran, par humilité, refusa l'offre d'un évêché : le ministre n'en fut pas moins alarmé que surpris. Tout homme qui résiste aux séductions du pouvoir est suspect; tout homme qui diffère avec lui d'opinion devient bientôt coupable : l'abbé Saint-Cyran eut ces deux torts.

Gaston d'Orléans, frère de Louis XIII, avait épousé la princesse de Lorraine. Richelieu voulait faire casser ce mariage : tout le clergé, docile à ses volontés, le déclara nul ; Saint-Cyran seul fut d'un avis contraire. Mal avec le ministre, il fut encore plus mal avec les Jésuites, dont il avait attaqué victorieusement un ouvrage. Ce fut alors qu'il devint tout-à-fait dangereux : le Cardinal le fit enfermer à Vincennes. Il suffirait presque, pour sa justification, de dire qu'il eut les Jésuites pour ennemis, Richelieu pour oppresseur, et qu'on voulut lui donner Laubardemont pour juge.[1]

Si les Jansénistes s'attachèrent bientôt des

[1] Laubardemont, le terrible, l'odieux Laubardemont, vint en effet à Vincennes pour interroger l'abbé de Saint-Cyran, mais il refusa de répondre devant un juge séculier : on lui donna pour interrogateur M. Lescot, docteur en Sorbonne.

« M. Molé, alors procureur-général, et depuis premier
« président, ayant appris qu'on était près d'interroger M. de
« Saint-Cyran, pour lequel il était rempli d'estime et de
« vénération, jugea à propos de le faire avertir qu'il eût
« soin de parapher toutes les phrases de son interrogatoire,
« et de tirer des lignes depuis les marges jusqu'en bas, de

partisans et des amis, ce ne fut pas, du moins, par la molle complaisance de leurs doctrines. Leur morale était rigide et leur vie remplie d'austérités. Quiconque voulait suivre et pratiquer leurs maximes devait s'arracher violemment au monde, à ses honneurs, à ses plaisirs, à ses espérances. Arnauld d'Andilly, homme aimable et poli, dont les personnes les plus illustres honoraient les vertus et recherchaient le commerce; Lemaître, avocat célèbre, que son éloquence devait élever aux premiers emplois, quittèrent, le premier, la cour, et le second, le barreau, pour s'ensevelir, avec quelques amis, dans une retraite obscure et profonde. Des prélats, des militaires, des gens de lettres, des grands seigneurs, suivirent à l'envi leur exemple. La dévotion, la charité, n'étaient point de leur part un calcul. Ils ne prêchaient point l'humilité pour arriver aux emplois; ils ne donnaient point pour recevoir; ils ne priaient pas pour être vus. Leur piété sin-

« peur qu'il ne s'y mêlât quelque chose qui ne fût pas de « lui; *car il a*, disait-il, *affaire à d'étranges gens.* » (*Recueil de pièces pour servir à l'Histoire de Port-Royal*, p. 20.)

cère, et même ardente, était sans aucune ostentation : ils avaient pris pour règle de conduite cette maxime de saint Augustin : *de parler plus à Dieu pour les hommes que de Dieu devant les hommes.*[1]

A six lieues de Paris, entre Chevreuse et Versailles, au fond d'un vallon sombre, désert, inculte, s'élevait une antique abbaye[2]. Aban-

---

[1] *Recueil pour servir à l'Histoire de Port-Royal*, p. 224.

[2] On l'appelait *Port-Royal* ou *Port du Roi*, parce qu'autrefois Philippe-Auguste, égaré dans la forêt qui couvrait ce vallon, n'avait retrouvé sa suite qu'à l'endroit même où l'on fonda depuis l'abbaye. Mathilde de Montmorenci en posa les premiers fondemens au commencement du treizième siècle; et trois cents ans après, Henri IV plaça ce monastère sous la direction de la mère Angélique Arnauld, fort jeune alors, et qui devint ensuite si célèbre. En 1625, l'insalubrité du sol et l'accroissement de la communauté forcèrent l'abbesse et ses religieuses à quitter *Port-Royal des Champs*, pour s'établir au faubourg Saint-Jacques, dans une maison qu'on nomma *Port-Royal de Paris*.

Lemaître et Séricourt son frère vinrent les premiers habiter Port-Royal des Champs, en 1639; leurs amis les y suivirent bientôt. Mais les religieuses n'y retournèrent qu'en 1648, quand les travaux qu'on y avait entrepris depuis

donnés depuis long-temps, les bâtimens tombaient en ruines : des bois épais, des eaux marécageuses, en rendaient encore l'aspect plus triste et le séjour plus malsain. Ce fut là cependant l'asile que vinrent habiter des hommes enlevés aux douceurs de la société, habitués à l'éclat des cours, au tumulte des camps, à la célébrité que procurent les lettres. Unis par les liens d'une estime et d'une affection mutuelle, ces pieux solitaires mettaient en commun leurs prières, leurs pensées, leur fortune, leur réputation littéraire, celui de tous les biens qui peut-être souffre le moins de partage. Au milieu de ce désert ils goûtaient cette innocente joie, ce contentement de l'âme que leurs ennemis neuf ans eurent assaini l'air et relevé les bâtimens. Les solitaires en sortirent à la même époque pour aller se loger *aux Granges*, petite ferme située sur le haut d'une colline, à quelque distance du monastère.

Par un de ces changemens bizarres qu'a produits la révolution, *Port-Royal de Paris*, qui avait été si long-temps l'asile de tant de pieuses filles, est aujourd'hui l'*Hospice de la Maternité*, tandis que presqu'en face, dans le même faubourg, une vicissitude du même genre a placé l'asile des *Enfans-Trouvés* dans le noviciat des Pères de l'Oratoire.

auraient en vain voulu leur ravir. *Si l'ermitage est triste, se* disaient-ils entre eux, *les ermites, au moins, ne le sont pas.* Bientôt, grâce à leurs soins, l'ermitage aussi fut moins triste. Chacun d'eux se fit un emploi dans la maison : ils étaient jardiniers, gardes-chasse, maçons, vignerons, laboureurs. Port-Royal prit, en peu d'années, un tout autre aspect. Leurs mains avaient fertilisé le sol, élevé les bâtimens, détourné les eaux, assaini l'air. Leur vie se trouvait partagée entre ces travaux rustiques et des exercices pieux, entre la direction des écoles qu'ils avaient formées pour la jeunesse et la composition de quelques bons livres. Ils vivaient comme des Chrétiens de la primitive Église, et s'élevaient, dans leurs écrits, au-dessus des leçons de l'Académie et du Portique.

Des alimens grossiers, la terre pour lit, l'étude pour plaisir, le travail des mains pour délassement, de l'eau pour boisson, pour vêtement un cilice; voilà ce qu'on trouvait à Port-Royal. Et cependant chaque jour augmentait le nombre des solitaires! La paix de cette retraite, en nourrissant leur indépendance, donnaît plus de recueillement à leur esprit, plus de vigueur à leurs pensées.

Un prédicateur célèbre, Desmares, celui dont Despréaux a dit :

> Desmares, dans Saint-Roch, n'aurait pas mieux prêché,

venait à Port-Royal, sous l'ombrage des bois, méditer ses exhortations éloquentes contre le luxe et la vanité des grands. Sous la dictée de Pontis, vieux capitaine qui défrichait alors un coin de terre nommé *la Solitude,* Du Fossé traçait des Mémoires utiles à l'histoire du règne de Louis XIII. Arnauld d'Andilly, qui avait pris le titre et les fonctions *d'intendant des jardins*, cultivait des fruits qu'il envoyait à la reine Anne d'Autriche, et de la même main traduisait l'Histoire des Juifs, par Josèphe, et les Confessions de saint Augustin. Son frère, Antoine Arnauld, le docteur en Sorbonne, cœur droit et sincère, esprit ardent, inflexible, portait, dans ses nombreux écrits de controverse, toute l'impétuosité de son caractère, tandis qu'avec un style aussi correct, mais plus froid, son ami, le sage Nicole, enseignait, dans ses Essais, une morale douce comme son humeur et pure comme sa conduite. A ces travaux particuliers se joignaient des conférences et des compositions où chacun apportait le tribut de ses talens : Saci sa rédaction prompte et facile ; Tillemont son vaste savoir ; et Lancelot, l'auteur de tant d'excellentes méthodes, cet esprit d'analyse si favorable aux progrès de la grammaire et du raisonnement. Un homme de génie, capable de porter, seul, au plus haut point de perfection la langue, l'éloquence et les siences, Pascal, les tenait au courant de toutes les découvertes récentes. Même avant qu'il partageât leur asile, on avait fait à Port-Royal des expériences de physique et d'anatomie. Les solitaires tentaient toutes les routes ouvertes à l'esprit humain. Ce qu'on appelait en eux désir des nouveautés n'était que le besoin, si naturel à de pareils hommes, d'examiner, d'apprendre et de connaître.

Tout pouvoir qui eût renfermé leurs pensées dans des limites trop étroites leur aurait semblé tyrannique : ils contestaient, même au Saint-Siége, son infaillibilité ; jugez si le ministre d'une régence inhabile, capricieuse, sans consistance et sans dignité, jugez si Mazarin pouvait leur paraître infaillible! Dès les premières années de son administration il avait persécuté les Jansénistes; et cependant, quand les troubles de la fronde éclatèrent, peut-être s'étonna-t-il de les trouver indifférens à sa querelle? Ordinaire erreur du pouvoir, qui voudrait que l'on fût sans ressentiment de ses injures, et que l'on oubliât le mal qu'il a fait dès qu'il veut bien lui-même en perdre la mémoire!

Quand il serait vrai que les solitaires de Port-Royal et leurs amis n'auraient pu fermer les yeux sur les fautes nombreuses du ministère, on ne voit point par quels motifs ils seraient restés seuls étrangers aux maux de la France, eux qui en souffraient comme le reste de la nation, eux dont on avait inquiété l'asile, fermé les écoles, dispersé les élèves, interdit les prédicateurs, condamné les ouvrages. Quel prétexte avait-on de leur reprocher plus qu'à d'autres d'être frondeurs, quand les frondeurs avaient à leur tête les plus proches héritiers du trône, les premiers princes du sang, la noblesse et les parlemens? Assurément les Jansénistes ne rendaient point d'arrêts contre l'autorité royale : il y a plus ; loin d'être favorables à ces protestations judiciaires contre les fautes d'un pouvoir inhabile, les Jansénistes avaient pour doctrine : « Qu'un sujet, pour quelque occasion que ce soit, ne peut se révolter, en conscience, contre son prince légitime ; et que quand même il serait injustement opprimé, il doit souffrir l'oppression et n'en demander justice qu'à Dieu seul, qui seul a le droit de faire rendre aux Rois compte de leurs actions. »[1]

Pendant la seconde guerre de la fronde, retirés à Vaumurier, dans un château que M. le duc de Luynes avait fait bâtir auprès de Port-Royal, dont ce seigneur partageait les doctrines, ils veillaient, ils priaient, ils jeûnaient, dit Du Fossé, pour se tenir mieux en garde contre les désordres inséparables des dissensions civiles : *persuadés qu'un temps de guerre était un temps de dissipation très dangereux pour des personnes engagées dans une vie de prière, de*

[1] RACINE, *Histoire de Port-Royal*, première partie, page 233.

*travail et de silence*[1]. Voilà pourtant ces conspirateurs qui menaçaient l'autorité souveraine! ce sont là ces complots dont on effrayait la crédule inexpérience d'un jeune Roi! J'insiste à dessein sur ces détails. Brienne fut lui-même attaché plus tard à la cause des Jansénistes : on retrouvera plusieurs fois, dans ses Mémoires, l'effet constant des préventions qu'on entretenait avec art, dans l'esprit de Louis XIV, contre l'audace impie de quelques ecclésiastiques, contre la rébellion de quelques vieillards, qui s'étaient, pendant la fronde, réfugiés à Vaumurier.[2]

[1] *Mémoires pour servir à l'Histoire de Port-Royal*, par M. Du Fossé, p. 121.

[2] Le château de Vaumurier fut détruit avant le monastère de Port-Royal; mais les Jansénistes eux-mêmes en ordonnèrent la démolition. Ce n'est pas un des traits qui les honorent le moins.

Le Dauphin, fils de Louis XIV, chassait un jour dans les bois dont l'abbaye était entourée; il aperçut le château de Vaumurier. Cachée au fond d'une forêt, dans des lieux écartés, solitaires, et cependant tout près de Versailles, cette agréable habitation lui parut propre à ses desseins. Comme son père, ce prince avait des faiblesses : il voulait

La paix se fit enfin. Les grands, les magistrats, la noblesse, qui avaient forcé le Roi à prendre la fuite, qui avaient armé ses sujets contre lui, pris ses villes, dévasté ses provinces, cassé ses édits, appelé l'étranger même au sein de la France, trouvèrent aisément grâce auprès de l'autorité souveraine. Des richesses, des emplois, des honneurs, payèrent même leur soumission ; mais les Jansénistes avaient irrité des ennemis qui ne pardonnent pas : leur haine implacable n'attendait qu'un prétexte pour éclater de nouveau. Le duc de Liancourt avait accueilli dans son hôtel un ecclésiastique ami des Jansénistes : les Jésuites lui firent un crime de s'être montré

acquérir Vaumurier pour y loger une personne qu'il aimait. Quand l'abbesse de Port-Royal en fut instruite, sa résolution fut prise à l'instant : les vaines craintes du monde n'eurent aucune prise sur son esprit. Par ses ordres, en peu de jours, ce joli château fut abattu de fond en comble ; il n'en resta que l'emplacement. Louis XIV apprit cette résolution avec étonnement peut-être, mais sans courroux ; ce prince aimait et savait honorer la vertu : de son fils ou de l'abbesse, il est aisé de voir qui devait obtenir son approbation.

compatissant pour le malheur. Le tribunal même où Dieu remet les fautes fut le lieu qu'ils choisirent pour condamner un bienfait. Arnauld, indigné, reprit la plume. La Sorbonne, en admettant dans son sein plus de membres des ordres mendians qu'elle ne devait en recevoir, fit condamner son nouvel écrit, *parce qu'il fut plus aisé de trouver des moines que des raisons*. Arnauld était réduit à fuir, à se cacher, quand Pascal parut, et le vengea dans ces lettres immortelles, où, mêlant aux traits de la raillerie la plus légère, le ton de la plus sublime éloquence, il couvrit leurs ennemis communs d'un ridicule et d'un mépris ineffaçable.

Mon projet n'est pas de suivre les Jansénistes dans les alternatives de leur bonne et de leur mauvaise fortune. On les crut un moment perdus sans retour : les solitaires étaient dispersés ; Arnauld et Nicole n'avaient trouvé de refuge que dans l'hôtel de Longueville ; Saci, Fontaine et Du Fossé étaient à la Bastille [1]. Mais la du-

---

[1] Du Fossé, dans ses Mémoires, raconte les circonstances de son arrestation, avec cette liberté d'esprit et ce ton d'enjoûment que donne seule une conscience à l'abri de

chesse de Longueville, devenue, depuis quelques années, leur protectrice et leur amie, veillait sur leurs intérêts. La vérité, grâce à son zèle, put trouver un moment accès auprès du trône. Malgré tous les soupçons dont on avait armé son esprit, Louis XIV accueillit à sa cour ces mêmes hommes que ses ministres avaient persécutés, et ne se montra point insensible à l'éclat que leurs écrits et leur renommée pouvaient répandre sur son règne.

Leur triomphe fut brillant, mais de peu de durée. Péréfixe, irrésolu, mais équitable, eut

tout reproche. Il était allé, la veille, à Pomponne voir Arnaud d'Andilly. « Il nous reçut, dit-il, avec sa bonté
« ordinaire, et voulut me retenir plusieurs jours, étant
« bien aise de me faire voir les ouvrages auxquels il tra-
« vaillait ; mais la personne qui m'avait amené chez lui
« était pressée de retourner à Paris, et *j'y avais moi-même,*
« *sans y penser,* continue-t-il, *une petite affaire, qui était*
« *d'aller à la Bastille, où la Providence me conduisait lorsque*
« *j'y songeais le moins.* » ( *Mémoires de Du Fossé*, p. 266 ).
On ne lira point sans intérêt tous les détails de cette arrestation ( Éclaircissemens, Note D ) : ils donnent une étrange idée des formes de la justice à cette époque.

pour successeur, à l'archevêché de Paris, *François de Harlay,* prélat dont la vie n'était pas édifiante, dont le caractère était ardent, impérieux. Les Jésuites lui pardonnèrent aisément le scandale de ses mœurs en faveur de son zèle contre les Jansénistes. La perte de la duchesse de Longueville les laissa sans appui à la cour. Pascal, Arnauld d'Andilly, n'étaient plus. Les persécutions, les chagrins, le malheur, avaient atteint ou dispersé cette foule d'hommes illustres dont s'honorait Port-Royal. Antoine Arnauld, resté presque seul, opposait une âme intrépide aux coups que lui portaient les Jésuites. Réduit à fuir en Hollande, au milieu des ennemis de la France, il laissait éclater ouvertement sa joie au bruit des succès de Louis XIV, qui le persécutait. Accusé de protestantisme, il avait publié son victorieux ouvrage *de la Perpétuité de la Foi.* Les Jésuites abreuvaient sa vie d'amertume, et pour les accabler du poids de sa générosité, il écrivit, en leur faveur, son éloquente *Apologie des Catholiques d'Angleterre.* Fugitif, errant, proscrit, sans patrie, sans asile, il conservait encore chez l'étranger, sous le poids des ans et du malheur, le cœur d'un Français et les plus nobles vertus d'un chrétien.

On a voulu le faire passer pour un chef de parti. Peut-être en montra-t-il l'ardeur et le courage, mais il n'en eut jamais ni les vues ni les talens. *Il était simple et sincère dans sa conduite, exempt de tout artifice et de souplesse d'esprit.* Jamais il n'aurait su plier son humeur violente et son caractère opiniâtre aux ruses, aux ménagemens d'un chef de parti. Le cardinal de Retz, qui s'y connaissait, riait de ceux qui voulaient faire d'Antoine Arnauld un conspirateur. Ennemi des Jésuites dès son enfance, il leur faisait une guerre d'autant plus redoutable, qu'il avait pour lui la supériorité du talent. Ils ne lui pardonnèrent pas plus l'impétuosité de sa dialectique qu'ils ne pardonnèrent à Pascal sa gaîté caustique ou son éloquente indignation.

On dit qu'ils eurent assez de crédit pour empêcher Perrault de les placer l'un et l'autre dans son livre des *Hommes Illustres* [1]. Il y donna du

[1] Le censeur de l'ouvrage, docile aux injonctions des Jésuites, exigea la suppression des deux noms qui les importunaient. Cette suppression eut lieu dans la plupart des

moins au frère de l'un, au guide, au modèle, au meilleur ami de tous deux, un des plus beaux éloges qu'un homme puisse recevoir d'un autre homme, quand il a dit d'Arnauld d'Andilly : « Le bien public faisait sur son âme la même impression que l'intérêt particulier fait ordinairement sur celle des autres. » Perrault louait ainsi tout Port-Royal dans un seul homme.

Tant de persécutions ne purent satisfaire encore la haine des Jésuites. C'était peu d'avoir forcé des vieillards à fuir de leur asile, d'avoir fermé les écoles ouvertes à la jeunesse, arraché de jeunes filles à l'obscurité de leur cloître : tant que Port-Royal des Champs subsisterait, les Jésuites s'imaginaient, sans doute, que ses ruines se repeupleraient de nouveaux solitaires. Leur vengeance à la fois implacable et craintive, renversa l'édifice qu'ils avaient habité, dispersa leurs cendres,

exemplaires de la première édition ; mais comme on faisait alors, en faveur de Pascal et d'Arnauld, l'application du célèbre passage de Tacite sur Brutus et sur Cassius, on rétablit, dans l'édition suivante, les notices et les portraits supprimés.

et fit pieusement passer le soc de la charrue sur le sol qui couvrait un monastère bâti par un parent de Philippe-Auguste et doté par Saint-Louis. Ils voulurent que la terre n'en conservât point de vestiges ; mais de grands talens, d'excellens ouvrages, une rare constance aux prises avec le malheur, ne s'effacent point aussi facilement de la mémoire des hommes. Les Jansénistes ont usé, dans des questions frivoles, la mâle vigueur de leur esprit; le dix-septième siècle a retenti long-temps du bruit de leurs vaines disputes; mais ils ont aussi rempli cette époque de l'éclat de leur renommée et du respect qu'inspiraient leurs vertus. Ce sera, l'on n'en saurait douter, une réunion d'hommes à jamais célèbre que celle qui appela dans son sein l'avocat Lemaître, le prédicateur Desmares, et Antoine Arnauld, le premier théologien de son siècle, si Bossuet n'eût pas existé ; qui eut pour fondateur l'abbé de Saint-Cyran; qui donna pour instituteurs à la jeunesse, Lancelot, Nicole et Saci; qui compta pour disciples les deux Bignon, Racine et le duc de Chevreuse : pour défenseur, Pascal; pour amis, madame de Sévigné et Boileau, et pour appuis, pour bienfaiteurs, le duc de Luynes, le duc de Liancourt, la princesse de Conti qui vécut comme une sainte, et la duchesse de Longueville qui expia, par sa pénitence et par sa mort, les tendres erreurs de sa vie.

Ce fut chez elle et presque par déférence pour cette princesse, qui était sa parente et sa marraine, que Brienne, alors disgracié par la cour et retiré à l'Oratoire, consentit à prendre pour ainsi dire une teinte légère de jansénisme. La duchesse portait à cette époque, dans la dévotion, l'ardeur qu'elle avait montrée six ans plus tôt pour la politique : ses directeurs avaient alors sur son esprit l'empire qu'elle accordait autrefois à ses amans; Brienne en convient lui-même. Antoine Arnauld, précisément à l'époque dont il parle, n'avait plus d'autre appui que la duchesse de Longueville et d'autre asile que son hôtel. Brienne l'y rencontra plusieurs fois, cachant le docteur en Sorbonne sous la perruque et sous l'habit d'un homme du monde, et ces travestissemens devaient encore plus particulièrement rappeler à la princesse l'époque de la fronde, époque dont cette digression nécessaire m'a quelques instans éloigné.

Jamais en effet, dans aucun temps, les déguisemens de tous genres n'avaient été plus en usage que pendant les troubles dont la France et Paris devinrent le théâtre, de 1648 à 1652. On serait tenté de prendre la fronde pour une mascarade un peu sérieuse : tantôt, en effet, c'est Mazarin qui, la nuit, pendant la plus grande effervescence, parcourt, en habit d'officier, les postes placés autour du Palais-Royal; tantôt le coadjuteur vient à son tour, sous un déguisement, visiter le ministre, qui tourne en ridicule, après cet entretien, son habit cavalier, ses plumes blanches et ses jambes tortues. Des officiers sous l'habit d'artisans, sous les haillons de la misère, échauffent, à Paris, l'attaque dirigée contre l'Hôtel-de-Ville; et, sur un autre point de la France, servant une cause opposée, le révérend père Berthod cache son caractère et sa mission sous la veste d'un matelot, pour rétablir en Guienne l'autorité royale. Ces travestissemens de toute espèce favorisaient, dans toutes les classes, la révolte ou la fidélité, l'ambition, l'intrigue ou la galanterie. Mais la personne qui parut avoir pris le plus aisément à cette époque toutes sortes de masques, parmi les dames de la cour, était sans contredit madame de Rhodez, puisqu'on trouva chez elle, dans sa garde-robe, au moment de sa mort, qui arriva subitement, des habits de *Carmes*, de *Minimes* et d'*Augustins*. On ne pouvait avoir un goût plus décidé pour le froc.[1]

Aucun ordre, aucune police ne pouvait exister dans Paris. Un jour il fallait prendre l'écharpe isabelle, qui était la couleur des frondeurs, un autre jour, il n'y avait plus sûreté de la vie pour qui ne portait point de paille à son chapeau[2].

[1] *Mémoires de Conrard*, page 391; *Mémoires de madame la duchesse de Nemours*, pages 443 et 535.

[2] Lors de l'affaire de l'Hôtel-de-Ville, 4 juillet 1652, les assaillans, pour se reconnaître entre eux, avaient mis de la paille à leurs chapeaux. Tout le monde en prit à l'instant: les femmes même qui étaient tentées de sortir sans ce signe tutélaire, couraient risque d'être insultées. Comme les dames de la cour s'ennuyaient d'avoir toujours ces bouchons de paille à leurs ceintures, on s'avisa de faire pour elles mille petits bijoux en paille, des tresses, des colliers, des bracelets, des fleurs.

Les malfaiteurs profitaient du désordre : des bandes de voleurs intrépides s'étaient organisées dans la ville; ils osèrent même, un soir, attaquer le duc de Beaufort et tuer un de ses amis à la portière de son carrosse [1]. Les bourgeois étaient enrégimentés par quartiers; mais cette garde urbaine ne se trouvait pas alors, comme on l'a vu de nos jours, composée d'hommes qui, dès leur jeunesse, appelés sous les drapeaux par des guerres mémorables, y avaient appris le métier des armes en face des ennemis de la France. Les bourgeois du temps de la fronde ne savaient pas mieux établir l'ordre dans Paris que tenir la campagne contre les troupes du Roi : c'était une autre espèce de travestissement qui avait aussi son côté ridicule. Ces improvisations militaires, en donnant au premier venu le hausse-col et l'épaulette, amenaient quelquefois les plus singulières rencontres.

Le peuple, dont le duc d'Orléans excitait sourdement la défiance, craignait qu'à chaque moment on n'entraînât une seconde fois le jeune

---

[1] *Mémoires de la duchesse de Nemours*, page 466.

monarque hors de Paris. La Reine habitait le Palais-Royal. La foule se pressant, la nuit, aux portes de ce palais demandait à voir le Roi. Anne d'Autriche, pour tranquilliser les esprits, fit appeler deux officiers de la garde bourgeoise et leur montra le jeune prince qui dormait d'un profond sommeil. Elle s'entretint long-temps ensuite avec ces officiers de création nouvelle. L'un d'eux s'appelait du Laurier. La Reine, à qui son visage ne paraissait point inconnu, ne l'appelait jamais que M. *du Laurier.* De son côté, charmé de cet accueil, il fit confidence à la Reine qu'il avait, dès long-temps, l'honneur de la connaître; qu'autrefois il suivait la cour, et qu'il était laquais de son maître d'hôtel. Anne d'Autriche n'en continua pas moins l'entretien, et le petit nombre de courtisans qui se trouvaient auprès d'elle rit, mais tout bas, de cette reconnaissance imprévue entre la Reine et M. du Laurier.[1]

Il s'en fallait bien alors que la cour étalât cette grandeur et cette magnificence que Louis XIV

---

[1] *Mémoires de madame de Motteville*, t. IV, p. 158.

porta si loin, dans les belles années de son règne. On est surpris de voir, quand on lit les Mémoires du temps, avec quelle parcimonie mesquine étaient réglés tous les services de la maison royale. Les dames attachées à la personne d'Anne d'Autriche n'avaient point de tables au palais. « Après le souper de la Reine,
« dit madame de Motteville, nous en mangions
« les restes sans ordre ni mesure, nous servant
« pour tout appareil de sa serviette à laver et du
« reste de son pain.¹ » Encore eût-on pu tolérer pareilles choses dans les habitudes de la privauté qui leur servaient d'excuse et leur donnaient du prix : mais les festins n'étaient pas mieux ordonnés dans les occasions solennelles. Quand les ambassadeurs de Pologne vinrent, en 1645, demander la duchesse de Nevers, Marie de Gonzague, en mariage pour leur souverain, la Reine les reçut à Fontainebleau. Le jour de la signature du contrat, Sa Majesté voulut leur donner un grand souper, *ce fut du moins son intention qu'il fût tel*, mais le *bouilli* manqua au premier

---

¹ *Mémoires de madame de Motteville*, tome II.

service; et quand les étrangers se retirèrent assez tard, ils parcoururent, dans une obscurité profonde, une grande partie des appartemens qu'on avait oublié d'éclairer. La Reine fut réduite à rire de ces contre-temps; mais quelques années plus tard, il arriva bien pis aux fêtes qui furent données chez de Lionne, aux envoyés espagnols, pour la conclusion de la paix. « La « collation destinée pour la table du Roi fut « pillée par les gens de la cour, de sorte que les « plats n'étaient pleins qu'à demi quand on « servit devant Leurs Majestés. »[1]

Ces désordres avaient leur source dans l'avarice de Mazarin, qui, par une honteuse épargne, laissait dans la maison du Roi la plupart des charges sans titulaires ou les titulaires sans appointemens. Le premier ministre d'un grand empire, chargé du fardeau des affaires publiques, passait plusieurs heures de sa matinée à peser au trébuchet les pistoles qu'il avait gagnées au jeu la veille, afin d'y remettre le soir celles qui n'étaient pas de poids. Tout devenait dans ses

---

[1] *Mémoires du comte de Bussy-Rabutin*, t. II, p. 279.

mains une occasion de profits illicites. Il s'était fait donner l'approvisionnement de la maison du Roi, de l'armée, de la marine; et le ministre, comme on le pense bien, fermait les yeux sur les prévarications du fournisseur. Au luxe de ses ameublemens que Brienne a si bien décrits, à la richesse de ses équipages, au nombre de ses gardes, à la foule des courtisans qui le suivaient en tous lieux, on eût dit un souverain; tandis que Louis XIV, sans cour, sans crédit, sans puissance, ne pouvait disposer ni d'un emploi ni presque d'un écu. Qu'on se figure la situation d'un prince jeune, généreux, magnifique, qui n'osait visiter les postes de son armée parce qu'on refusait à sa libéralité les moyens d'encourager la valeur du soldat. Si le souvenir des services qu'il croyait avoir reçus de Mazarin put retenir son indignation, si par reconnaissance il donna même, plus tard, des regrets à sa mémoire, ce fut la marque la plus assurée d'une belle âme.

Depuis long-temps il supportait impatiemment, quoique en silence, le poids de cette avilissante tutelle. Mazarin ne l'ignorait pas : un mot rapporté par Brienne, dans ses Mémoires, le prouve assez. Mais c'est à Brienne qu'il appartient de peindre, par une suite de détails ignorés jusqu'alors, l'insatiable avidité du ministre et le mal douloureux qui l'atteint au plus haut point de sa fortune et de sa gloire; l'incendie dont les flammes le chassent des appartemens du Louvre; les regrets qu'il exhale à la vue des richesses qui ne le suivront pas dans la tombe; la chambre à coucher d'un cardinal retentissant, à ses derniers momens, du bruit des dés et des exclamations des joueurs; Mazarin, pour tromper les autres et se tromper lui-même, couvrant des couleurs de la santé ses traits livides, déjà glacés par la mort, et d'impitoyables courtisans poursuivant, de leurs sarcasmes amers, un ministre dont, quelques jours plus tôt, ils adoraient encore en tremblant la fortune.

Enfin Mazarin meurt. La scène change: Louis XIV va remplacer, dans sa politique extérieure, la souplesse et la ruse par la droiture et la fermeté; dans l'administration de son royaume, l'intrigue et la faiblesse par la vigueur et la dignité du commandement; et dans sa cour, la plus honteuse parcimonie, par la grandeur et la magnificence. Des ministres qui se disputaient, en espérance, l'autorité souveraine sous un Roi de vingt ans, avide de plaisirs et jusqu'alors étranger aux affaires, sont étonnés, dès le premier conseil, de plier sous la main d'un maître. La soumission rentre dans tous les cœurs, et quelque chose de servile s'y glisse avec elle. Qu'il avait fallu peu d'années pour changer les hommes! à Fontainebleau, dans ce pompeux séjour embelli par tant de Rois, Louis XIV, qui, si l'on peut le dire, venait de succéder à Mazarin, Louis XIV, épris de La Vallière et goûtant à la fois les premières douceurs de l'amour et de la royauté, ivre de son bonheur, le faisait partager à ceux qui l'entouraient. Des promenades au fond de la forêt, des chasses que les dames suivaient en calèche, des jeux, des carrousels, galante image des anciens tournois, occupaient tous les instants du jour. Le soir, dans les jardins, d'harmonieux concerts retentissaient sous les ombrages. Au bord du canal, des femmes charmantes, des seigneurs empressés, se promenaient sur les gazons, à la clarté de mille flambeaux, tandis que sous leurs yeux une barque élégante se balançait mollement sur les eaux. Elle portait Louis XIV, les deux Reines, la tendre La Vallière, et cette aimable Henriette d'Angleterre, enlevée trop tôt aux hommages d'une cour dont elle était l'ornement. On y servait une collation aux princesses; mais la barque petite et le souper somptueux, ne permettaient pas au service ordinaire d'y avoir accès. Le grand Condé, le duc de Beaufort, ces héros de la fronde, si factieux alors, aujourd'hui si soumis, s'empressaient à l'envi de servir le prince qu'ils avaient combattu. Tous deux, l'un par le devoir de sa charge, l'autre par zèle, recevaient les plats tour à tour et les posaient eux-mêmes sur la table : « faisant voir, dit un auteur du temps en par« lant du prince de Condé, qu'il était aussi « grand par son humilité que par ses victoires. » La postérité, qui voit avec d'autres yeux, pourrait trouver le prince plus *grand* sous les lauriers de Fribourg que dans ses fonctions de grand-maître; mais elle admirera du moins l'habile politique d'un jeune Roi, qui, donnant aux règles de l'étiquette un empire inconnu jusqu'à lui, ne comptait déjà plus que d'humbles serviteurs parmi les princes de sa famille.[1]

Le cérémonial, sa pompe, ses respectables lois et ses graves débats, nous viennent de la

[1] *Mémoires de Choisy*, p. 114; *Mémoires de madame de Motteville*, tome V.

Lorsque la paix des Pyrénées permit au prince de Condé de rentrer en France, il était à Bruxelles, et fut obligé de traverser tout le royaume pour venir trouver la cour, qui était à Aix en Provence; il y alla descendre chez le cardinal de Mazarin, « il fallut que sa grande fierté et son courage
« hautain s'humiliât en cette occasion, et qu'il fléchît le
« genou devant l'idole que tout le monde adorait en France.
« Le Cardinal le mena chez la Reine, où était le Roi, devant
« lequel il mit un genou en terre et lui demanda pardon
« de ce qu'il avait fait contre son service. Le Roi se tint
« fort droit et le reçut très froidement et la Reine aussi.....
« Ayant demeuré peu de jours à la cour, où il jouait un
« assez mauvais personnage, il en repartit pour aller à
« Paris, où il y avait huit ans qu'il n'avait été....., et dès-
« lors il résolut de vivre comme un particulier sans se
« mêler de rien, et d'avoir une complaisance entière pour
« la cour et pour les favoris. » (*Mémoires de Montglat*, t. III, p. 97.) L'anecdote qu'on vient de lire prouve qu'il ne manqua point à sa résolution.

cour des Empereurs grecs. Il était naturel qu'un peuple frivole et subtil, qui plaçait toute l'importance d'une discussion dans les mots, mît aussi, dans les vains honneurs du pas, toute la considération attachée aux personnes. En Europe et surtout en France, la hiérarchie féodale doubla le prix qu'on attachait aux questions de préséance. Les ambassadeurs dans les cours étrangères, les corps de l'État dans les cérémonies publiques, les ordres religieux dans les processions, se disputaient la droite avec obstination. Le sang fut souvent prêt à couler et coula quelquefois pour la place d'un siége, la queue d'une robe ou le rang d'un carrosse. On est surpris de voir à quels singuliers expédiens l'art des conciliateurs était souvent forcé de recourir, pour apaiser le débat [1]. Les corps les plus graves n'étaient pas sur ce point les plus sensés : leur vanité prenait acte des moindres circonstances. Lors du *Te Deum* chanté à Notre-Dame en 1640, pour la victoire que nous venions de remporter

---

[1] *Voyez* tome II, page 392, le débat survenu entre deux ambassadeurs dont les carrosses s'étaient rencontrés dans un lieu resserré par des balustrades.

à Casal, le parlement sortit de l'église presqu'aussi triomphant que s'il avait lui-même défait les Espagnols, parce que les gardes françaises et suisses lui *faisant face* à la porte du chœur, *tournaient le dos* à la chambre des comptes.¹

Plus on était élevé par le rang, la naissance et le mérite, plus on aurait dû dédaigner d'aussi frivoles avantages, et plus, au contraire, on semblait y attacher d'importance. Mademoiselle de Montpensier, petite-fille de Henri IV, nièce de trois Reines, et cousine de Louis XIV, a rempli ses Mémoires de plaintes contre ceux qui lui refusaient *les honneurs dus à sa qualité;* et ces honneurs, objet de tant de plaintes et souvent cause de tant de larmes, c'était d'avoir, à l'exclusion des autres princesses, *un carrosse cloué et des valets de pied à chausses retroussées.*²

Elle tenait cette humeur hautaine de son père Gaston d'Orléans. On lit à ce sujet, dans plusieurs écrits, une anecdote assez piquante.

---

¹ *Cérémonial français*, t. II, p. 1019.

² *Mémoires de madame de Motteville*, t. II, p. 124.

« Gaston duc d'Orléans, frère de Louis XIII,
« disent ces manuscrits, était extrêmement sur
« le qui-vive, et ne souffrait pas que personne
« eût son chapeau devant lui. Le Roi, qui con-
« naissait son humeur, prenait plaisir à l'en
« railler. Un jour se promenant avec M. Biron,
« survint une petite pluie qui incommodait fort
« ce dernier. Le Roi lui dit en souriant : *Mettez*
« *votre chapeau, Biron; mon frère le permet.*[1] »
Il faut convenir toutefois qu'il suffisait de peu
de chose pour établir, aux yeux de Gaston, une
distinction convenable entre un fils de France et
le premier prince du sang. Au lit de justice que
tint Louis XIII, en 1620, au parlement de Bordeaux, « on remarqua que Monsieur, frère du
« Roi, estoit assis sur un oreiller de velours vio-
« let garny de *clinquant* d'or, tandis que M. le
« prince de Condé, premier prince du sang,

---

[1] La Place, dans son *Recueil de Pièces intéressantes*, attribue cette réponse à Louis XIV, en présence de Monsieur, son frère unique : le président Bouhier, dans ses manuscrits, que j'ai sous les yeux, nomme, avec beaucoup plus de vraisemblance et d'autorité, Louis XIII et Gaston d'Orléans.

« estoit à un pas esloigné de Monsieur, sur un
« autre petit oreiller de veloux violet, *sans clin-*
« *quant.* »[1]

Le fils de ce même prince de Condé, le duc
d'Enghien, surnommé depuis le grand Condé,
avait acquis assez de solide gloire à Lens, à Nor-
lingue, à Rocroi, pour ne pas mettre un aussi
grand prix au clinquant. Il était peu sensible
aux distinctions de ce genre, et riait même en
particulier des vanités du cérémonial; mais à
l'étranger, mais en public, *il voulait qu'on rendit au nom de Bourbon les honneurs qui lui
sont dus.* C'était certainement en vertu d'un si
beau titre qu'il ne cédait jamais à personne le
droit d'aller au feu le premier.[2]

Avant le règne de Louis XIV, la vanité tenait,
il est vrai, note exacte des concessions qu'elle
pouvait obtenir; mais des droits long-temps douteux, des tentatives toujours renaissantes, éter-
nisaient d'aussi sérieux débats. Louis XIV réduisit

[1] *Cérémonial français*, t. II, p. 616.

[2] *Traité des droits, franchises, exemptions, prérogatives et
privilèges annexés en France à chaque dignité, etc., etc.*,
t. II, p. 364.

presqu'en code les règles incertaines du cérémonial : en imposant à ses courtisans le joug de l'étiquette, il en devint lui-même le premier esclave. Le cérémonial réglait tous les instans de sa vie, assistait à son lever, le suivait au conseil, à table, dans ses jardins, et, pendant son sommeil, s'asseyait même au pied de son lit, comme un spectre importun qu'on ne pouvait écarter [1]. Cette contrainte de tous les momens, d'autres la supportaient avec lui et par lui; c'était peut-être ce qui l'en consolait. En prenant le soleil pour emblème, ce prince avait tracé la marche des astres secondaires, et leur permettait de décrire, à de grandes distances de lui, des courbes plus ou moins inclinées. [2]

[1] Un valet de chambre couchait chaque nuit dans la chambre du Roi, sur un lit qu'on y dressait exprès tous les soirs.

[2] Bussy-Rabutin explique en véritable courtisan la nécessité pénible, selon lui, qui avait réduit Louis XIV à placer, pour ainsi dire, les barrières du cérémonial entre ses sujets et lui.

« Le Roi, dit-il, aime naturellement la société, mais il se
« retient par politique; la crainte qu'il a que les Français,

Mais une pensée plus digne d'un prince qui connut, qui pratiqua mieux qu'aucun autre le grand art de régner, avait dirigé Louis XIV. Il savait tout le prix que l'opinion peut mettre aux plus légères faveurs. La forme d'un habit, une place dans ses voitures, l'honneur de le suivre à la chasse, de l'accompagner dans ses palais, étaient des grâces signalées, parce que l'étiquette en interdisait l'usage au grand nombre. En campagne c'était la distinction la plus flatteuse que de s'asseoir à sa table. Vauban, qui, pour la première fois, obtint cette faveur au siége de Namur, en fut comblé de joie [1]. On verra quelle importance attachait Brienne au privilége de pouvoir suivre le Roi jusque dans ses appartemens

« qui abusent aisément des familiarités qu'on leur donne,
« ne choquent le respect qu'ils lui doivent, le fait tenir plus
« réservé; et, *par une bonté extraordinaire*, il aime mieux
« se contraindre que de leur laisser la moindre occasion de
« faire quelque chose qui l'obligeât de se fâcher contre
« eux. »

On voit que Bussy-Rabutin savait être, selon l'occurrence, flatteur aussi complaisant que détracteur amer.

[1] *Voyez* la note de la page 202, tome II.

les plus secrets, sans avoir eu besoin de *brevet d'affaires*. Ces brevets, qu'ambitionnait la tourbe des courtisans, ne donnaient droit qu'aux *secondes entrées* : quant aux premières, les plus grands personnages de l'État pouvaient seuls y prétendre. Le fils du prince de Condé, M. le Duc, qui croyait avoir et qui avait lieu de se plaindre, oublia tout chagrin, tout ressentiment, dès qu'il obtint *les grandes entrées*.

Qu'on me permette d'ajouter un fait. Quand tout ce qu'il y avait d'illustre et de puissant dans le royaume se pressait encore à la porte du Roi, avant le grand-chambellan, avant le premier gentilhomme, avant cette foule de seigneurs, princes, cardinaux, maréchaux, ministres, qui attendaient respectueusement l'instant du réveil, tous les jours, une femme entrait dans la chambre du Roi, et courait l'embrasser dans son lit. Cette femme...... c'était sa nourrice ! Jamais, dans aucune circonstance, elle ne perdit ce privilége auprès de celui que son sein avait allaité. C'était bien mieux qu'un usage, c'était un souvenir doux, naturel et touchant. Louis XIV, dans les bras de sa nourrice, cède un moment du moins aux affections du cœur : il est homme. On ouvre : la foule entre ; il est roi.[1]

Ce prince, qui gouverna soixante ans la France et fut trente ans l'arbitre et la terreur de l'Europe; dont les réglemens élevèrent au plus haut degré de splendeur l'administration militaire, la marine, les beaux-arts et le commerce, ne dédaigna point de descendre aux plus minutieux détails. Depuis le *chauffe-cire* jusqu'au chancelier de France, depuis le *hâteur de rôt* jusqu'au grand-écuyer, emplois, prérogatives, attributions, tout fut réglé, par ses soins, dans l'État et dans sa maison. Quand on parcourt ce singulier code, qui dans leur palais,

---

[1] La nourrice du Roi se nommait *dame Amelin*; elle était première femme de chambre de la reine Marie-Thérèse d'Autriche, et partageait cet emploi avec la signora dona Maria Molina. Un réglement du mois d'octobre 1660 détermina leurs attributions et leurs prérogatives.

Il paraît que cette nourrice était d'ailleurs une excellente femme, car, pendant la campagne de 1657, la Reine-mère ayant fait établir à Stenay un hôpital pour les soldats blessés au siége de Montmédy, Anne d'Autriche y envoya la nourrice du Roi *pour y avoir l'œil et faire que rien ne manquât*. MONTGLAT, t. III, p. 32.

dans leur intérieur le plus intime, asservissant les princes, les princesses et le monarque lui-même aux règles du service, ne leur laissait le libre usage ni de leurs bras, ni de leurs mains, ni de leur volonté, l'on ne sait s'il faut sourire, ou s'il faut les plaindre. Il y a de quoi guérir de l'envie d'être roi.

« Quand le Roi sort de son lit, le grand-cham-
« bellan ou le premier gentilhomme de la cham-
« bre, ou quelque autre grand-officier, met la
« robe de chambre à Sa Majesté, et le premier
« valet de chambre la soutient. Quand la che-
« mise a été donnée au Roi, le premier valet de
« chambre aide à passer la manche droite, le
« premier valet de garde-robe la manche gau-
« che. » (*Traité des Droits*, tome I, page 520.)

« Lorsque la Reine veut être décoiffée, c'est
« à la dame d'atours à remplir cette fonction,
« en tout ou en partie; elle peut même peigner
« la Reine; mais elle laisse ordinairement ce
« soin à la première femme de chambre. [1] »
(*Traité des Droits*, tome II, page 248.)

---

[1] Peut-être aura-t-on peine à me croire, quand j'ajou-

« Au dîner et au souper du Roi, le capitaine
« des gardes est toujours derrière le fauteuil de
« Sa Majesté. Il ne permet pas que personne
« l'entretienne d'affaires pendant ce temps-là. »
(*État de la France*, de Trabouillet, tome IV.)

« Au lever, lorsque la première femme de
« chambre a chaussé la Reine, et que Sa Majesté
« met elle-même ses jarretières, la dame d'a-
« tours les lui donne, ainsi que la jupe, après les
« avoir reçues de la première femme de cham-
« bre, qui les lui a présentées. » (*Traité des
Droits*, tome II, page 248.)

La Reine, comme on vient de le voir, avait
au moins la liberté de mettre ses jarretières elle-

terai « qu'à défaut de tailleurs, les valets de garde-robe
« avaient, chez la Reine, le privilége de lacer Sa Majesté. »
C'est cependant un droit qui leur était positivement accordé; il est probable qu'ils n'en usaient jamais. Je dois
cependant dire encore qu'à cette époque, les femmes avaient
des tailleurs et non des couturières : les tailleurs faisaient
leurs robes, leurs *corps* ou leurs corsets, et les essayaient
eux-mêmes. On voit, dans les comédies du temps, une foule
d'amans qui prennent le costume de tailleur pour s'intro-
duire chez leurs maîtresses, et pour usurper d'aussi charmans *priviléges*.

même. A la rigueur, on permettait au Roi d'en faire autant; mais le premier valet de chambre devait absolument, au coucher, *défaire la jarretière du côté gauche*. On ne dit pas qui défaisait l'autre.

Sa Majesté avait un cravatier qui devait arranger le col. Le soin de mettre la cravate regardait le maître de la garde-robe. « Toutefois « la cravate étant mise, si le cravatier découvrait « quelqu'endroit qui n'allât pas bien, le crava- « tier pouvait y toucher et mettre lui-même « la cravate au Roi, en l'absence des officiers « supérieurs. » Ah! que la royauté devait sembler pesante à qui ne pouvait mettre à son gré ses jarretières, sa cravate ou ses bas! [1]

---

[1] Je n'aurais jamais fini, si je voulais rapporter ce qui se passait d'étrange en ce genre chez le Roi, autour de sa personne, dans son palais ou dans ses jardins. Si je faisais voir quatre de ses pages, qu'on nommait les quatre *ordinaires*, ou les quatre *surtouts*, à cause du surtout bleu qu'ils avaient alors, l'accompagnant à la chasse, et portant à cheval ses chiens sur des coussins; ou bien, si je montrais les carrosses assujettis, dans les cours de Versailles ou du Louvre, au même cérémonial que leurs maîtres dans les salons; ces détails m'entraîneraient ici trop loin : mais j'ai

Dans les emplois plus élevés, dans les premières charges de l'État, des privilèges particuliers comblaient d'*heur et de gloire* ceux qui possédaient ces emplois. Le Roi désirait-il prendre un bouillon le matin, le premier maître d'hôtel avait le droit d'accompagner le bouillon. Tenait-on lit de justice, c'était le privilége du grand-chambellan d'être couché par terre aux pieds de son maître. C'est tout au plus s'il eût donné la préférence au dais qui couvrait le monarque [1]. Le grand-écuyer avait le malheur

---

cru nécessaire d'en donner plusieurs dans les notes. Brienne, par exemple, parle dans ses Mémoires (tome II, page 202) de l'honneur qu'il eut de dîner à la table du Roi, qui le servit lui-même *sur une des assiettes de son cadenas*. J'ai cru devoir expliquer ce que c'était que le *cadenas* et la *nef* du Roi; j'ai cru devoir aussi rapporter dans quel ordre on allait aux cuisines chercher le dîner, ou, comme on disait encore alors, *la viande du Roi*.

On trouvera des éclaircissemens à ce sujet, sous la Note E, à la fin du volume. J'y fais connaître aussi, dans la Note F, comme une des choses les plus singulières, l'étiquette, j'ai presque dit la législation relative aux carrosses admis dans le palais.

[1] L'origine de cette prérogative est touchante ; Du Tillet

d'être assis plus commodément ; mais, pour s'en consoler, il portait à son cou l'*épée de parement* du Roi. A la messe, le grand-aumônier donnait au Roi l'eau bénite ; à la chasse, au moment où Sa Majesté montait à cheval pour aller *au laisser courre*, le grand-veneur lui présentait un bâton de deux pieds pour écarter les branches. Chaque charge avait ainsi sa prérogative qui contentait l'amour-propre du titulaire. On ne dédaigne rien à la cour de ce qui sert d'indice à la faveur ou peut servir de route à la fortune.

Placés plus près du prince, les premiers gentilshommes de la chambre ont, suivant l'ancienne

nous l'a conservée en parlant de Pierre de Villebeau, seigneur de Baigneux, grand-chambellan du roi Saint-Louis, mort à Tunis. « Il fut, dit-il, enterré aux pieds du Roi son « maître, en la manière qu'il gisait à ses pieds de son vivant ; « et de ce, est demeuré que quand le Roi tient son lit de « justice et le trône royal, le grand-chambellan est couché « à ses pieds et est tel lieu estimé rang honorable. » Il en doit être ainsi, puisque cette charge de grand-chambellan n'a jamais été remplie que par les plus nobles familles de France, les Montmorenci, les Guise, les Talleyrand, les La Trimouille.

étiquette, de plus agréables soins à remplir : ils sont chargés d'ordonner les habits, *par extraordinaire*, quand il y a *bals*, *ballets*, *mascarades* et semblables divertissemens à la cour. C'est à eux de régler les masques qu'on y doit prendre et les comédies qu'on y joue. Il est aisé dès-lors de concevoir le nombre et l'importance de leurs occupations. [1]

Quant aux gentilshommes ordinaires, un de leurs priviléges est d'aller recevoir les ambassadeurs du Scha de Perse et les envoyés du Grand-Turc [2]. Un connétable et des maréchaux de France ont autrefois pris place au milieu d'eux : c'est un honneur dont ils ont raison d'être fiers. Mais ils ne sont pas sans doute moins glorieux, aux yeux de la nation, d'avoir eu pour confrères, en des temps différens, Malherbe, Racine et Voltaire.

Il semblait qu'à l'aide de tant de statuts et de réglemens tout sujet de difficulté fût prévu ; mais les prétentions et les amours-propres faisaient renaître, à chaque moment, des contesta-

---

[1] *Traité des Droits*, t. I, p. 518 et 532.
[2] *Même ouvrage*, t. I, p. 611.

tions nouvelles; et, comme il arrive en pareil cas, le service du prince en souffrait toujours: l'issue en tournait quelquefois même contre lui. Louis XV enfant sortait de la main des femmes; il se faisait le plaisir le plus vif d'aller à la foire à Saint-Germain. Déjà le carrosse à huit chevaux était au pied du grand degré. Le Roi monte; mais au moment de partir, un débat imprévu s'élève entre le duc du Maine et le maréchal de Villeroi, sur la place qu'ils devaient occuper dans le carrosse. Le maréchal, en sa qualité de gouverneur, ne prétendait céder la place d'honneur qu'au premier prince du sang. On soumit le débat au conseil de régence, qui fut favorable au duc du Maine; mais en attendant, on rentra : le Roi, triste et chagrin comme on l'est à cet âge, en pareille occurrence, ne vit point, cette année, la foire Saint-Germain.

Anciennement nos Rois se croyaient obligés d'attacher à leur suite, de rassembler dans leur palais une foule d'hommes qui, parés de costumes et chargés d'emplois divers, y déguisaient sous des titres pompeux, leur inutilité. On mettrait en doute aujourd'hui la nécessité de ces illustres parasites. Les idées changent avec les mœurs : tant de pompe étonnerait et même affligerait les regards; on y remarquerait encore le faste du trône, mais on n'y verrait plus sa force et sa puissance. Les moindres soins, s'ils avaient quelque chose de servile, ne sauraient plus être ennoblis par la naissance ou la qualité de celui qui les rend. Notre âge, en cela trop sévère peut-être, trop ennemi des illusions, dépouille les choses d'un vain prestige pour arriver à leur réalité : l'éclat des titres ou des livrées ne saurait le tromper sur la nature des emplois.

De nos jours, soit prévention, soit injustice, le public confondrait presque, dans ses idées, à quelques hautes exceptions près, les trois services dont, suivant un de nos anciens écrivains, se composait la maison de nos Rois : celui qui a le *droit* ou *l'honneur de servir*, celui qui *devrait servir*, et celui qui *sert* en effet [1]. Le même écrivain reproduit cette division sous d'autres ter-

---

[1] *Introduction à la Description de la France*, t. I, p. 249.

mes que l'on comprend mieux encore, malgré leur impropriété. Le premier des trois services est *honoraire*, dit-il, et c'est probablement honorifique qu'il a voulu dire. Le second, continue-t-il, est *onéraire* : le sens veut qu'on lise onéreux. Quant au troisième, qu'il nomme *nécessaire*, on ne peut contester la justesse du mot. Mais rien n'était moins *honoraire* ou moins *honorifique* que ces différentes classes d'offices. Outre de très gros gages attachés à leurs emplois, les *commensaux de la maison du Roi*, car c'est ainsi qu'on les nommait, avaient des droits et des exemptions de toute espèce : droit de *committimus*, c'est-à-dire celui d'évoquer les débats qui les concernaient devant des juges particuliers; droit aux qualifications nobiliaires [1],

[1] Il n'est point question ici des grandes charges que remplissaient les plus illustres maisons du royaume, ni même des commensaux de seconde classe, qui presque tous étaient gentilshommes; mais les commensaux de la troisième classe, lorsqu'ils n'étaient point nobles, comptaient parmi *leurs priviléges* celui de prendre la qualité *d'écuyer*. Une déclaration du 26 mars 1697 attribue le titre *d'écuyer* aux porte-manteau du Roi; et un arrêt du

et, ce qui était bien plus réel, exemptions des droits de franc-fief; exemptions des charges de ville et logement de gens de guerre; exemption du *ban* et de *l'arrière-ban*, ou, comme on dirait aujourd'hui, de la conscription; exemption de la taille, des aides, *des contributions et subventions générales et particulières quelconques, faites et à faire.* [1]

Tant d'exemptions énormes en tous genres retombaient à la charge du peuple. Comme si ce n'était point encore assez, Louis XIV transporta successivement ces priviléges aux domestiques et commensaux de la maison de la Reine, aux domestiques de son frère, Monsieur, duc d'Orléans, de madame Henriette d'Angleterre, et, plus tard, aux officiers de Madame la Dauphine; et tel fut l'empire qu'exerçait sur lui l'obsession de ceux dont il était entouré, qu'aux époques désastreuses de son règne, quand la nation gémissait sous le fardeau des impôts, quand le Roi, pour en alléger un peu le poids, se voyait obligé de

---

conseil, rendu le 18 du mois précédent, avait maintenu les valets de la garde-robe dans la même qualité d'écuyers.

[1] Édit du mois de janvier 1588.

révoquer tous les priviléges, il maintint cependant les exemptions dont jouissaient les commensaux [1]. Jugez par là combien il devait en coûter à la France, et combien ces offices, enrichis de tant d'immunités, devaient rapporter, au contraire, de bénéfice à tous les grands officiers qui les vendaient. [2]

[1] Édit du mois d'août 1705.

[2] Loyseau, qui écrivait en 1614, s'élève amèrement contre cette vente des emplois, et n'y voit de remède *sinon que le Roi reprenne l'entière disposition de ces offices.*

« Quant à leur réception, ajoute-t-il, elle se fait par le
« chef d'office, lequel, comme on voit à présent, ayant lui-
« même choisi *ceux qu'il place*, n'a plus que faire d'infor-
« mer de leurs vie et mœurs, ni d'apporter en icelle aucune
« cérémonie, sinon de prendre garde si leur argent est
« bon.... Mais si c'était le Roi qui les conférât pleinement
« et sans leur nomination, ils seraient plus exacts à s'infor-
« mer de leur fidélité et capacité, n'étant engagés, comme
« ils le sont à présent, par la vente qu'ils font de ces offices. »

Ce vœu si sage, Louis XVI l'avait accompli. Par un édit du mois de janvier 1780, il défendit expressément à toute personne, de quelque état et condition qu'elle fût, de vendre aucun *des offices de sa maison*. Une réforme si nécessaire ne disposa point, sans doute, en sa faveur ceux qui jouissaient de ces priviléges; il n'en avait que plus de

Il ne faut pas croire cependant que tous ceux qui servaient dans la maison des Rois eussent droit aux priviléges des commensaux. La première condition, pour en jouir, était d'avoir au moins *bouche à cour.* Ceux qui portaient plus haut l'excès d'une si noble ambition, devaient avoir *bouche, gages et livrées.* Il ne manquait plus rien dès-lors à leur élévation : ils étaient de vrais *commensaux.* C'est en cette qualité que l'on voit figurer dans le *Traité des Droits* les garçons de la chambre et le cravatier, le porte-arquebuse et le porte-malle, un *capitaine* de l'équipage des mulets, un *capitaine des levrettes de la chambre*, qui a 2466 livres de gages, et même, s'il faut le dire, deux porte-chaises d'affaires, qui ont chacun 800 livres par an. (*Traité des Droits*; t. I, p. 530.)[1]

mérite à les restreindre. Ce ne sera pas la dernière fois que j'aurai, dans ce morceau, l'occasion de remarquer tout ce que ce vertueux prince avait conçu, avait exécuté d'utile et de bien.

[1] Ce n'est pas sans quelque surprise qu'on retrouve la plupart de ces offices dans les maisons des princes frères de Louis XVI, lors de la création de ces maisons par édit des

Louis XIV avait cru ce luxe d'abus nécessaire à la splendeur de sa cour : c'était assez pour qu'il fût imité par ses descendans. Des princes remplis d'esprit, de lumières et d'intentions bienfaisantes, ne pouvaient manquer d'en apercevoir le ridicule, et peut-être aussi le danger ; mais, plus fort qu'eux-mêmes, l'usage maintenait ces abus. Le faste introduit par Louis XIV dans les dépenses du trône conti-

mois d'avril 1771 et mois d'octobre 1773. Il y règne, entre les traitemens divers, une disproportion qui surprend bien davantage, quand on considère un moment l'objet et la nature des emplois. On voit figurer, par exemple, dans ces déclarations,

Quatre hâteurs de rôts, à 150 livres chacun.
Un chauffe-cire, à 500 liv.
Un capitaine des levrettes de la chambre, à 1,000 liv.
Un premier peintre, à 600 liv.
Un chef des oiseaux du cabinet, à 1,000 liv.
Quatre barbiers de la chambre, à 700 liv. chacun.
Un précepteur des pages, à 250 liv.
Deux cochers du corps, à 456 liv. 5 sous par an.
Un maître de mathématiques, à 200 liv.
Deux valets des pages, à 200 liv.
Un généalogiste de l'écurie, à 100 liv.

nuait après lui d'appauvrir l'État, de même que les formes gênantes de l'étiquette observée dans sa cour faisaient encore, dans le siècle suivant, le tourment de ses successeurs.

On peut voir, dans Saint-Simon, à quel point ce joug imposé par l'orgueil ou par la politique de Louis XIV, paraissait insupportable, même aux contemporains de ce prince. Tant de contrainte irritait ou les caractères trop fiers pour s'y plier avec souplesse, ou les esprits trop pénétrans pour n'en point démêler les secrets motifs. Les arts s'empressaient à l'envi de reproduire son image : la flatterie lui sacrifiait sans pudeur tous les dieux de la fable et tous les héros de l'histoire : en sa présence l'encens le plus épais brûlait sur les théâtres : les poètes, les guerriers et les belles n'attendaient de lui qu'un regard pour prix de leurs exploits, de leurs attraits ou de leurs vers; mais là satire se vengeait en secret de la gêne qu'il imposait à l'adulation : ce n'était qu'une bassesse de plus. Ses galanteries offraient assez de prise, et ses faiblesses n'étaient pas plus épargnées que celles de ses sujets dans ces couplets que la malice, la médisance et quelquefois la haine la plus envenimée répandaient à la cour, à la ville, sur des refrains connus.

J'ai tenu dans mes mains cinq volumes in-folio de ces chansons manuscrites. Ce recueil anecdotique commence en 1574, et ne finit que sous le règne de Louis XV : c'est une *histoire de France en vaudevilles,* mais c'est bien l'histoire la plus scandaleuse qu'on ait jamais écrite. Ces vaudevilles peignent à la fois le désordre des mœurs et l'audace effrénée des satiriques : ni le sexe, ni l'âge, ni le rang, ni la condition, ne peuvent trouver grâce à leurs yeux. Quelques unes de ces chansons constatent l'anecdote du jour ou le scandale de la veille : c'est là tout leur mérite; mais j'en pourrais citer un grand nombre qui égalent au moins la noirceur des couplets attribués à J.-B. Rousseau, la poétique obscénité de Piron ou l'élégante impiété de la *Guerre des Dieux* et de la *Pucelle.* Les abus de la presse, qu'on s'est tant efforcé de grossir, n'ont rien de comparable à la licence presque toujours impunie de ces couplets. Auteur, imprimeur ou libraire, la loi peut toujours atteindre celui dont les écrits imprimés outragent les mœurs ou diffament les citoyens. Puisqu'il lui faut des complices, il peut avoir des révélateurs, et les caractères mêmes qui multiplient le délit, aideraient à le découvrir au besoin. Mais quels moyens d'atteindre la calomnie qu'un refrain populaire accrédite, qui reçoit du mystère un attrait de plus, qu'on fredonne à l'oreille, et dont on peut dire encore, quand elle vous perce le sein : Ce n'est qu'une chanson !

Je ne saurais indiquer à quel point on a porté l'obscénité dans la plupart de ces vaudevilles. Il en est qu'aucun homme de notre âge ne pourrait entendre un seul instant sans dégoût, et cependant ces couplets étaient composés par les courtisans les plus spirituels, et répétés dans les cercles les plus brillans. Pendant la fronde, on les chantait au palais du Luxembourg, à l'hôtel de Longueville, peut-être même à l'archevêché. Plus tard, on les murmurait tout bas dans les bosquets de Marly, sur le grand degré de Versailles ; et la société du duc de Vendôme ou des princes de Conti renchérissait peut-être, en chantant ces couplets, sur les désordres dont ils offrent le honteux tableau.

Il est vrai que la conversation et la scène elle-même toléraient, alors, des expressions que la décence a bannies depuis du langage. La cour applaudissait, et certainement elle avait raison d'applaudir, une comédie de Molière dont on n'oserait afficher aujourd'hui le second titre. On n'avait point encore trouvé de termes honnêtes pour désigner ce qui ne l'est pas. Le chap. XXIX des Mémoires qu'on va lire nous représente quatre des hommes les plus polis de la cour, le duc de Nevers, La Châtre, Brienne et Vivonne renouvelant, au petit coucher du Roi, un assez plaisant débat sur les accidens du mariage. Ni le mot ni la chose n'y sont déguisés; ces messieurs y font gaillardement les honneurs du lit conjugal, et Louis XIV, dit Brienne à ce sujet, *n'a jamais ri de si bon cœur.* [1]

---

[1] On voit par cette indication seule, et l'on verra bien plus par le chapitre de Brienne, que le Roi ne haïssait pas les propos assez gais. Saint-Simon lui reproche amèrement aussi « d'avoir voulu connaître avec grand soin ce qui se « passait dans les lieux publics, dans les maisons particu-

Les ecclésiastiques mêmes ne se croyaient point obligés, par leur caractère, à plus de retenue dans leurs discours. Qui ne serait scandalisé d'entendre un abbé dire à mademoiselle de La Mothe, jeune et jolie personne qui allait épouser M. de Ventadour, célèbre alors par sa laideur : « Il n'y a pas d'apparence, mademoiselle, que vous refusiez à d'autres ce que vous accorderez à M. de Ventadour. » Quel propos, quel conseil[1] ! Il est vrai que les princes de l'Église ne donnaient point dans leurs discours un exemple plus édifiant. Trompé par les mensonges et par

« lières, dans le commerce du monde, dans le secret des « familles ou des liaisons. » Il est vrai que la curiosité de ce prince allait souvent jusqu'à vouloir connaître les choses les plus cachées. Pour confirmer le témoignage de Brienne et justifier Saint-Simon, je citerai dans la Note G, comme peinture de caractère et de mœurs, une anecdote bien singulière et bien peu connue. Je la dois aux manuscrits du président Bouhier. J'ai pris soin de déguiser, par des raisons qu'on devinera, la franchise beaucoup trop nue de son récit : tel qu'il est, cependant, en laissant aux hommes la liberté de lire ce feuillet, je supplierai les dames de vouloir bien le passer.

[1] *Lettres de madame de Sévigné*, t. I, p. 265.

les artifices de la duchesse de Chevreuse, Mazarin, qui se voyait vaincu avec ses propres armes, jetait, de dépit, sa calotte rouge à ses pieds, en prodiguant à la duchesse un nom d'autant plus injurieux qu'il était plus mérité. [1]

Dans l'intérieur des familles comme au milieu de la société, les entretiens, et même les sentimens, manquaient de cette retenue qui en fait le charme. Il y a des rapports délicats qu'on s'étonne de voir blessés; il y a des sujets sur lesquels ceux que la nature unit par des liens respectables ne sauraient arrêter ensemble leurs pensées. Oserai-je le dire? quelle femme, quelle mère,

[1] *Mémoires de madame la duchesse de Nemours*, p. 483; elle s'explique en ces termes : « Lorsqu'il fut tout-à-fait « convaincu d'avoir été trompé par madame de Chevreuse, « il fit serment de ne se fier jamais à une femme de la « sorte, en se servant d'un nom tout-à-fait injurieux qu'il « lui donna, pour s'expliquer mieux sur ce qu'il pensait « d'elle. »

S'il faut en croire Saint-Simon, Marie-Thérèse d'Autriche, femme de Louis XIV, ne choisissait pas davantage ses expressions pour désigner plus tard madame de Montespan; mais elle était épouse, elle était mère; elle était offensée, trahie et délaissée.

en écrivant à sa fille, lui donnerait de nos jours, comme madame de Sévigné dans ses lettres, d'intarissables détails sur les désordres de son fils, sur la satiété qui les accompagne, sur des dégoûts précoces ou sur des terreurs assez bien fondées[1]! Quelle femme, quelle reine souffrirait de nos jours qu'une autre femme levât son mouchoir pour admirer son sein ! La sévère madame de Motteville ne s'en montre pourtant point trop surprise. « L'ambassadrice de Danemarck, « dit-elle, prit la main de la Reine, puis l'ayant « dégantée, elle la baisa et la loua de bonne « grâce; elle lui leva son mouchoir, pour voir « sa gorge, avec tant de familiarité, qu'il sem- « blait qu'elle fût sa sœur et qu'elle l'eût vue « toute sa vie. » Ces choses *plurent* à la Reine, et *toute la journée* l'on ne parla que *de la Danoise,* que de la *douce gravité, de la grâce,* et probablement aussi de la décence *qu'elle avait en toutes ses actions.* [2]

Je ne parlerai point de la reine Christine de Suède après madame de Motteville. Ses Mé-

---

[1] *Lettres de madame de Sévigné*, t. II, p. 6 et 25.
[2] *Madame de Motteville*, t. II, p. 243.

moires nous la représentent comme elle fut toujours, ridicule dans son accoutrement, indécente dans son maintien, libre dans ses manières, dans ses gestes, dans ses discours. Cependant madame de Motteville ne raconte rien d'aussi fort que ce qu'a rapporté Brienne dans un chapitre de son ouvrage [1]. On ne sait ce qui doit surprendre le plus ou, de l'effronterie de Christine, qui tenait un pareil langage à la reine Anne d'Autriche, devant les dames de sa cour, ou de l'indulgence extrême de la duchesse de Longueville, qui, dévote et janséniste, souffre cependant que Brienne lui redise à son tour ces étranges paroles, et qui en rit même aux éclats !

Mais alors on riait de tout en France, surtout dans un certain ordre de personnes. Hommes et femmes également spirituels ; également accablés de leur loisir, également ambitieux, ne connaissaient d'occupations que l'intrigue et la galanterie. On ne semblait éprouver que deux besoins, celui d'échapper à l'ennui et d'avancer sa fortune. Un désir ardent de plaire et de briller prêtait à la conversation, sur quelque sujet

[1] Tome II, chapitre XXIII, page 242.

qu'elle s'arrêtât, le ton du badinage ou de la raillerie. L'habitude de s'observer entre eux, pour se flatter ou pour se nuire, donnait aux gens du monde une rare aptitude à peindre d'un seul trait les ridicules ou les travers : même à l'aspect des maux inséparables de la vie, pressés du besoin d'être spirituels, pouvaient-ils avoir le loisir d'être humains et compatissans?

Ce penchant à plaisanter, en toute occasion et sur toutes choses, se fait remarquer dans les lettres d'une femme immortelle qu'un simple commerce épistolaire, avec sa fille et ses amis, a placée, comme à son insu, au rang de nos premiers écrivains. Relisez ses lettres charmantes, (et qui peut se lasser jamais de les relire!) tout, sous sa plume, est matière à plaisanterie, même les conditions les plus affligeantes, même les accidens les plus funestes, même les coups dont son cœur a certainement le plus souffert, même les scènes les plus capables d'inspirer de l'horreur ou de la pitié. Si des galériens défilent sous ses yeux, au milieu d'une route, traînant de lourdes chaînes, elle plaisante; si un gentilhomme tombe de cheval en lisant une lettre de sa maîtresse, elle plaisante : elle date, en plaisantant, une de ses lettres, *du 22 juillet, jour de la Madeleine, où fut tué*, dit-elle, *il y a quelques années, un père que j'avais.* Elle plaisante sur les maladies, sur les infirmités, sur toutes les souffrances de la vie; elle plaisante sur les gibets, sur les pendus, sur les empoisonnemens, sur les plus épouvantables supplices; elle plaisante sur les excès des soldats qui, placés en garnison dans la Bretagne, *mirent l'autre jour un petit enfant à la broche*, et puis elle parle, dans la même phrase, des Cordeliers de la Provence, qui savaient employer tout différemment leurs loisirs : mais elle retrouve des craintes, de la sensibilité, des entrailles, quand il s'agit de conserver le teint, les dents, les cheveux de madame de Grignan. Séduit, entraîné, ravi par le charme d'une diction si vive, si naturelle, si passionnée, l'on ne peut cependant, sans un saisissement de cœur, rencontrer trop souvent, dans sa correspondance, ces preuves d'une légèreté qui paraît insensible et cruelle.

Est-ce elle qu'il en faut accuser? Oh non! il

n'en faut accuser que son siècle. Elle ne portait pas du moins, dans ses relations, cet égoïsme insultant, dédaigneux et moqueur qui semblait habituel aux personnages les plus élevés de son temps. Chavigny, qui fut le beau-père de Brienne, et dont il parle plus d'une fois dans ses Mémoires, avait, par zèle ou par ambition, ardemment servi le prince de Condé pendant les troubles de la fronde; et pourtant, sur le plus léger prétexte, sur de vagues soupçons, le prince dit à Chavigny *des paroles si fâcheuses*, qu'outré de colère et blessé de tant d'ingratitude, il rentre chez lui et tombe à l'instant frappé du mal dont il mourut. « M. le Prince,
« l'étant allé voir comme il était à l'extrémité,
« parut le regretter, et une personne qui était
« présente à cette visite m'a dit que les yeux lui
« rougirent et qu'il voulut, par une manière de
« désespoir, s'arracher les cheveux; mais, après
« l'avoir regardé, il dit en s'en allant, et se mo-
« quant de son agonie, qu'il était laid en dia-
« ble. »[1]

Considérez une autre scène. Le duc de Ne-

[1] *Mémoires de madame de Motteville*, t. IV, p. 350.

mours, jeune, brave, bien fait, venait d'être tué d'un coup de pistolet en se battant en duel contre son beau-frère, le duc de Beaufort[1]. On en apporte la nouvelle à Gaston, duc d'Orléans. « A l'instant M. le Prince s'en alla chez madame
« de Nemours, où je me rendis aussi, dit ma-
« demoiselle de Montpensier. La duchesse, con-
« tinue-t-elle, était sur son lit, sans connais-
« sance, dans une affliction terrible, ses rideaux
« ouverts, tout le monde autour d'elle ; rien n'é-
« tait plus pitoyable, aussi-bien que la manière
« dont elle apprit ce malheureux accident. Elle
« était dans sa chambre, dont une fenêtre donne
« sur la cour : elle entendit crier : Il est mort !
« elle s'évanouit. Parmi toute cette désolation,
« madame de Béthune dit je ne sais quoi d'un
« ton lamentable qui fit rire madame de Guise,
« qui était la plus sérieuse femme du monde ;
« de sorte que M. le Prince et moi, qui la vîmes
« rire, nous éclatâmes ; ce fut le plus grand
« scandale du monde. »[2]

---

[1] 30 juillet 1652.

[2] *Mémoires de madame de Montpensier*, t. II, p. 287. Il faut ajouter cependant que Mademoiselle, qui fait ici peser

On ne connaissait point alors ces attentions, ces pieux mensonges par lesquels une sensibilité prévoyante abuse un être expirant jusqu'à son dernier soupir; détourne ses regards et sa pensée du sort qui l'attend; le soutient, le console en le trompant, et, jusqu'à l'instant fatal, fait asseoir l'espérance au pied du lit de mort. Rien, je puis le dire, de plus singulièrement attachant que les détails donnés par Brienne sur les derniers momens de Mazarin. Il avoue lui-même qu'il aimait le Cardinal, qu'il était touché de sa fin prochaine; et cependant, quand Mazarin lui dit d'une voix attendrie, de ce ton de voix d'un homme qui cherche une réponse rassurante : « M. de Brienne, je me meurs ! — Je le vois bien, monseigneur », répond-il, sans s'aper-

sur la mémoire du prince de Condé un si grave reproche d'insensibilité, le montre ému jusqu'aux larmes et livré au plus profond désespoir à la vue des périls dans lesquels il avait précipité ses amis, au combat du faubourg Saint-Antoine. Cette page est assurément une des plus honorables qu'on ait écrites en faveur de ce prince, parce qu'elle fait voir l'homme à côté du héros. J'ai placé ce passage dans les Éclaircissemens (Note H).

cevoir que ces seuls mots lui portent un coup de poignard au fond du cœur. Anne d'Autriche, expirante, n'était pas traitée, par ses serviteurs, avec plus de ménagemens que Mazarin par ses amis. Elle se mourait des suites d'un mal affreux¹ ; elle en supportait les douleurs avec un admirable courage : quelques jours avant sa fin : « M. le Premier, » dit-elle à Beringhern, qu'elle avait comblé de grâces, « il nous faut quitter. » Il lui répondit froidement, selon sa manière de parler et d'agir, qui paraissait toute de glace : « Vous pouvez penser, madame, avec quelle « douleur vos serviteurs reçoivent cet arrêt, mais « ce qui peut nous consoler, c'est de voir que « Votre Majesté échappe à de grandes douleurs, « et de plus à une grande incommodité, parti- « culièrement elle qui aime les bonnes sen- « teurs, car ces maux, sur la fin, sont d'une « grande puanteur.² » Elle pâlit à ces mots, mais garda le silence ; et ce ne fut pas sans doute un des moindres efforts de sa résignation chrétienne.

¹ Elle avait un cancer au sein.
² *Mémoires de madame de Motteville*, t. V, p. 254.

Son cœur devait subir tous les genres d'épreuves. On prévoyait une fin prochaine; mais la cour ne pouvait se résoudre à suspendre un moment ses plaisirs. Les bals, les comédies, toutes les sortes de divertissemens se succédaient sans interruption. Dix jours seulement avant la mort de la Reine, le Roi maria mademoiselle d'Artigny, l'amie, la confidente de mademoiselle de La Vallière : les fiançailles se faisaient au Palais-Royal, tandis que la Reine-mère expirait au Louvre, et l'on mêlait ainsi les apprêts, la pompe et la joie d'une noce aux angoisses d'une agonie.[1]

---

[1] Les Mémoires de madame de Motteville renferment des détails et des réflexions affligeantes sur cet oubli des sentimens les plus sacrés. Anne d'Autriche, qu'un pareil oubli devait blesser plus qu'aucune autre, se crut forcée d'en parler au Roi, non pour elle, mais pour lui-même. Elle lui représenta « qu'il devait croire qu'en l'état où elle était, « les peuples murmureraient contre lui s'ils le voyaient « occupé à se divertir dans un temps où elle était menacée « d'une mort si prompte. » Quel chagrin pour une mère, que d'avoir à donner de semblables avis! quelle force et quelle tendresse ces avis supposent encore dans le cœur de celle qui les donne! On ne lui épargna pas même la dou-

On ne doit pas se hâter toutefois de porter un jugement trop sévère. Peut-être faut-il, comme le disait encore Anne d'Autriche, en excusant son fils avec une admirable douceur, peut-être faut-il *accorder quelque chose aux emportemens de la jeunesse;* peut-être pensait-elle aussi, sans le dire, qu'il fallait *accorder quelque chose aux emportemens de l'amour.* Louis XIV aimait alors éperdûment mademoiselle de La Vallière. Dès qu'il eut satisfait à ce qu'exigeait de lui la perte d'une mère si sage, si courageuse et si tendre, il s'abandonna sans contrainte à sa passion. Jeune, beau, galant, magnifique et Roi ! en faut-il tant pour être aimé? Multiplier les fêtes, c'était pour lui multiplier les occasions et les moyens de plaire. Adroit à tous les exercices, il paraissait avec un égal avantage au jeu de mail, dans les chasses, dans les carrousels et dans les ballets : la cour suivait aveuglément

leur de savoir qu'avant sa mort, dans ses appartemens, à quelques pas de son lit, des difficultés s'élevaient déjà entre Louis XIV et son frère, à qui hériterait de ses perles et de ses diamans. (*Voyez* les *Mémoires de madame de Motteville,* t. V, p. 235 et 246.)

son exemple, doublement heureuse de flatter ses penchans en partageant ses plaisirs.

Dès l'âge de neuf ans, Louis XIV avait figuré dans un bal, *et quoiqu'il fût magnifiquement vêtu*, son air, sa grâce et sa beauté le paraient encore mieux que son habit. Plus tard, il se plut à danser dans les ballets qu'on donnait alors. Ce genre de divertissement se composait d'entrées où les danseurs paraissaient revêtus de costumes analogues au titre du ballet. La cour de France avait de tout temps goûté ce plaisir. Louis XIII, malgré son penchant à la mélancolie, s'y prêtait quelquefois, comme on l'a vu plus haut, et sa sœur Élisabeth, avant de passer en Espagne pour épouser le roi Philippe IV, parut, en 1615, dans un ballet sous *les traits de Pallas*. Des stances de Malherbe en ont consacré le souvenir.[1]

Les poètes donnaient, en pareille circon-

---

[1] *Poésies de Malherbe*, édition de 1822, p. 179.

C'est cette même princesse qu'enleva le duc de Médina, comme on l'a vu plus haut, au milieu d'un incendie. Je ne sais si l'Espagne vit en elle la déesse de la sagesse, mais je sais qu'elle y fit admirer sa grâce et chérir sa bonté.

stance, carrière à leur imagination. Les ballets faisaient naître les beaux vers : Terpsichore inspirait Polymnie; mais nul, dans *ses compositions légères,* ne réussit mieux que Benserade. « Avant lui, dit Perrault dans ses *Hommes illustres,* les vers d'un ballet ne parlaient que des personnages qu'on y faisait entrer et point du tout des personnes qui les représentaient. M. de Benserade tournait ses vers d'une manière qu'ils s'entendaient également des uns et des autres ; et comme le Roi représentait tantôt Jupiter et tantôt Neptune, quelquefois le dieu Mars et d'autres fois le Soleil, rien n'était plus agréable ni plus admirable tout ensemble que la finesse des louanges qu'il lui donnait sans s'adresser à lui. Le coup portait sur le personnage et le contre-coup sur la personne, ce qui donnait un double plaisir en donnant à entendre deux choses à la fois, qui belles séparément, devenaient encore plus belles étant jointes ensemble. »[1]

Ces éloges, dans lesquels on confondait à dessein les dieux de la fable et le dieu de la

---

[1] PERRAULT, *Hommes illustres,* page 80.

cour, nous paraîtraient aujourd'hui peut-être un peu fades. Au risque de me brouiller avec l'Olympe, je préfère citer les vers que fit Benserade pour le Roi qui représentait cette fois un gentilhomme français, dans une *entrée composée de diverses nations*. Ce gentilhomme donc, représenté par Louis XIV, se vante d'être appelé souvent par son nom de baptême,

> Encore qu'il ait plus d'un fief.

Puis il ajoute :

> Je me veux marier : moi-même et mon village,
> Tous deux avons besoin que ce soit au plus tôt ;
> Et pour entretenir un honnête ménage,
> Personne n'a mieux ce qu'il faut.
>
> Habits, meubles, chevaux, un équipage leste,
> Ne se trouveront point ailleurs comme chez moi :
> Jeune, galant, adroit, vigoureux ; quant au reste,
> Gentilhomme comme le Roi.[1]

Le *gentilhomme*, après son mariage, n'était pas devenu plus rangé. L'amour dont il brûlait

---

[1] Ballet royal de la Raillerie, dansé par Sa Majesté en 1659. (*OEuvres de Benserade*, t. II, p. 215.)

pour La Vallière avait cessé d'être un secret : elle parut, à son tour, dans un ballet, sous de simples habits de bergère ; voilà les vers que Benserade avait alors composés pour elle :

> Elle a dans ses beaux yeux une douce langueur ;
> Et bien qu'en apparence aucun n'en soit la cause,
> Pour peu qu'il fût permis de fouiller dans son cœur,
> On ne laisserait pas d'y trouver quelque chose.
>
> Mais pourquoi là-dessus s'étendre davantage,
> Suffit qu'on ne saurait en dire trop de bien ;
> Et je ne pense pas que, dans tout le village,
> Il se rencontre un cœur mieux placé que le sien.[1]

On voit aisément, comme le dit Perrault, que *le coup porte sur le personnage et le contre-coup sur la personne.* « Il en était de même, « continue-t-il, de tous les seigneurs et de toutes « les dames de la cour qui dansaient avec le Roi « dans les mêmes ballets : leurs qualités, leurs « talens et quelquefois même leurs intrigues y « étaient touchés si délicatement qu'ils étaient « obligés d'en rire les premiers. » Ils étaient

---

[1] *Ballet royal des Arts,* dansé par Sa Majesté en 1663. (*OEuvres de Benserade,* t. II, p. 287.)

trop bons courtisans pour n'en pas rire au moins du bout des lèvres. Ces traits, *délicatement touchés*, devaient sembler quelquefois bien amers. J'aurais voulu savoir ce qu'en pensaient, au fond du cœur, le duc de Damville et le marquis de Genlis, quand l'âge avancé de l'un et l'excessive laideur de l'autre, les exposaient, à tout propos, aux sarcasmes de Benserade. On n'aurait plus aujourd'hui le généreux courage de s'immoler ainsi soi-même au ridicule, pour les plaisirs du maître; mais alors le danger des *contre-coups* n'effrayait personne : tout ce qu'il y avait d'illustre à la cour ambitionnait l'honneur de figurer dans les ballets du Roi. [1]

[1] Plusieurs des allusions de Benserade sont enjouées et finés; d'autres, malgré le voile dont on a voulu les couvrir, sont encore aujourd'hui, et devaient être bien plus alors, d'une extrême indécence. La réputation de Saucourt et le mérite de Roquelaure servent de texte à des vers que je crois devoir rejeter dans les notes, quoique les œuvres de Benserade, imprimées avec privilége, ne soient pas au nombre des mauvais livres. Quand on songe que ces vers se lisaient en présence des dames de la cour, on est forcé de penser que le poëte leur accordait beaucoup de candeur et bien peu de pénétration.

L'art de la danse jouissait alors d'une considération qu'il n'a pas conservée depuis. Brienne, qui, dans les deux premiers chapitres de ses Mémoires, nous donne les plus curieux détails sur l'éducation des jeunes gentilshommes à cette époque, place au premier rang des exercices qu'on leur faisait apprendre, l'équitation, l'escrime, la voltige et la danse. La plupart de ces exercices, trop négligés aujourd'hui, donnaient au corps de l'agilité, de la force et de la souplesse : la danse y ajoutait la grâce et la dignité du maintien. Louis XIV devait, mieux que personne, en apprécier les avantages, lui dont les moindres mouvemens étaient remplis de noblesse. Dès l'année 1661, le Roi, par lettres-patentes, avait établi, *en la ville de Paris*, une Académie royale de Danse, *composée des plus expérimentés audit art, pour conférer entre eux du fait de la danse, aviser et délibérer sur les moyens de la perfectionner, et corriger les abus et défauts qui peuvent y avoir été ou y être, ci-après, introduits.* Créée plus tard, l'Académie royale de Musique fut encore mieux traitée. *Voulons et nous plaît,* est-il dit dans la permission du Roi, *que tous gentilshommes et damoiselles y puissent chanter sans que pour ce ils soient censés déroger à leurs titres de noblesse, priviléges, charges, droits, immunités.* Les deux Académies n'en formant plus tard qu'une seule, les deux arts auront eu même prérogative. C'est une illustration pour l'Académie royale de Musique, où de nos jours tout gentilhomme, soit qu'il chantât, soit qu'il dansât, pourrait encore, à bon droit, maintenir son rang dans la roulade et ses priviléges dans la pirouette. [1]

[1] L'Opéra fut en partie redevable des *immunités* qu'il obtint à la faveur dont jouissait Lulli. Personne n'ignore qu'il y avait, avant lui, vingt-quatre violons attachés à la chambre du Roi, et qu'on les nomma *la bande des grands violons du Roi*, quand pour Lulli lui-même, qu'on n'appelait encore que Baptiste, on eut formé une autre *bande*, à laquelle on donna le nom de *petits violons*.

On sait moins généralement qu'il y avait de plus, à cette époque, *quatre trompettes ordinaires de la chambre, et douze grands hautbois de la chambre et des écuries de Sa Majesté*. Mais je vais citer un usage qui est bien moins connu, je pense.

Quand la musique de la chambre allait chanter, *par ordre du Roi*, devant des princes du sang, des princes

La peinture et la poésie, la statuaire et l'architecture, arts apparemment plus frivoles, n'obtenaient point alors la même bienveillance. Perrault nous fait assez connaître quel jugement portait la haute société de son temps sur les savans, les gens de lettres et les artistes, qu'il appelle des *artisans*. Il publiait la vie et les portraits des hommes illustres de son siècle : l'ordre chronologique était le plus naturel à suivre ; mais il

souverains ou même des étrangers, si ces princes se couvraient, la musique de la chambre en faisait autant. Ce privilége datait des premières années du siècle, puisque la musique de la chambre en usa, devant le duc de Lorraine, à Nantes, en 1626; et qu'en 1642, aux risques de s'enrhumer lui-même, le prince de Monaco, devant qui chantait la musique, l'écouta découvert, pour que les musiciens n'eussent pas le chapeau sur la tête. (*État de la France*, par les Bénédictins de Saint-Maur.)

Aussi, lorsque *l'intelligence* que s'était acquise Baptiste, *au fait de la musique,* eut *convié* **Louis XIV** à le nommer surintendant de la musique de la chambre, *Baptiste* ne fut plus que *le sieur de Lulli.*

*Voyez*, sur la permission qu'il obtint d'ouvrir une Académie royale de Musique, et sur la révolution qu'il opéra dans cet art, les Éclaircissemens de la Note I.

connaissait trop l'empire des préjugés pour adopter une classification qui aurait confondu *les états et les qualités.* « On n'a pensé, dit-il
« dans sa Préface, qu'à démêler un peu les con-
« ditions. L'on a mis au premier rang ceux qui
« ont paru avec éclat dans l'état ecclésiastique ;
« au deuxième, ceux qui se sont acquis le plus
« de gloire dans la profession des armes ; au
« troisième, les ministres d'État et les grands
« magistrats ; au quatrième, les hommes de let-
« tres distingués, philosophes, historiens, ora-
« teurs ou poètes ; et au cinquième enfin, ceux
« qui ont le plus excellé dans les beaux-arts. »
Cette façon de classer la célébrité d'après les conditions et non d'après le mérite, paraîtrait singulière aujourd'hui. Que dirait d'ailleurs la noblesse de n'arriver qu'au second rang ? Que penseraient surtout les ministres s'ils se voyaient rejetés au troisième ? Quant aux artistes, aux savans, aux poètes, peu leur importerait ; ils se marquent eux-mêmes leur place par leurs ouvrages, et savent fort bien qu'au Parnasse les rangs ne se règlent point comme autrefois au Louvre ou dans les salons de Versailles. Ce soin

*de démêler un peu les conditions* explique au reste pourquoi Corneille et Pascal, dans le livre des *Hommes illustres,* arrivent long-temps après Pierre de Marca, archevêque de Paris; pourquoi Lesueur et Nicolas Poussin sont placés au-dessous du général de l'Oratoire. L'insolente postérité a fait depuis, au livre de Perrault, un errata qui change un peu l'ordre des places.

Cette classification même, ingénieusement inventée par Perrault, qui voulait se faire pardonner son enthousiasme pour les talens et son respect pour le génie, cette classification ne fut point goûtée de son temps. Les hommes qui, dans les camps, dans l'Église, au conseil, occupaient les premiers emplois, se croyaient seuls en droit d'occuper aussi la renommée. Dans l'Avertissement de son second volume, Perrault fut obligé d'adresser des excuses à ceux que blessaient le voisinage de Molière et la célébrité de Corneille. Hâtons-nous de le dire, car la justice est un devoir et la reconnaissance un plaisir, Louis XIV ne partageait point ces stupides dédains à l'égard des hommes qui cultivaient avec éclat les lettres et les beaux-arts. Il regretta sans doute qu'une fin précoce eût enlevé Lesueur à ses bienfaits : il anoblit Mignard ; il décora Lebrun du cordon de Saint-Michel : l'un et l'autre furent ses premiers peintres : leurs pinceaux ont reproduit son image, leurs chefs-d'œuvre ont orné ses palais ; et de tant de souverains il est peut-être le seul qui ait su protéger les arts à la manière de Léon X. [1]

[1] On ne doit pas d'encouragement aux beaux-arts ; on ne leur doit que des récompenses. La nature seule fait les artistes ; ne vous chargez point de son ouvrage : c'est elle qui leur donne le désir, le besoin, le talent de créer. S'ils sont nés pour les arts, ils manieront le pinceau, l'ébauchoir ou l'équerre, en dépit des hommes, en dépit de la fortune et d'eux-mêmes. La pauvreté, dites-moi, a-t-elle empêché Lesueur d'achever sa galerie ? a-t-elle arrêté l'essor et rétréci la pensée du Poussin ? Si, de nos jours, on pouvait profiter des plus nobles confidences, on verrait qu'au début de sa carrière, un grand talent aux prises avec le besoin n'y trouve qu'un aiguillon de plus. Laissez donc l'homme de génie lutter, se débattre, croître, s'élever, grandir : chacun de ses efforts est un succès ; chacun de ses ouvrages, un chef-d'œuvre. Il attire tous les yeux ; il étonne, il ravit tous les suffrages. Alors ouvrez-lui vos temples, vos galeries, vos palais : comblez-le de biens, et surtout couvrez-le d'honneurs. Qu'il dirige seul tous vos tra-

Il ne fit pas moins pour les lettres. Mazarin, tant qu'il gouverna, n'accorda de faveurs qu'à ceux qu'il redoutait; sa crainte l'emportait alors sur son avarice et le rendait généreux malgré lui. On en trouvera bientôt la preuve dans la négociation singulière que Brienne entreprit, à sa demande, auprès de Priolo. Un secrétaire d'état allant au cabaret pour y enivrer de vins fins et de louanges un écrivain famélique, gonflé d'amour-propre, chargé de dettes, léger d'honneur, qui, pour une pension, change tout à coup ses satires en éloges, et de frondeur amer devient admirateur outré, c'est sans doute une scène unique en son genre ! La négociation, le lieu, le négociateur, les moyens et le résultat, tout peint l'époque. Séduire au cabaret ! fi donc ! ce *siècle des merveilles* avait encore bien peu de politesse, et n'avait donc pas de salons ?

Mazarin donnait pour corrompre; Colbert retranchait pour intimider : on voit que de nos

vaux; qu'il en réponde sur sa gloire : qu'il marche à la tête de tous les artistes : la foule suivra de reste, et ce qui suivrait de trop loin doit retomber dans les conditions vulgaires.

jours on n'a rien inventé. Mézerai montrait, dans ses ouvrages, un caractère indépendant ; quelques traits de son *Abrégé chronologique*, publié en 1668, avaient paru trop hardis. Il recevait de la cour une pension de 4,000 francs ; Colbert le menaça d'une suppression. Mézerai aimait la vérité, mais il aimait aussi l'argent. Il écrivit au ministre deux lettres, récemment publiées sur les autographes, par M. Gabriel Peignot [1]. *La douleur extrême d'avoir déplu au ministre l'a frappé*, lui dit-il, *d'un coup de foudre*. Il ne prétend *justifier ses manquemens qu'en les réparant* : une seconde édition doit être avant peu publiée ; *il est prêt à passer l'éponge sur tous les endroits que le ministre jugera dignes de sa censure*. Colbert ne fut pas satisfait : il était difficile. Peut-être ne crut-il point ces offres sincères ; et je pense, en effet, qu'elles ne l'étaient pas. Sans supprimer la pension, le ministre la réduisit à 2,000 francs : c'était un avertissement. Mézerai ne voulut point le comprendre ; et quoiqu'on voie, par une seconde

---

[1] Documens authentiques sur les dépenses de Louis XIV. Paris, 1827.

lettre, *qu'il portait ses feuilles à M. Perrault*, cependant il ne put se résoudre à contenter entièrement le ministre. Mézerai, si l'on veut me permettre de retourner ma phrase, aimait l'argent, mais il aimait aussi la vérité. Il ne supprima rien, ou ne supprima que peu de choses dans son édition nouvelle, et Colbert supprima la pension. Il était plus digne de lui de la maintenir : ce procédé généreux eût épargné à Mézerai un tort grave, celui de se déchaîner depuis contre un ministre qu'il avait flatté trop long-temps.

La conduite de Corneille, dans une circonstance semblable, avait été plus noble, et plus franche et plus libre. Richelieu le laissait confondu parmi les auteurs qui travaillaient aux pièces dont il donnait le plan. Le génie de Corneille était, comme son caractère, ennemi des entraves. Il fit des changemens dans un acte qui lui avait été confié. Richelieu, mécontent, lui reprocha de n'avoir point un *esprit de suite :* il voulait dire sans doute un esprit qui marche à la suite. Corneille, quoiqu'il n'eût d'autres ressources que la libéralité du Cardinal, se retira bientôt à Rouen, sous le prétéxte assez plausible des arrangemens qu'exigeait son peu de fortune. Un chef-d'œuvre fut le fruit de cette retraite : *le Cid* parut. Peut-être le ministre eût-il la faiblesse d'en être jaloux : on le pensa du moins. C'en fut assez pour encourager l'envie. Corneille, attaqué en vers, en prose, par des écrivains mercenaires, forts de l'appui du Cardinal, et trop heureux de satisfaire leurs passions en servant la sienne, Corneille, sans s'épouvanter de leur cabale, osa librement tracer ces beaux vers :

> La fausse humilité ne met plus en crédit ;
> Je sais ce que je vaux, et crois ce qu'on m'en dit.
> Pour me faire admirer je ne fais point de ligue ;
> J'ai peu de voix pour moi, mais je les ai sans brigue ;
> Et mon ambition, pour faire plus de bruit,
> Ne les va point quêter de réduit en réduit.
> Mon travail sans appui monte sur le théâtre ;
> Chacun, en liberté, l'y blâme ou l'idolâtre :
> Là, sans que mes amis prêchent leurs sentimens,
> J'arrache quelquefois leurs applaudissemens ;
> Là, content des succès que le mérite donne,
> *Par d'illustres avis* je n'éblouis personne.

> Je satisfais ensemble et peuple et courtisans,
> Et mes vers, en tous lieux, sont mes seuls partisans. [1]

Quand on songe à la vanité littéraire et surtout au pouvoir du Cardinal, la mâle fermeté de Corneille cause un moment d'alarme. Il est toujours à craindre d'être en rivalité d'amour-propre avec un poète qui gouverne vingt millions d'hommes, et des *tragédies* toutes récentes pouvaient rendre Corneille moins ardent à défendre la sienne. Mais au milieu de cette effervescence qu'excita dans les esprits la première apparition d'un chef-d'œuvre, tout le monde joua bien son rôle : l'envie, qui se déchaîna contre un grand homme; le poète, qui ne se laissa point effrayer de ses clameurs; le public, qui l'admira; l'Académie, qui, dans *ses Sentimens* sur le Cid, montra peut-être encore plus d'indépendance que de saine critique, et le ministre enfin, qui put ambitionner les lauriers du poète, mais qui n'eut pas du moins l'indignité de le punir de son triomphe en lui retirant ses bienfaits. Corneille, que n'auraient point ébranlé

---

[1] Corneille, *Avis à Ariste.*

des menaces, se rendit à la noblesse d'un procédé généreux. On ne peut attribuer du moins qu'à sa reconnaissance, les paroles qu'on lit dans l'Épître dédicatoire de sa tragédie d'*Horace* à Richelieu.[1]

Deux fois il honora les muses, en empruntant leur langage pour donner de nobles leçons au pouvoir. Richelieu, dans tout l'ascendant de sa puissance, eût tenté vainement de l'intimider : Louis XIV, dans tout l'éclat de sa jeunesse, ne put le séduire. Il devina pour ainsi dire, du même coup d'œil, et ses inclinations belliqueuses, et ses succès et ses revers. Il semblait

---

[1] Quoique le titre des *Horaces* ait prévalu, Corneille ne donna jamais que celui d'*Horace* à sa tragédie. Son Épître dédicatoire au Cardinal contient ce passage : « Vous avez, « Monseigneur, ennobli le but de l'Art, puisqu'au lieu de celui « de plaire au peuple que nous prescrivent les maîtres, et « dont les plus honnêtes gens de leur siècle, Scipion et « Lélie, ont autrefois protesté de se contenter, vous nous « avez donné celui de vous plaire et de vous divertir; et « qu'ainsi nous ne rendons pas un petit service à l'État, « puisque, contribuant à vos divertissemens, nous contri- « buons à l'entretien d'une santé qui lui est si précieuse « et si nécessaire. » (*OEuvres de Corneille*, t. III, p. 130.)

que, perçant les voiles de l'avenir, le poète, à l'aurore d'un beau règne, en aperçût déjà le couchant triste et sombre. Dès 1661, il prêtait, pour ainsi dire, des accens prophétiques à la France, lorsque, personnifiée dans le Prologue de la *Toison d'Or*, elle prononçait ces paroles :

> A vaincre tant de fois mes forces s'affaiblissent:
> L'État est florissant, mais les peuples gémissent ;
> Leurs membres décharnés courbent sous mes hauts faits,
> Et la gloire du trône accable les sujets.

L'auteur de *Pertharite* et d'*OEdipe* était déjà le *Corneille vieilli* dont il fallait *consoler Melpomène*. Mais celui qui traçait de pareils vers en présence d'un prince fier, ambitieux et guerrier, était encore le grand Corneille. Heureux le monarque, si, profitant de ces nobles conseils, il se fût arrêté vers le milieu de sa carrière !

Plus sensible aux reproches d'un autre poète, il cessa de *prodiguer* du moins sa personne *sur un théâtre*. Les vers de *Britannicus* sont trop connus pour qu'on les cite ici. La tragédie de Racine fut représentée en 1669, et le Roi ne parut plus depuis dans les ballets ; mais les personnes les plus élevées de la cour, et le Dauphin lui-même, y figuraient encore plus tard, en sa présence. On vit, en 1681, la princesse de Conti, fille de La Vallière et de Louis XIV, et mademoiselle de Nantes, que ce prince avait eue de madame de Montespan, danser ensemble à Saint-Germain dans le *Triomphe de l'Amour*. Assurément il eût été difficile de mieux choisir le ballet pour les danseuses, ou les danseuses pour le ballet.[1]

Les jeunes seigneurs étalaient, dans de pa-

[1] *Ballet royal du Triomphe de l'Amour*, dansé devant Sa Majesté à Saint-Germain. ( BENSERADE, t. II, p. 404.)

Je ferai, à ce sujet, une remarque; c'est que des jeunes personnes d'une grande naissance, des femmes titrées, des princesses, figuraient dans les ballets de la cour, bien avant qu'aucune femme parût encore dans les danses qui s'exécutaient au théâtre. Ce fut en 1681 qu'on vit paraître pour la première fois des danseuses sur la scène de l'Opéra, à la représentation de ce même ballet du *Triomphe de l'Amour*, dont Lulli avait composé la musique. Avant cette époque, les personnages de femmes étaient représentés par des hommes que leur masque et leur costume rendaient également ridicules.

reilles circonstances, un luxe ruineux. La magnificence des costumes et l'importance qu'on y attachait sont un des traits les plus marquans de cette époque. De riches habits étaient un privilége de la grandeur, un spectacle pour la multitude; aussi trouve-t-on toujours une description minutieuse de tous les ajustemens, non seulement dans les Mémoires du temps, mais dans les relations les plus graves, mais dans les procès-verbaux officiels des cours du parlement.[1]

---

[1] Les États-Généraux de 1614 furent précédés par une procession solennelle. L'auteur à qui l'on doit la relation de cette cérémonie a grand soin de décrire la parure qu'avait la reine Marie de Médicis. « Elle portait un rang de grosses « perles rondes comme de petites noisettes, et ce rang lui « venait jusqu'à la ceinture, et un autre de mêmes perles « pour chaîne sur sa robe, qui, se venant joindre au devant « avec celui du col, faisaient quatre fils extrêmement beaux: « elle avait pour pendant, à chaque oreille, deux perles en « poire d'une extraordinaire grosseur. Elle marcha *démas-* « *quée*; il ne lui était jamais arrivé de marcher à pied par « la ville de Paris. » ( *Cérémonial français*, t. II, p. 269. )

Le greffier en chef du parlement dans le procès-verbal dressé par lui, lors de l'entrée de Louis XIV à Paris, après

Brienne se complaît de même à décrire, dans ses Mémoires, la richesse de ses vêtemens. Il y revient à plusieurs reprises, et sa vanité, mise en contact avec la simplicité de Turenne et l'avarice de M. Letellier, offre des scènes d'un vrai comique. Louis XIV aimait ce faste. C'était lui faire sa cour que de s'habiller avec élégance, avec richesse[1]. Indépendamment de son goût pour la magnificence et l'éclat, ce prince, s'il faut en croire Saint-Simon, censeur souvent injuste

son mariage, en 1660, ne manque pas de remarquer « que « *le chaperon* du Roi était relevé d'un superbe bouquet de « plumes incarnates et blanches attachées d'une *enseigne* de « diamans, et qu'il montait un cheval d'Espagne bai brun « dont le harnais était, dit-il, *tout semé de pierreries.* » (*Histoire de la Ville de Paris*, t. II, p. 1471.)

[1] On aurait tort, toutefois, d'en conclure que ce prince fût lui-même habituellement somptueux dans sa mise, et qu'il portât, comme dans les tableaux de Vander Meulen, un habit d'écarlate tout resplendissant d'or. « Il était, au « contraire, dit Saint-Simon, toujours vêtu de couleurs plus « ou moins brunes, avec une légère broderie; jamais il n'en « avait sur les tailles, quelquefois avec rien qu'un bouton d'or, « quelquefois de velours uni : toujours une veste de drap « ou de satin, rouge ou bleue, ou verte, fort brodée. Il ne

et chagrin, voyait avec une joie secrète qu'une prodigalité si ruineuse plaçât, de plus en plus, grands seigneurs dans sa dépendance.

L'avidité de la noblesse la poussait, autant que ses prodigalités, dans ce vasselage d'une nouvelle espèce. Sous la fronde, beaucoup de grands seigneurs devenaient factieux pour payer leurs créanciers. De toutes les femmes qui figurèrent dans ces troubles, quelques unes s'y laissaient entraîner par l'amour, un plus grand nombre par l'intérêt. Les plus spirituelles n'étaient pas les moins avides : Mazarin put s'en apercevoir aussi bien que mademoiselle de Montpensier[1]. Mazarin, même à l'époque où sa position semblait désespérée, donna toujours plus de pro-

« porta jamais de bagues, ni pierreries qu'à ses boucles
« de souliers, de jarretières et de chapeaux, toujours bordés
« de points d'Espagne avec un plumet blanc. Il avait
« toujours le cordon bleu dessous, excepté les jours de
« noces et ceux des grandes fêtes pareilles, qu'il le portait
« dessus, fort long, avec huit ou neuf millions de pierreries. »

[1] *Voyez*, Note K, ce qu'elle dit dans ses Mémoires d'une affaire d'argent que lui faisait proposer la princesse palatine.

messes que d'argent. Fouquet, au contraire, dans le court espace de temps qui précéda sa disgrâce, prodiguait l'or pour se faire des créatures et pour acheter la réputation d'homme à bonnes fortunes. Il tenta la vertu de toutes les femmes, la probité de tous les maris, et ne trouva guère plus d'hommes intègres que de cruelles. On le savait; mais Brienne seul, dans une scène entre lui et Lauzun, à Nantes, au moment où Fouquet touchait au bord de l'abîme, fait connaître à quel point la corruption s'était glissée dans les cœurs, et montre avec quel astucieuse adresse, au moment de la chute du ministre, les courtisans cherchaient à s'arracher le secret de leur vénalité.

Une fois Fouquet tombé dans la disgrâce, il ne fallut plus rien attendre que du maître. La source des bienfaits, en ennoblissait souvent la cause : on n'en mit que plus d'empressement à les obtenir; ils satisfaisaient à la fois l'amour-propre et l'avidité des grands. Satisfaire n'est pas le mot propre; c'était la soif de Tantale et le tonneau des Danaïdes. Charges, confiscations, amendes, héritage des familles, dépouilles des

malheureux, on sollicitait tout avec une égale ardeur pour soi, pour les siens, pour ses créatures. On en peut juger par le singulier motif qui engagea Colbert à n'attacher, au titre d'académicien, aucun autre avantage qu'un simple jeton de présence. « Pour rendre les membres de
« l'Académie Française plus assidus aux séances,
« il établit, dit Perrault dans ses Mémoires, qu'il
« leur serait donné quarante jetons par chaque
« jour qu'ils s'assembleraient...... Il avait projeté
« d'abord de faire donner un demi-louis à cha-
« cun des membres présens, mais il fit réflexion
« que cette libéralité pourrait faire tort à l'Aca-
« démie, parce que cette distribution irait à huit
« à neuf cents livres par an ( pour chaque acadé-
« micien), ce qui serait regardé comme un bon
« bénéfice que les grands de la cour sollicite-
« raient et feraient avoir à leurs aumôniers, aux
« précepteurs de leurs enfans, et même à leurs
« valets de chambre. » [1]

Colbert est plus ménagé que Louvois dans les Mémoires inédits de Brienne : l'un ne respirait que la guerre, l'autre voulait établir l'abon-

[1] *Mémoires de Charles Perrault*, p. 138.

dance et la paix : tous deux travaillaient pour la gloire du Roi, mais Colbert voulait de plus le bonheur du peuple dont Louvois s'embarrassait peu. Avant Colbert, les aides, les octrois, engagés long-temps d'avance, devenaient la proie des maltôtiers [1]. La perception de l'impôt était souvent plus vexatoire que l'impôt lui-même. Peu d'années avant, sous Louis XIII, les com-

[1] *Octrois, aides, maltôtes, maltôtiers,* tous mots qu'avec le temps on avait détournés de leur véritable signification. Anciennement, les *octrois* étaient un subside ou don volontaire que les communes *octroyaient* au prince ; les *aides*, un secours, une assistance motivée par des circonstances extraordinaires, et qui devaient finir avec elles. On appelait *maltôte*, dans l'origine, des impôts onéreux, vexatoires, illégaux, et *maltôtiers* ceux qui levaient ces impôts ; ces derniers mots venaient de *malùm tollere, lever mal,* abusivement.

Louis XI est un des princes qui favorisèrent le plus la maltôte, en levant sur ses sujets de grosses tailles, de sa propre autorité. « Cependant, dit le *Traité des Droits,* il connais-
« sait bien les lois qu'il violait. En 1482, couché sur le lit
« de la mort, il se repent d'avoir abusé de son pouvoir ;
« il exhorte son fils à ne pas suivre son exemple, et à réduire
« la levée des impôts à l'ancien ordre du royaume, qui
« était de ne rien faire sans *l'octroi* des peuples. » ( Tome I, page 186. )

munes de la Normandie se soulevèrent contre *la solidité* ou, comme on dirait de nos jours, *la solidarité* : « c'était une mesure fiscale, dit Mon-
« glat, qui consistait à prendre un homme riche
« dans une paroisse et à le mettre en prison
« pour la taxe des autres, *quoiqu'il eût payé la*
« *sienne* »[1]. Dans un pays où la science des impôts n'était pas plus avancée, Colbert avait beaucoup à faire. Il fit beaucoup aussi, et le premier acte de son administration mérite bien des éloges, car il remit ou plutôt il donna le conseil au Roi de remettre trois millions d'impôts sur les tailles.[2]

Le commerce et l'industrie, favorisés par ses lumières, ouvrirent à la France des sources de prospérité que ne purent tarir depuis ni les guerres, ni les prodigalités, ni les revers de

[1] *Mémoires de Montglat*, t. I, p. 261.

[2] Colbert n'eut pas toujours le bonheur de proposer de semblables mesures. On ne peut voir, sans intérêt, de quelle douleur vertueuse il se sentit pénétré, quand les nouvelles conquêtes que méditait Louis XIV forcèrent son ministre à faire peser sur le peuple un surcroît d'impôts. (*Voyez*, dans les Éclaircissemens, Note L.)

Louis XIV. Nos manufactures doivent à Colbert leurs premiers succès : en lui l'esprit de détail concourait aux vues de l'ensemble, et, sous son administration, les plus grandes choses s'opéraient avec les plus faibles moyens. Ce n'est pas l'usage ordinaire, mais il existe à ce sujet des documens authentiques que la comparaison rend plus piquans. A l'époque où l'on fit venir de Rome, à grands frais, le chevalier Bernin pour bâtir le Louvre, qu'il ne bâtit point, Colbert lui fit remettre un Mémoire sur le nombre et la destination des appartemens que devait renfermer ce palais. « Outre ces appartemens « et logemens, disait Colbert, le Roi veut encore « loger dans le Louvre les quatre secrétaires « d'État et trois officiers principaux des finances, « à chacun desquels il faut cinq ou six pièces, « attendu qu'ils ne peuvent pas y loger sans « avoir tous leurs commis »[1]. Cinq ou six pièces suffisaient donc alors pour contenir tous les commis d'un ministère ! Je ne puis ajouter, sans un mouvement d'effroi, que Colbert obligeait ses commis à se trouver dans leurs bu-

---

[1] *Additions aux Mémoires de Saint-Simon.*

reaux à cinq heures et demie du matin, et qu'ils y travaillaient quelquefois, ainsi que le ministre, seize heures dans la journée.

Ce n'est pas mon projet de le suivre dans tout ce qu'il a fait de grand et d'utile. Les lettres, les beaux-arts encouragés avec magnificence; les plus sages ordonnances rendues sur le commerce et les colonies, du moins quand on considère les lumières et les besoins de son temps; les impôts diminués au milieu des dépenses que multipliaient sans cesse la guerre et les plaisirs; des manufactures étrangères transportées sur le sol de la France; des canaux ouverts, à travers nos provinces, pour unir la Méditerranée à l'Océan; les deux mers étonnées de voir nos escadres attaquer, combattre et vaincre les flottes de l'Angleterre et de la Hollande; de si grands résultats, de si brillans succès attesteront assez son génie, ses vues et ses services. Paris, que Louis XIV eût peut-être trop volontiers négligé pour Versailles, doit à Colbert ses plus beaux monumens. Il voulait achever le Louvre; il éleva l'Observatoire. Par ses soins : qui le croirait! l'immense hôtel des Invalides fut entrepris et terminé dans moins de cinq ans. Ces quais qui bordent la Seine, ces boulevards qui traversent la ville ou qui l'entourent comme une verdoyante ceinture, sont en partie son ouvrage. Le palais des Tuileries lui doit enfin ce jardin célèbre dont une rue tout entière le séparait alors.

Je ne saurais parler du jardin planté par Lenôtre, sous la direction de Colbert, sans rapporter une anecdote qui peint l'esprit du temps et le caractère du ministre.

Colbert, par les conseils de Charles Perrault, membre de l'Académie Française et premier commis des bâtimens du Roi, sous Louis XIV, abandonna le jardin des Tuileries au génie de Lenôtre. Quand ce grand artiste eut élevé les terrasses, creusé les bassins, dessiné les parterres et planté ces longues allées, dont la majestueuse ordonnance étonne et charme encore nos regards, le ministre vint visiter son ouvrage. Colbert fut enchanté; mais il eut presque aussitôt la crainte qu'admis dans ce jardin, le public n'abusât de cette faveur. *Je suis persuadé*, monseigneur, lui dit Perrault, *que les jardins des Rois ne sont si grands, si spacieux, qu'afin que tous leurs enfans s'y puissent promener.* Le ministre sourit, mais il revint à son idée : il appela les jardiniers qui passaient près de lui : *N'abîme-t-on rien ici?* leur dit-il. — *Non, monseigneur,* répondirent-ils tous d'une commune voix : *pas une main ne cueille nos fleurs, pas un pied ne foule nos gazons; et quant aux allées, c'est tout profit pour nous qu'on s'y promène, l'herbe n'y pousse pas comme ailleurs.* Colbert sourit une seconde fois, et laissa les habitans de Paris se presser sous les allées, autour des gazons d'un jardin qu'ils savaient si bien respecter.[1]

Malgré tant de beaux édifices dont on est redevable à Colbert, Paris était encore, même à cette époque, une fort vilaine ville. La pauvreté s'y montrait à côté de la magnificence, et des chaumières, pour ainsi dire, s'y trouvaient, dans tous les quartiers, adossées à des palais. On ne pourrait pas plus juger de l'état de Paris par les monumens qu'élevaient Louis XIV et Colbert, qu'il ne faudrait juger de l'aisance des habitans par le luxe qu'on étalait à la cour et chez les grands seigneurs. Dès les premières années

[1] *Mémoires de Charles Perrault.*

du règne de Louis XIII, en 1611, le parlement se plaignait *qu'on employait l'or et l'argent aux ustensiles de fer et de cuisine.* Le Roi, deux ans plus tard, *faisait expresse défense*, par un édit, *de plus porter de broderies d'or ni d'argent sur les habits, ni plus dorer les planchers des maisons ni le dehors des carrosses.* Mais de pareils réglemens, presque aussitôt violés que rendus, et dirigés seulement contre quelques seigneurs fastueux, étaient bien superflus pour le reste de la nation. Les carrosses de la cour, dont *on dorait déjà les dehors*, n'avaient point de glaces aux portières. Bassompierre, qui, pour la première fois, en fit venir de Venise, donna l'exemple d'un faste inouï. Sous Louis XIV, en 1658, quand Brienne était déjà depuis six ans secrétaire d'État, on ne comptait encore que trois cent vingt carrosses à Paris [1]. Un miroir de deux

---

[1] L'usage des carrosses de remise s'établit sous Louis XIV, en 1650; celui des fiacres en 1657. Le nombre des carrosses bourgeois, qui n'était, comme on vient de le voir, que de trois cent vingt en 1658, s'élevait à quatorze mille en 1763.

On voit, par les recherches statistiques de M. le comte de Chabrol, préfet de la Seine, qu'en 1824 il y avait à

pieds en tous sens était alors une magnificence : un éventail, un écran indiquait une recherche exquise : des hommes du premier mérite, Abraham Bosse et Calot prenaient le soin d'en graver les sujets; et il le fallait bien, puisque la rareté du débit n'ayant point permis de former des artisans à ce travail, on ne pouvait le confier qu'à des artistes. Les gens très riches étalaient un luxe grossier, mais on ne connaissait point l'aisance. Aucune de ces inventions qui rendent la vie commode et douce, n'existait encore. Hors de Paris, l'on ne trouvait aucune facilité pour les communications : les auberges ou plutôt les hôtelleries offraient si peu de ressources, que madame de Sévigné faisait, en voyageant, porter son lit sur un cheval de bât[1]. Les voitures publiques, établies dès le règne de Charles IX, pour voyager en France, mettaient encore, sous Louis XIV, trois

Paris neuf cents fiacres, sept cent trente-trois cabriolets de place, six cents remises, et six mille cabriolets bourgeois. Quant aux voitures bourgeoises, elles ne figurent pas dans ces renseignemens.

[1] *Lettres de madame de Sévigné*, tome II, page 56.

jours pour aller de Paris à Rouen : il en fallait dix pour faire, de Paris à Lyon, le trajet qu'on fait de nos jours en cinquante heures pour cinquante francs.[1]

Paris, malgré les éloges qu'on ne cessait de donner à sa magnificence, offrait un étrange aspect. En face du château des Tuileries, bâti par Philibert de Lormes; en face du jardin planté par Lenôtre, on ne trouvait qu'un pont de bois pour traverser la Seine. On voyait encore, au coin des rues, en 1670, les chaînes qui, sous la ligue et pendant la fronde, ne s'étaient abaissées que devant Guise ou devant le coadjuteur. Les rues étaient étroites, fangeuses, et malsaines. Il suffirait, pour en avoir une idée, de lire le passage suivant, écrit vers le milieu du règne de Louis XIV.

---

[1] « Le carrosse de Rouen mettait autrefois trois jours à « s'y rendre de Paris, et l'on payait 15 francs par place. « Aujourd'hui, on ne paie pas davantage; on n'est que « douze heures en chemin, et l'on fait un bénéfice réel de « plus de 80 pour 100. » (*Considérations générales sur les avantages respectifs des moyens de transport*, par M. P. S. Girard, de l'Institut.)

« Ceux d'entre nous qui ont vu le commence-
« ment du règne de Sa Majesté se souviennent en-
« core que les rues étaient si remplies de fange,
« que la malpropreté avait introduit l'usage de ne
« sortir qu'en bottes ; et quant à l'infection que
« cela causait dans l'air, le sieur Courtois, méde-
« cin, qui demeurait alors rue des Marmousets, a
« fait cette petite expérience par laquelle on ju-
« gera du reste. Il y avait, dans sa salle sur la rue,
« de gros chenets à pomme de cuivre, et il a dit
« plusieurs fois aux magistrats et à ses amis que
« tous les matins il les trouvait couverts d'une
« teinture assez épaisse de vert-de-gris, qu'il fai-
« sait nettoyer pour faire l'expérience du jour
« suivant, et que depuis l'année 1663, que la
« police du nettoiement des rues a été rétablie,
« ces taches n'avaient plus paru. »[1]

---

[1] *Dictionnaire universel de police*, t. I, p. 227. Les sciences, à cette époque, étaient loin de seconder, de diriger, comme aujourd'hui, les soins de l'administration : on peut voir, par les détails que renferme la Note M, quelles décisions étranges la faculté de médecine rendait, en 1668, sur les consommations les plus usuelles, et à quels singuliers usages se trouvait encore soumise la pratique de la chirurgie.

La rue des Marmousets serait, il est vrai, même en tous temps, peu favorable à de semblables expériences; mais elle ne devait point passer alors pour une des plus étroites et des moins saines, puisque soixante ans plus tard, en 1720, l'ouvrage de Felibien, continué par dom Lobineau, cite la rue des Prouvaires, telle que nous la voyons aujourd'hui, comme *une des plus larges et des plus belles rues de Paris*.

On pense bien que ces rues obscures, fangeuses, à peine éclairées le soir par quelques lanternes qu'allumaient des bourgeois et qu'éteignaient les malfaiteurs, n'étaient guère plus sûres la nuit qu'elles n'étaient saines en tous temps. Des mendians s'y promenaient le jour, offrant le spectacle hideux de leurs infirmités factices. Aux premières ombres de la nuit, ils faisaient place, en hiver, à des hommes hardis, qui, *se disant filous*, suivant les propres expressions d'un arrêt du parlement (7 août 1623), enlevaient les manteaux, coupaient les bourses et quelquefois assassinaient le bourgeois retenu loin de chez lui, passé huit heures du soir. Les écrits du temps ne sont remplis que de ces tragiques aventures. Dans un quartier solitaire, des libertins, sortant du cabaret et souvent d'un plus mauvais lieu, attaquaient et battaient le guet; plus loin, favorisés par les ténèbres, à l'aide d'une échelle de soie, des voleurs ou des amans escaladaient un balcon, tandis que, au détour d'une rue, trois spadassins assaillaient un seul homme qu'une lâche vengeance désignait à leurs coups. On entendait le cliquetis des armes, les cris des assassins; et la voix d'un crieur d'oublies, qui était souvent leur complice, se mêlait seule aux gémissemens sourds de celui qui tombait sous leurs coups [1]. L'absence de

---

[1] « Les oublies étaient une espèce de *plaisir* que des petits garçons vendaient la nuit dans les rues de Paris. Ils portaient leurs oublies renfermées dans un corbillon, au-dessus duquel était un cadran avec une aiguille de fer mobile qui, s'arrêtant tantôt sur une heure, et tantôt sur une autre, indiquait la quantité d'oublies qu'on gagnait. Il était de mode d'appeler, le soir, *l'oublieur* dans la plupart des maisons; mais, vers le temps où la troupe de Cartouche commit de si nombreux désordres, quelques oublieurs furent assassinés. Les brigands prirent leurs déguisemens pour faire de mauvais coups; et ces accidens déterminèrent la police à

toute police avait porté le désordre si loin, qu'au milieu de Paris, par force ou par adresse, en 1663, quand Louis XIV faisait déjà, depuis plusieurs années, craindre et respecter son pouvoir, on enlevait dans les rues, on enfermait dans de secrets asiles, des hommes, des femmes, des jeunes filles, *sous le prétexte*, dit l'arrêt du parlement rendu à ce sujet, *de les envoyer en Amérique*.[1]

Ces désordres ne frappèrent point inutilement les yeux de Colbert. L'éclairage des rues fut mis à la charge de l'administration. Le guet fut augmenté. On établit des corps-de-garde dans les quartiers les plus dangereux. Les soins du ministre s'étendirent sur l'approvisionnement de Paris, sur le nombre de ses habitans, sur les causes favorables à la population; et l'on doit les premières recherches statistiques à cet homme étonnant dont le génie avait prévu tout ce qui peut être utile et bien. « Étant important », dit

---

défendre rigoureusement aux oublieurs de courir la nuit. »
(*Mémoires sur la vie privée des Français*, dans les mélanges tirés d'une grande bibliothéque, t. II, p. 52.)

[1] Arrêt du 18 avril 1663.

le réglement qu'il fit rendre à ce sujet pour la santé et pour la subsistance des habitans, « d'en con-
« naître l'état en tous temps et d'observer soi-
« gneusement les causes qui augmentent ou qui
« diminuent le peuple; en chacun des quartiers
« de Paris, il sera fait, tous les seconds jours
« du mois, une feuille qui contiendra le nombre
« des baptêmes, des mariages et des mortuaires
« du mois précédent, et de chacune des pa-
« roisses en particulier. »[1]

Ces relevés firent découvrir des désordres d'un autre genre. Quand on voulut recourir aux

[1] On sait avec quel succès les recherches statistiques, abandonnées après la mort de Colbert, ont été reprises, continuées et perfectionnées, de nos jours, par le magistrat qui consacre ses soins à l'administration de la capitale. M. le comte de Chabrol a déjà publié trois volumes de *Recherches*, qui toutes ont pour objet les consommations, le luxe ou les besoins, les maladies ou les plaisirs, les revenus ou l'industrie d'une population de neuf cent mille habitans. Ces tableaux, dont un esprit éclairé a conçu l'ensemble et tracé les divisions, présentent, sous mille aspects divers, des résultats capables d'intéresser le savant, le moraliste, le commerçant et l'homme d'État. A quelle source de lumières et d'instruction n'irions-nous pas puiser, s'il exis-

registres tenus par le clergé, et lui seul les tenait alors, on trouva qu'il y régnait la confusion la plus étrange. Les anciens registres des paroisses de Paris ne remontent pas au-delà de 1515, si toutefois on peut donner le nom de registres à des cahiers, écrits d'une manière illisible, chargés de ratures et remplis de lacunes : tel est l'état de la plupart des registres de baptême, de mariage et de décès, pendant le cours du seizième siècle. Mieux écrits généralement, les registres qui commencent avec le seizième siècle, présentent plus de régularité ; cependant, par le peu de soin qu'on y prend de constater avec exactitude le jour de la naissance, les noms, l'âge, le sexe, les qualités des personnes, on doit penser qu'aux yeux de ceux qui tenaient ces registres de baptême et de mariage, l'acte religieux, le sacrement l'emportait de beaucoup sur l'acte civil. C'est ce qui se conçoit et s'explique aisément. Des ecclésias-

tait, sur les siècles qui précèdent le nôtre, des documens recueillis avec tant d'exactitude et de méthode? De semblables travaux honorent l'âge, le pays qui les voit naître, et surtout l'administrateur qui les publie.

tiques, dans la ferveur d'un zèle respectable, tout occupés des fonctions de leur saint ministère et des premiers besoins de notre croyance, moins touchés enfin des intérêts périssables du monde que des biens d'une vie à venir, devaient nécessairement constater le baptême avec plus de soin encore que la filiation, et considérer, dans les différens actes de la vie, les devoirs du chrétien, du catholique, avant l'état et les obligations de l'homme en société.

Le monument le plus curieux que puissent fournir ces registres date précisément de l'époque à laquelle Brienne fait remonter ses Mémoires. C'est un registre qui renferme les actes de la paroisse Saint-Paul, depuis 1640 jusqu'en 1658, pendant la jeunesse de Louis XIV. Le bon prêtre qui tenait ce registre y mêle confusément les événemens du temps aux actes de la vie religieuse, les duels et les baptêmes, les publications de bans et les exécutions, les enterremens et les réjouissances publiques. Ses observations, ses notes, ont un tour si naïf et si particulier, surtout à la place qu'elles occupent entre le mariage, la naissance et la mort, qu'on me pardonnera bien d'en citer plusieurs. Je copie *textuellement* les registres.

« Le mardi 18 août 1649 (pendant les pre-
« miers troubles de la fronde), notre pauvre
« petit roi Louis XIV nous fut ramené par celles
« et ceux qui nous l'avaient ravi de la bonne
« ville de Paris, le mercredi 6 janvier, année
« présente. » Notez que *ceux* et *celles* dont
parle le registre étaient la Reine régente, le
Cardinal et les deux premiers princes du sang.
Le rédacteur ajoute, avec une bonhomie qui
désarme : « Je supplie bien humblement le bon
« Dieu de lui vouloir donner la grâce et la con-
« duite de son bisaïeul Saint-Louis, pour le bon
« gouvernement, la paix de ses peuples et de
« tous ses sujets. »

On lit dans les feuilles qui précèdent :

« *Étrennes de l'année* 1648. — Le dernier
« jour de l'année 1647, reçu de mademoiselle
« Foret deux bouteilles de vin et un grand mor-
« ceau de pâté.

« De madame de Montplaisir, deux quarts
« d'écu.

« De madame de Carrol, une langue de bœuf.

« De M. de Lamars, deux bouteilles de vin et
« un oiseau de rivière, avec deux petits fromages
« du pays.

« De M. de Blany, une bonne grosse carpe
« le jour et fête de saint Gervais, qui échut le
« vendredi.

« De madame Corneille, belle-mère de M. de
« Lamars, un petit pain de sucre et une boîte
« d'écorce de citron. »

L'année 1642 commence par la note suivante :

« *Chienne*. La nuit d'entre le jeudi 9 et ven-
« dredi 10 janvier 1642, qui était la fête de
« saint Guillaume, ma Bichonne fit deux chien-
« nes et un chien. Je donnai la plus petite et la
« plus belle à M. Hallard, et le lendemain je
« coupai les oreilles aux deux autres. »

Je ne citerai plus que ces mots, qui termi-
nent les pages du mois d'octobre 1650.

« Fin du misérable mois d'octobre, qui ne
« cessa de pleuvoir tellement, que ceux qui vi-
« vront boiront du verjus, et que M. de Saint-
« Paul, notre bon curé, n'en sera pas plus
« exempt. »[1]

[1] Archives de l'état civil du département de la Seine,

Voilà, l'on doit en convenir, des détails bien importans, un état civil bien exact et des registres bien tenus! Colbert, dont les soins s'étendaient, comme on l'a vu plus haut, sur les *personnes* et sur les *subsistances*, aurait dû s'en montrer satisfait : il est probable qu'il ne le fut pas, puisque, peu d'années après, parut l'ordonnance de 1667, dont les dispositions réglaient autrefois la forme et la teneur des registres de paroisses. Colbert, après avoir assuré l'état des personnes, porta la même attention sur tout ce qui pouvait améliorer le sort des habitans; il veilla sur le choix des alimens, sur le pavage des rues, sur l'assainissement des maisons. Les mesures prescrites par sa prévoyance éloignèrent un peu le retour de ces fréquentes épidémies qui moissonnaient trop souvent, avant lui, la population des grandes villes et surtout de Paris.

registre de la paroisse de Saint-Paul, de l'année 1640 à l'année 1658.

[1] Paris doit beaucoup, sans doute, aux soins de Colbert, mais ce qu'on ne sait pas assez, c'est que les plus utiles améliorations peut-être ont eu lieu, dans la capitale, sous le règne de Louis XVI. Par ses ordres, l'administration porta

Si j'avais à peindre un tableau complet des mœurs de cette époque, je m'occuperais surtout des habitans de la capitale. Je rappellerais les différens usages de la bourgeoisie. On verrait les jeunes gens accourir, le soir d'un jour de noce, pour déshabiller la mariée que défendaient ses compagnes : on entendrait la voix des masques qui, vers le milieu de la nuit, à

ses vues vers tout ce qui pouvait intéresser la santé ou la sûreté des habitans. Avant ce prince, plusieurs des nouveaux quartiers de la ville n'étaient point éclairés, et l'éclairage, pour les autres quartiers, n'avait pas lieu dans toutes les saisons. Sous Louis XVI, l'éclairage devint annuel et général. Le pauvre dut à sa bienfaisance la création du Mont-de-Piété. L'établissement des secours pour les noyés et les asphyxiés, l'introduction du travail dans les maisons de correction, l'arrosage des rues de Paris pendant les chaleurs de l'été, datent de la même époque. Il reconnut tous les dangers d'un usage qui, pour honorer les morts, exposait les vivans : il interdit les inhumations dans les églises ; il voulut qu'on fermât les cimetières placés dans Paris même, et qu'on en ouvrît de nouveaux hors des murs. Si son humanité fit cesser les corvées dans les campagnes, il s'occupa beaucoup dans Paris du bien-être des habitans : il est juste, il est doux d'en garder la mémoire.

la clarté des flambeaux, apportaient aux époux le vin chaud parfumé d'épices [1]. Je montrerais chaque profession revêtue d'un costume qui la faisait aisément reconnaître : le marchand, portant encore la jaquette au fond de son comptoir ; les médecins, montés sur des mules pour aller visiter leurs malades ; le parlement, en corps, se trouvant à cheval sur le passage du Roi, lors de son entrée à Paris, en 1660, et défilant devant le trône, à la barrière Saint-Antoine, comme un régiment de cavalerie qui manœuvre à la parade.

A la cour, comme à la ville, dans la magistrature, dans l'Église et dans les camps, il existait une foule de coutumes qui, de nos jours, paraîtraient à peine croyables. Tous les Mémoires du temps parlent de cardinaux marchant à la tête des troupes, le casque en tête et l'épée au côté. Brienne est le premier écrivain, ce me semble, qui nous montre une femme de chambre de la Reine portant le costume, les armes et les insignes de l'état militaire. D'autres usages, éta-

---

[1] *Cabinet des Gravures, OEuvre d'Abraham Bosse.*

blis dans les camps, ne nous sembleraient pas moins étranges. Des maraudeurs, pris sur le fait, jouaient à trois dés, sur la caisse d'un tambour, pour savoir qui d'entre eux servirait d'exemple. La justice et la vie dépendaient d'un *quine* ou d'un *sonnez*; et les valets du prévôt pendaient à l'instant le perdant. On décimait, en les faisant tirer au billet, les soldats qui avaient tourné le dos à l'ennemi. Don Fernando de Solis, sortant de Gravelines par capitulation, *venait baiser la botte* de M. le duc d'Orléans, son vainqueur. Les débats de préséance se reproduisaient entre les troupes, dans les marches, dans les campemens, au milieu des assauts, comme à Paris, entre les communautés, dans les processions; et presque à chaque moment les régimens baissaient la pique l'un contre l'autre pour savoir à qui resterait le poste le plus périlleux : c'était un débat bien français. [1]

On voyait des cardinaux commander des armées; on voyait dans l'Église des prélats qui n'étaient pas prêtres [2]. La direction des com-

---

[1] *Mémoires de Montglat*, t. II, p. 449.

[2] Au sacre de Louis XIV, la cérémonie fut faite par

munautés religieuses et les premières dignités ecclésiastiques étaient confiées à des enfans. La célèbre mère Angélique Arnauld avait été nommée, par Henri IV, abbesse de Port-Royal à onze ans [1]. Quant aux cardinaux, Odet de Châtillon, évêque de Beauvais, et le cardinal-infant étaient tous deux moins âgés encore lorsqu'on leur envoya le chapeau. Rome, qui n'a plus depuis prodigué la pourpre dans un âge aussi tendre, paraît avoir abandonné de même d'autres coutumes. Elle envoyait, à l'époque dont nous nous occupons, *une rose bénite* aux princesses qui se mariaient, et *des langes bénis* pour les enfans des Rois. Quoiqu'un peu galant, peut-être, on conçoit le premier usage. Qu'elle fût un emblème de beauté, d'innocence ou de fécondité, cette rose, mêlée à la couronne virginale et chargée des bénédictions d'un vieillard, n'offrait à l'esprit comme aux regards rien qui ne fût gracieux, pur et touchant. Je ne saurais

l'évêque de Soissons, parce que l'archevêque de Reims, duc de Nemours, n'était pas prêtre. (MONTGLAT, tome II, page 433.)

[1] *Mémoires de Du Fossé*, page 34.

je l'avoue, penser de même au sujet des *langes bénis* : ces deux mots me paraissent étonnés d'être ensemble; et, sauf les décisions de l'Église, auxquelles je me soumets en cela comme en tout, j'y verrais presque une profanation.

Quant à la cour, c'était bien autre chose : que de coutumes bizarres et que d'usages différens! qui se piquait de les connaître tous, était habile. De pareils soins devaient être une étude; que dis-je? un art pour le parfait courtisan. Je n'entends point désigner par ces mots cet art qui consiste à flatter, à demander, à se produire : j'en parlerais trop mal, je n'ai jamais rien appris en ce genre. Mais j'admire tout ce qu'il fallait de mémoire, d'application, de présence d'esprit, pour n'être jamais en défaut sur tant de graves bagatelles. Quelle vie que celle d'un homme de cour, sous Louis XIV! Savoir à point nommé à quelle heure il peut se trouver *à la chemise*, à quel moment on arrive encore à temps *pour la serviette;* combien de pas il pourra faire dans *la chambre du lit*, à quelle distance il doit se tenir *du balustre;* quel habit il aura, si le Roi *chasse au tir*, quel, si Sa

Majesté *chasse au courre* : savoir encore devant quels personnages les gardes-du-corps en service frapperont du pied, par honneur, et quel prince a droit aux prérogatives du *pour :* savoir de quel son de voix un courtisan doit prononcer ces mots : *Sire, Marly!* pour obtenir la faveur d'y suivre le monarque : savoir enfin par quelle précaution et pour quel double usage, il doit porter toujours un peigne dans sa poche, et pour arranger sa perruque et pour gratter à la porte du Roi [1]. Que de soins, de temps et d'études! la vie d'un seul homme pouvait-elle y suffire?

[1] Molière a fait allusion à ce dernier usage dans son *Remercîment au Roi*. On peut lire, à ce sujet, la note de l'excellente édition publiée par les soins de M. Auger, et dans laquelle on ne trouve pas moins de recherches instructives que de saine critique et de goût.

Être *à la chemise, à la serviette,* c'était se trouver au lever dans l'instant où le Roi passait sa chemise, et au dîner dans le moment où les plus grands seigneurs, son frère même, lui présentaient la *serviette.*

Quant à la prérogative du *pour,* elle appartenait aux princes du sang; mais quelques seigneurs qui avaient rang de princes, en France, la partageaient avec eux. « Cette pré-

Malgré cette foule d'usages qui devaient exercer l'esprit et polir les manières, quelques seigneurs conservaient encore à la cour des habitudes faites pour y offrir un singulier contraste. J'ai dit, et l'on verra que Brienne conduit Priolo chez un traiteur pour l'enivrer d'éloges et de vins fins. Mais il s'agissait presque d'une affaire d'État : c'était une ivresse ministérielle qui commençait par du vin de Champagne et qui finissait par des pensions. Plus tard, quand on voulut donner le cordon bleu au maréchal d'Uxelles, il déclara tout net qu'il n'acceptait point, si cette éclatante marque d'honneur ne lui permettait plus d'aller au cabaret.[1]

« rogative consiste en ce que, dans les voyages de la cour,
« les fourriers des logis, qui vont poser la croix et marquer
« les logemens, ne marquent ceux des personnes qui ne
« sont pas princes qu'en mettant simplement leurs noms et
« leurs titres; au lieu que quand ils marquent ceux des
« princes, ils ajoutent le mot *pour*, et écrivent *pour mon-*
« *seigneur le duc d'Orléans, pour monseigneur le prince de*
« *Condé*, etc., etc. C'est ce qu'on appelle en France avoir
« *le pour*. » ( *Traité des Droits*, t. II, p. 380. )

[1] *Mémoires de madame de La Fayette.*

Le duc de La Ferté aurait probablement répondu de

On voudrait n'avoir point à signaler de plus honteux désordres ; mais sous un règne que l'on élevait sans cesse au-dessus des règnes d'Auguste et de Périclès, on se rapprocha trop, s'il faut en croire du moins de nombreux témoignages, des mœurs de la Grèce et de Rome. Les vieux seigneurs regrettaient le Falerne d'Horace, les jeunes son Ligurinus. Les écrits du temps, les chansons manuscrites, une plaisanterie attribuée à un grand prince [1], les Mémoires de la duchesse douairière d'Orléans, un passage, enfin, que Brienne a cru devoir écrire en latin, paraissent accuser un libertinage trop

même. Il justifiait sa passion pour le vin par de si bonnes raisons, qu'on me permettra bien de les citer. La France était en guerre avec la Savoie ; il servait en qualité de lieutenant-général dans le Piémont, sous le maréchal de Catinat. On n'avait à l'armée que du vin détestable, et cependant le duc de La Ferté ne laissait pas d'en boire tous les jours plus qu'il ne convenait à son grade, à son rang. « Comment, monsieur le Duc, lui disait-on, comment « pouvez-vous boire d'aussi mauvais vin, et surtout en « boire autant ? — Que voulez-vous, messieurs, répondait-il, « il faut savoir aimer ses amis avec leurs défauts. »

[1] *Voyez* les Éclaircissemens, Note N.

infâme pour qu'on y arrête sa pensée. Le Roi seul excepté, peut-être citerait-on difficilement un homme brillant de cette époque, à qui l'on n'eût pu dire, en lui rappelant Juvénal : Tu sais aimer et plaire, tu sais charmer toutes les femmes;

*Quodque taces, ipsos etiam inclinare maritos.*

Juvénal a fait aussi une satire contre les femmes; gardons-nous bien d'imiter ses écarts. Les femmes du siècle de Louis XIV étaient dignes d'excuses. Les idées de galanterie généralement répandues à cette époque; une éducation qui n'armait point leur jugement contre leur sensibilité, qui ne fournissait point assez d'alimens à leur esprit [1]; et plus que tout

---

[1] Toutes les femmes du siècle de Louis XIV n'étaient pas, à beaucoup près, des Sévigné, des La Fayette ou des Deshoulières : l'éducation des femmes, à quelques exceptions près, était, même dans les plus hautes classes, excessivement négligée. Quand mademoiselle de Brezé\*, nièce du cardinal de Richelieu, épousa le grand Condé, qui n'était alors que duc d'Enghien, elle ne connaissait pas encore ses

\* Claire-Clémence de Maillé-Brezé.

cela certainement, la contagion de l'exemple, les exposaient alors à bien plus de séductions, à bien plus de dangers que celles de notre âge. Il suffit à l'honneur des femmes du siècle de Louis XIV, que madame de Sévigné, devenue veuve dans un temps où l'âge lui laissait encore tous ses charmes; jolie, vive, enjouée, brillante de jeunesse et d'imagination, n'ait excité que les calomnies de l'homme qui devait le mieux connaître et respecter ses vertus : il suffit à l'honneur des femmes du siècle de Louis XIV, que la duchesse de Navailles, gouvernante des filles de la Reine, femme d'un caractère rigide dont on voulait endormir la surveillance, ait préféré hautement son devoir à sa fortune, et

lettres : on fut obligé, après son mariage, de l'envoyer au couvent des Carmélites de Saint-Denis pour apprendre à lire et à écrire. Mademoiselle de Montpensier, de qui nous tenons ces détails [*], aurait pu, sous quelques rapports, profiter de la circonstance. Une de ses lettres autographes, littéralement publiée par M. Gabriel Peignot en 1827, donne une faible idée de son éducation; on peut consulter cette lettre dans les Éclaircissemens, Note O.

[*] Tome I, page 409 de ses Mémoires.

la plus honorable disgrâce à d'avilissantes faveurs. N'exigeons point davantage d'un siècle, d'une cour et d'un sexe qui purent offrir de pareils exemples. S'il y eut de tendres faiblesses, couvrons-les d'un voile indulgent. Brienne n'est que trop indiscret : ne le prenons point pour modèle ; mais poursuivons, flétrissons sans pitié les complaisances de la bassesse ou l'hypocrisie du vice qui prétend se couvrir du manteau de la dévotion.

De peur qu'on ne m'accuse d'injustice ou même de licence dans les citations qu'on va lire, je ne les emprunterai qu'aux écrits de deux femmes dont on n'a jamais mis en doute les vertus et le témoignage. On verra par ces citations que, du temps de la fronde comme vers le milieu du règne de Louis XIV, la cour ne connaissait de dieu que la faveur ; on verra de quels sacrifices on était prêt à l'acheter.

La guerre de la fronde touchait à sa fin ; les plus factieux rentraient dans le devoir. Cependant un assez grand nombre de places importantes étaient encore entre leurs mains. Charlevoi commandait à Brisach ; il exerçait un

empire absolu sur la ville et sur la garnison. On craignait qu'il ne mît son obéissance à trop haut prix, ou qu'il ne vendît la place à l'Empereur; car c'est ainsi, dans ces temps chevaleresques, qu'on entendait l'honneur et la fidélité. Écoutons maintenant la duchesse de Nemours [1]. « Comme Charlevoi, dans tous les temps,
« avait été fort attaché au maréchal de Gué-
« briant, la maréchale son épouse, qui le connais-
« sait beaucoup et qui savait de quoi il était
« capable, se chargea, à la cour, d'aller négocier
« avec cet homme; mais elle y réussit par des
« moyens si extraordinaires, au moins si l'on
« veut en croire ce que l'on en disait en ce temps-
« là, que je ne sais si un autre aurait voulu et
« rendre et recevoir un service à de pareilles
« conditions.

« Voici donc comment on racontait la chose:
« la maréchale, disait-on, savait que les femmes
« avaient un grand ascendant sur Charlevoi, et
« qu'il avait un grand faible pour elles, ce qui
« l'obligea à prendre, pour l'accompagner, une

[1] Page 523 de ses Mémoires.

« des demoiselles les mieux faites, et de facile
« composition, pour imposer à Charlevoi celles
« qu'elle désirait. Ainsi elle n'eut qu'à lui pres-
« crire la manière dont elle voulait qu'elle se
« conduisît.

« La maréchale arriva accompagnée de cette
« demoiselle pour négocier avec lui, et en allant
« voir les raretés de Brisach, elle donnait tout
« le temps à Charlevoi de voir et d'entretenir
« cette personne. Comme elle était belle et co-
« quette, elle n'eut pas de peine à donner dans
« la vue de Charlevoi, lequel s'attacha beau-
« coup à lui faire la cour, parce qu'il la croyait
« une bonne fortune. Elle, de son côté, dont le
« métier n'était que d'engager et non pas d'être
« cruelle, ne le parut à Charlevoi qu'autant
« qu'elle le jugea à propos pour le succès des
« desseins de la maréchale de Guébriant, la-
« quelle voyant leur intelligence assez bien éta-
« blie pour pouvoir exécuter ce qu'elle en vou-
« lait faire, sortit de Brisach pour aller dans
« une maison, à quelques lieues de la ville, où
« elle était accoutumée d'aller de temps en temps.
« Elle feignit d'y être malade pour n'aller point

« à Brisach : elle obligea cette étrange demoi-
« selle à donner, dans cette maison, un rendez-
« vous à Charlevoi, qu'on ne pouvait tirer de
« Brisach sans quelque artifice de cette nature,
« et on l'arrêta là, d'où il fut mené à Philis-
« bourg. » Ainsi la veuve d'un maréchal de France
était partie de Paris, protégée par une Reine,
envoyée par un cardinal, et suivie d'une courtisane pour aller par de tels moyens surprendre la bonne foi et tenter la brutalité d'un soldat ! O Juvénal ! Mais voyons s'il n'existe pas des preuves d'une corruption plus profonde et plus basse. Madame de Sévigné nous les fournira dans une de ses Lettres à sa fille.

« Je ne sais si vous aurez appris, lui écrit-
« elle, que Villarceaux, en parlant au Roi d'une
« charge pour son fils, prit habilement l'occa-
« sion de lui dire qu'il y avait des gens qui se
« mêlaient de dire à sa nièce que Sa Majesté avait
« quelque dessein pour elle ; que, si cela était, il
« le suppliait de se servir de lui, que l'affaire
« serait mieux entre ses mains que dans celles
« des autres, et qu'il s'y emploierait avec succès.
« Le Roi se mit à rire, et dit : *Villarceaux, nous*

« *sommes trop vieux vous et moi pour attaquer*
« *des demoiselles de quinze ans*, et comme un
« galant homme, se moqua de lui et conta ce
« discours chez les dames »¹. L'oncle offrait de
livrer sa nièce : négociateur empressé d'un marché si honteux, il demandait la préférence
pour n'en point perdre les avantages. Honorons
Louis XIV, qui rougit de tant de bassesse : regrettons qu'il ait attendu trop long-temps
pour donner de pareilles leçons ; regrettons
que dans la jeunesse du monarque, Montausier, sans descendre à d'aussi lâches complaisances, n'en ait point, à beaucoup près,

---

¹ *Lettres de madame de Sévigné*, t. II, p. 269.
Le marquis de Villarceaux, né en 1619, était frère de la maréchale de Grancey, qui avait deux filles. Madame de Sévigné parle souvent d'elles dans ses Lettres : on les appelait les *Anges*. Celle dont il est question dans ce passage, et sur laquelle on pensait, ou plutôt on espérait que Louis XIV avait jeté les yeux, se nommait Louise-Elisabeth ; elle était la cadette, et devint, dans la suite, dame d'atours de Marie-Louise d'Orléans, reine d'Espagne.

J'emprunte ces détails à l'éditeur des *Lettres de madame de Sévigné*, même volume, même page.

flétri le scandale : c'est une erreur dont il faut, en son nom, demander pardon à la vertu.[1]

Hâtons-nous d'achever la tâche que je me suis imposée. C'est encore madame de Sévigné qu'on va lire : la femme désignée par elle dans ce passage, est madame de Lionne, qui, par l'éclat de ses aventures galantes, avait forcé son mari à la faire enfermer dans un couvent, et qui, devenue libre, ne changea pas à beaucoup près de conduite.[2]

« *Le Petit-Bon* (M. de Fiesque), qui n'a pas
« l'esprit d'inventer la moindre chose, a conté
« naïvement qu'étant couché l'autre jour fa-
« milièrement avec *la Souricière* (madame de
« Lionne), elle lui avait dit après deux ou trois
« heures de conversation : *Petit-Bon, j'ai quel-*

---

[1] *Voyez* à ce sujet, dans les Éclaircissemens joints au tome II, page 374, un passage extrait des Mémoires de madame de Motteville.

[2] Madame de Sévigné lui donne le surnom de *la Souricière*, parce que, peu de temps avant, madame de Cornuel, si célèbre par ses bons mots, voyant madame de Lionne avec de gros diamans aux oreilles, avait dit en sa présence même : « Il me semble que ses gros diamans sont du lard
« dans la souricière ».

« *que chose sur le cœur contre vous.—Et quoi,*
« *madame?—Vous n'êtes point dévot à la Vierge.*
« *Ah! vous n'êtes point dévot à la Vierge : cela*
« *me fait une peine étrange.* Je souhaite, dit
« madame de Sévigné à sa fille, que vous soyez
« plus sage que moi et que cette sottise ne vous
« frappe pas comme elle m'a frappée. » Sottise!
ah! le mot est bien doux. Et qui ne serait
frappé comme elle? qui ne se sentirait révolté
par une aussi monstrueuse alliance du vice et de
l'hypocrisie : du vice qui, du sein même des plaisirs les plus effrénés, osait rappeler le souvenir, le nom, la pensée, le culte et la chaste
image de ce que la religion peut offrir de plus
pur à l'adoration des mortels?

Terminons : le tableau de tant de corruption lasse et rebute ceux même qui, par respect pour les mœurs, n'ont montré qu'un coin
du tableau. L'imagination se révolte surtout à
l'idée de cette alliance sacrilége entre le libertinage et l'hypocrisie. On peut lui opposer heureusement les exemples d'une dévotion franche,
entière et désintéressée. Ces exemples sont nombreux dans les premières années du siècle de

Louis XIV, précisément parce que la dévotion n'était pas alors un moyen de parvenir, comme au déclin de son règne et de son génie ; à l'époque où madame de La Fayette disait : *A l'heure qu'il est, hors de la piété point de salut, à la cour aussi-bien que dans l'autre monde.* ¹

Une foule de gens vertueux n'avaient pas attendu, pour avoir de la piété, qu'elle conduisît à la fortune. Le croirait-on ? les hommes, les femmes, les plus livrés, même à cette époque, aux déréglemens du monde, ne s'y abandonnaient point sans reproches, sans combats, sans retours. On pouvait allier les choses, en apparence, les plus incompatibles : on aimait, on priait à la fois ; une femme écoutait tour à tour son directeur ou son amant, son repentir ou sa tendresse. Dans l'âge des passions, l'amour parlait souvent plus haut que la religion ; mais, au fond des cœurs, malgré tous les désordres, restait une ferme croyance pour les vérités qu'elle enseigne.

¹ *Mémoires de madame de La Fayette*, page 140.

La religion, qui avait autrefois suspendu la fureur des guerres civiles en publiant la *paix de Dieu*, prêchait encore la réconciliation au moment de la mort. On pardonnait alors à ceux dont on avait eu le plus à se plaindre, et même à ceux qu'on avait le plus offensés; l'étiquette, se mêlant au plus saint devoir, il était d'usage de leur envoyer dire qu'on mourait *leur très humble serviteur*, ou *leur très humble servante*. Ce pardon d'un ennemi, ces paroles de paix qui s'échappaient d'une bouche expirante, attestaient le noble triomphe de la religion sur les cœurs. Parfois s'y mêlaient des pratiques moins dignes d'une piété vraiment éclairée. Après la mort des princes, on servait encore leur effigie, pendant trois jours, avec plus de somptuosité que de leur vivant, et plusieurs personnes d'un haut rang se faisaient inhumer dans des habits religieux, à l'exemple d'Anne d'Autriche, qui fut portée à Saint-Denis vêtue en cordelière.[1]

---

[1] Le prince de Condé, père du grand Condé, mourut en 1646. « On servit l'effigie de ce prince mort, durant trois
« jours, selon la coutume; et, comme il avait été fort avare
« pendant sa vie, on fit de grandes railleries à la cour sur

S'il était quelquefois sans lumières, le zèle qu'inspirait la religion n'était pas du moins calculé, méthodique, intéressé. On s'imposait pour elle de grands sacrifices ; on entreprenait, en son honneur, de longs et pénibles pélerinages. Une noblesse, avide de périls et de gloire, s'engageait encore dans des expéditions guerrières contre les *Infidèles*, de même qu'au temps de Pierre l'Ermite et de Godefroy de Bouillon.

Les Turcs menaçaient encore l'Europe, comme les flots irrités mugissent sur le rivage avant de rentrer dans leur lit. Le héros de la fronde, François de Vendôme, duc de Beaufort, alla périr, sous les murs de Candie, en défendant cette ville contre les Ottomans. Quelques années avant, La Feuillade, avec le même éclat et plus de bonheur, s'était signalé contre eux à la tête de six mille Français, sous Montecuculli, à la bataille de Saint-Gothard. La même ardeur embrasait les religieux, les prélats, qui, ne pouvant

« la douleur que son âme devait sentir, en l'autre monde,
« des grandes et inutiles dépenses qui se faisaient pour son
« corps. » (*Mémoires de madame de Motteville*, t. II, p. 206.
— *Mémoires de Montglat*, t. III, p. 137 ).

servir les armes à la main une cause aussi sainte, lui consacraient du moins ou leurs écrits ou leurs richesses. Le fameux père Joseph avait composé, en latin, un poëme contre les Turcs; et, par une disposition remarquable de son testament, Mazarin laissa six cent mille livres tournois pour aider à leur faire la guerre, *dans l'intérêt de la chrétienté*.

La religion, c'est un des caractères les plus remarquables de cette époque, exerçait alors un empire dont nos temps de tiédeur ou d'indifférence ne sauraient plus avoir d'idée. Les lumières, le savoir, la conviction, l'éloquence de ses ministres, lui donnaient un invincible ascendant. Une religion qu'enseignait Bossuet et

[1] Le père Joseph présenta lui-même son poëme à Sa Sainteté le pape Urbain VIII, dans un voyage qu'il fit à Rome, en 1625; ce poëme avait pour objet d'animer les princes chrétiens à faire la guerre au Turc. « Le Pape, qui « avait été un des meilleurs poètes de son temps, et qui « par conséquent en pouvait juger en maître, fit tant de « cas de cet ouvrage, qu'il le nomma l'*Énéide chrétienne*. » (*Vie du père Joseph*, page 161.)

Quant au testament de Mazarin, *voyez*, dans les *Mémoires de Brienne*, la note de la page 133, tome II.

que prêchait Massillon pouvait soumettre les plus forts esprits, pouvait occuper et remplir les âmes les plus tendres. La parole divine, qui tombait dans des cœurs ouverts à la croyance, y triomphait aisément des passions humaines : elle commandait à l'orgueilleux l'humilité ; elle arrachait une aumône des mains de l'avare ; elle inspirait à l'ambitieux le mépris véritable des dignités et des grandeurs, et le poussait pour jamais dans la retraite.

Oh! combien j'aime et combien je respecte la piété sincère de ceux qui renoncent aux emplois, aux richesses, pour entrer dans les voies du salut; qui se courbent au pied des autels, non dans les temples que fréquente le monde, où l'on peut entendre leurs soupirs et compter leurs génuflexions, mais qui se prosternent dans l'ombre et qui prient dans la solitude, n'ayant que Dieu seul avec eux pour juge et pour témoin !

Voilà l'esprit que portaient, dans leur conversion, les personnages les plus illustres du siècle de Louis XIV. Besoins d'une âme tendre, fruits du repentir ou consolations du malheur, ces conversions conduisaient la duchesse de Montmorenci dans un cloître, La Vallière aux Carmélites, et la duchesse de Longueville à Port-Royal. L'abbé de Pont-Château, le duc de Luynes, le prince de Conti, s'étaient arrachés comme elles soit aux plaisirs, soit aux grandeurs de la cour. Les hommes eux-mêmes qui, chargés du saint ministère, donnaient à leur ordre le plus de splendeur par leurs vertus et leurs talens, se croyaient encore trop exposés aux périls, et couraient s'ensevelir dans les lieux les plus ignorés.[1]

[1] Pierre Lallemand, prieur de Sainte-Geneviève et chancelier de l'université de Paris, fut un des hommes les plus célèbres de son temps; son éloquence égalait son savoir. « Toutes les fois qu'il avait occasion de haranguer à la « cour, dit un des écrivains du temps, il fut toujours écouté « avec des marques d'une distinction singulière; sa réputa- « tion s'accrut de telle sorte, qu'il n'y avait guère de di- « gnités dans l'Église que la voix publique ne lui donnât. « Dans une situation si avantageuse, et au milieu de tant « d'espérances, toutes si douces et si raisonnables, il prit « la résolution de quitter entièrement le monde.... et se « retira à Saint-Vincent de Senlis, l'une des maisons des « chanoines réguliers de Sainte-Geneviève. Il écrivit à ses

Brienne, à son tour, ne fut pas un des exemples les moins éclatans de ces conversions nombreuses. La sienne, il est vrai, quoiqu'il n'en convienne pas, fut un peu tardive, un peu forcée. Elle se trouva, s'il faut le dire, exposée souvent à des rechutes; mais du sein même de ses désordres s'élevaient encore les élans d'une foi vive et d'une âme repentante : on n'en doit ajouter que plus de confiance à ses récits. S'il a montré dans ses Mémoires des prélats livrés au monde, et des ministres dont l'ambition vendait l'État; des mœurs grossières avec des manières polies, et le cynisme du langage au milieu du luxe des cours; s'il a montré la bassesse dans l'orgueil, la trahison dans l'amitié, l'hypocrisie dans le désordre, et le libertinage trop souvent honoré du nom de galanterie, Brienne a peint ce qu'il a vu.

On vient de lire, dans cet Essai, les dépositions de son siècle : en racontant des faits diffé-

« amis qu'une des choses qui avaient le plus contribué à sa
« retraite, c'était la pensée qui lui était venue plusieurs
« fois, en prêchant, qu'il n'observait pas lui-même ce qu'il
« prêchait aux autres. » (*Hommes illustres* de Perrault, p. 11.)

rens, il n'a point tracé d'autres mœurs. Vieux, infirme, et prisonnier depuis dix-huit ans, il composait ses Mémoires, pour ranimer, si l'on peut dire ainsi, le froid de ses dernières années aux souvenirs de sa jeunesse. Il écrivait en présence du Dieu dont le nom revient si souvent sur ses lèvres; sans crainte, sans passions, sans vains désirs, comme on écrit au terme de la vie. On ne ment point sur le bord de la tombe. C'est la vérité qu'on va lire.

F. Barrière.

# NOTICE

SUR

## LOUIS-HENRI DE LOMÉNIE,

COMTE DE BRIENNE.

# NOTICE

## SUR

## LOUIS-HENRI DE LOMÉNIE,

### COMTE DE BRIENNE.

Je racontais, devant un homme qui a fait preuve de beaucoup d'esprit et qui compte un grand nombre d'aïeux, quelques particularités curieuses des Mémoires de Brienne : « N'oubliez pas, monsieur, me dit-il, une « chose fort importante. — Et quoi donc, « M. le duc ? » repris-je avec le double respect qu'inspire le mérite et la naissance. « Ne « vous méprenez pas sur la famille de l'auteur : « ces messieurs sont Loménie, et ne sont pas « Brienne. — La remarque est exacte, M. le « duc, repris-je alors, un peu rassuré ; mais « oserais-je vous demander ce que cela peut « ôter à l'intérêt des Mémoires ? »

Les esprits les plus distingués ont ainsi des préoccupations involontaires. L'observation pourtant n'en était pas moins juste. Chacun sait, en effet, que l'antique maison de Brienne, qui brilla d'un si grand éclat dans les guerres de la Terre-Sainte, et qui donna des connétables à la France, des ducs à la ville d'Athènes et des rois à Jérusalem, remonte, de siècle en siècle, au berceau de la monarchie. L'origine des Loménie ne se perd pas de même dans la nuit des temps. Le premier dont parle l'histoire était greffier du conseil sous Charles IX. Ce mot de greffier sonne assez mal à l'oreille; mais Martial de Loménie était, de plus, seigneur de Versailles. Zélé protestant, il fut enveloppé dans le massacre de la Saint-Barthélemi. Henri IV, qui l'estimait, adopta, protégea son fils; l'employa dans plusieurs négociations difficiles, le chargea d'une ambassade en Angleterre, et lui donna plus tard, en 1606, la place de secrétaire d'État. Le comté de Brienne entra dans cette famille par une alliance. Sous Henri IV, sous Louis XIII et sous Louis XIV, ces nouveaux comtes de Brienne se succédèrent de père en fils dans le même emploi; et, par une illustration peu commune, après un siècle d'intervalle, cette famille, qu'on croyait éteinte, reparut avec plus d'éclat que de succès, au ministère, à l'époque où deux descendans de l'auteur des Mémoires qu'on va lire, le comte de Brienne et l'archevêque de Toulouse son frère, furent à la fois, l'un ministre de la guerre, et l'autre premier ministre sous Louis XVI.

Ne cherchons point à rapprocher les hommes et les époques. Ne mettons point en regard le siècle de Louis XIV et le règne de Louis XVI, la splendeur du trône et sa chute. La main de l'archevêque de Toulouse ne pouvait être assez puissante pour le soutenir au-dessus de l'abîme. Je n'ai point à juger son administration : je trace une esquisse légère de la vie de son bisaïeul, et l'archevêque de Toulouse a pris soin de m'y aider lui-même. Sa famille possédait de nombreux manuscrits : avant d'être accablé sous le poids des affaires publiques, il avait lu, comparé, classé tous ces papiers. Je vois, par une note écrite de sa main, et qui me fut remise avec le manuscrit des Mémoires, qu'il avait eu lui-même l'intention de les publier.

Voici ce qu'on lit dans cette note : « Le « dernier secrétaire d'État de notre nom, « M. de Brienne qui fut disgracié en 1663, « sous Louis XIV, avait laissé des papiers « importans. Ni mon grand-père ni mon « père ne s'en étaient occupés. Ils avaient « oublié ce qu'étaient leurs aïeux. Tous « deux négligèrent l'administration de leurs « biens : tous deux vécurent dans l'obscu- « rité; si bien que quand ma mère mena « mon frère aîné, qui était tout jeune, à « Versailles, madame de Ventadour, qui vi-

« vait encore et qui avait vu messieurs de
« Brienne, fut étonnée d'apprendre qu'il y
« eût encore quelqu'un de ce nom.

« Ma mère, femme remplie d'esprit et de
« caractère, regarda comme un devoir de
« nous ouvrir de nouveau, par une bonne
« éducation, la carrière dont nous sem-
« blions écartés mon frère et moi. Elle ras-
« sembla pour nous, non seulement les dé-
« bris d'une ancienne fortune, mais tous les
« papiers et manuscrits qu'elle put retrou-
« ver. Ce genre de richesse était considé-
« rable dans notre famille, où chaque se-
« crétaire d'État avait eu les siens; j'eus la
« patience de lire tous ceux qu'avait laissés
« le comte Henri de Brienne : j'ai mis soi-
« gneusement à part ses Mémoires, et quel-
« ques papiers qui s'y trouvaient réunis;
« j'ai brûlé tout le reste, comme trop au-
« dessous de l'idée que laissera certainement
« de lui cet ouvrage. »

Cet ouvrage; on va le lire, et pour mieux

faire connaître celui qui le traça, j'emprunterai tour à tour quelques détails, soit aux notes manuscrites de l'archevêque de Toulouse, soit aux papiers qu'on avait, par son ordre, conservés avec les Mémoires.

Louis-Henri de Loménie, comte de Brienne, reçut le jour, comme on le voit par une note écrite de sa main, le 13 janvier 1636. Son père Henri-Auguste de Loménie, fils d'un secrétaire d'État, exerçait le même emploi depuis 1616. C'était un homme intègre, un ministre qui devait à de longs services le secret des affaires du temps. Tout en redoutant sa franchise, on consultait son expérience. Son caractère était généreux et son humeur peu facile. Serviteur zélé, mais mauvais courtisan, incapable de plier sous le joug des favoris, et fier de résister souvent au pouvoir des premiers ministres, il était plutôt estimé qu'aimé de ses souverains [1]. Dans ses Mé-

---

[1] Louis XIII s'était rendu, dans sa jeunesse, au siége de

moires, publiés en 1719, il donne à ses enfans des conseils qui peignent la droiture

Clérac, accompagné du connétable de Luynes, qui avait tout crédit sur son esprit. Le comte Auguste de Brienne se trouvait aussi dans l'armée; et quoique secrétaire d'État, il ne put résister au désir d'aller braver le feu de la place pour emporter une barricade. « Le Connétable, ajoute-t-il, se tenant offensé de ce qu'on avait commencé le combat sans sa permission, blâma ce qui avait été fait; mais l'on m'envoya rendre compte au Roi de la nécessité qu'il y avait de combattre, et Sa Majesté me parut satisfaite des raisons que je lui donnai. Il n'en fut pas de même du Connétable, qui, cherchant un prétexte apparent pour blâmer notre action, n'en trouva point de meilleur que de dire qu'il n'avait rien vu de ce qu'on exposait au Roi. Je pris alors la liberté de représenter au monarque qu'il fallait qu'il se donnât la peine de se transporter sur le lieu du combat, et qu'il en jugeât par ses yeux : ce qui était dire honnêtement au Connétable qu'il était trop éloigné pour en pouvoir parler justement. »

Plus tard, le comte de Brienne osa recevoir, dans sa propre maison, un homme qui avait excité la haine du cardinal de Richelieu; et quand le ministre, irrité, lui demanda compte de sa conduite : « Monsieur, lui répondit-il
« sans hésiter, ma maison ne pouvait être fermée à mon
« ami; il m'aurait offensé d'en prendre une autre. »

de son caractère et la rigidité de ses principes. « Supposez qu'un de vous, leur dit-il, soit appelé dans les conseils du Roi, souvenez-vous que c'est manquer à la fidélité qu'on lui doit que d'hésiter à déclarer les doutes et les difficultés qu'on peut voir dans les affaires qui se rencontrent. Quand la nécessité y oblige, mes enfans, nulle considération humaine ne peut ni ne doit dispenser un homme de bien de mettre la vérité dans tout son jour. » Avec de semblables maximes on peut être surpris que messieurs de Brienne aient été si souvent ministres.

La femme qu'il avait choisie, et dont il ne prononce jamais le nom qu'avec éloge dans ses Mémoires, était digne en effet de toute sa tendresse. Liée avec l'abbé de Saint-Cyran, estimée de saint Vincent de Paul, et devenue l'amie, la confidente d'Anne d'Autriche, madame de Brienne justifiait, par les qualités les plus rares, une faveur qu'elle n'avait point briguée. Le désir de rapporter tout à Dieu, peine ou plaisir, bonne ou mauvaise fortune; la charité, le désintéressement, ces vertus du christianisme, réglaient en tout sa conduite et ses discours. Chacun la citait pour exemple [1]. La piété respectable de madame de Brienne avait fait sur son fils une si profonde impression, que du sein même de ses désordres, on le vit revenir souvent aux sentimens les plus religieux.

Malheureusement ses retours furent fréquens, parce que ses désordres l'étaient aussi. Ce sont les seuls détails qu'il ait tenus dans l'ombre en écrivant. Les premiers jeux de son enfance et la familiarité dont l'honorait un Roi de dix ans; ses exercices, ses études; les honneurs prématurés dont la reine Anne d'Autriche revêtit sa jeunesse, en lui donnant, à quinze ans, la survivance de la charge qu'exerçait son

---

[1] On verra Mazarin faire plus d'une fois allusion, dans les Mémoires qui suivent cette Notice, aux sentimens pieux et désintéressés de madame de Brienne.

père ; ses voyages, ses aventures ; les intrigues qu'il conduit et celles dont il pénètre le mystère ; les secrets de la politique, les secrets plus piquans de la galanterie ; ses erreurs, ses fautes ; ses succès, ses revers, il a tout raconté dans ses Mémoires. Mais il a, par des motifs aisés à concevoir, passé rapidement sur quelques circonstances de sa vie. Je crois devoir les indiquer pour lui, et je commencerai par jeter un coup d'œil sur les pays divers qu'il parcourut dans ses voyages.

Il quitta la France au mois de juillet 1652, pendant les derniers troubles de la fronde, et n'y revint que trois ans après.

Les lieux, les cours qu'il visita, devaient exciter vivement son attention : appelé, de si bonne heure, à remplacer son père dans le département des affaires étrangères, il sentait qu'il aurait à traiter un jour avec tous les cabinets de l'Europe. En voyageant, il s'attacha toujours à connaître les mœurs, les habitudes, l'esprit, le caractère et surtout le gouvernement des peuples chez lesquels il vécut. Il vit d'abord les Hollandais, toujours placés au milieu des orages, disputant leur sol à la mer et leurs droits à l'ambition de la maison d'Orange. Il vit en Danemarck ce Frédéric III, qui, du consentement d'un peuple avide pour ainsi dire de servitude, comme les autres le sont de liberté, réunit en sa personne tous les droits et tous les pouvoirs; contrée où le despotisme ainsi devenu légitime fut, par une exception bien rare, souvent bienfaisant et rarement tyrannique.

Charles X régnait en Suède quand Brienne vint à Stockholm; et ce prince, à l'exemple du roi de Danemarck son voisin, voulut, sans y parvenir, fonder le pouvoir absolu qu'établit après lui Charles XI, et dont abusa Charles XII. Brienne, que ne retint aucun obstacle, pénétra dans les glaces du Nord, et goûta du lait des rennes sous la hutte des Lapons, bien avant l'époque où le poète Regnard, à son tour, parcourut ces climats rigoureux. En Pologne, il fut admis auprès de cette célèbre Marie de Gonzague qui, après avoir été l'ornement de la cour de Louis XIII, aimée d'abord de Gaston d'Orléans, et plus tard éprise à son tour de l'imprudent Cinq-Mars, partageait tristement alors, sous un ciel âpre, chez un peuple demi-sauvage, le trône et le lit d'un vieux Roi. A Presbourg, il assista au couronnement de la reine de Hongrie; à Prague, à la vue du palais de Walstein, il put réfléchir sur l'ingratitude des souverains et sur les écueils de l'ambition. Il traversa plus tard, en courant, Augsbourg, Ratisbonne et Munich; Trente, célèbre par un concile; « Padoue, qui fut », dit-il dans un *Itinéraire* qu'il écrivit et qu'il fit paraître en latin, « Padoue qui fut le berceau de Tite Live; « Vérone, la patrie de Pline et de Catulle; et « Mantoue, le séjour des Muses, Mantoue

« baignée par les eaux du Mincio, que Virgile
« a tant célébré dans ses vers. »

A Rome, il se courba devant Alexandre VIII, avant que Louis XIV, insulté plus tard dans la personne de son ambassadeur et vengeant tant de Rois humiliés, eût forcé ce pontife d'abaisser la tiare devant sa couronne. Il parcourut l'Italie en amateur passionné des arts, comme il avait visité le Nord en observateur attentif; et trois années après son départ, il revint à dix-neuf ans, au milieu des pompes de Paris, étonner la cour la plus polie de l'Europe du récit de ses voyages dans des contrées célèbres, ou sous des climats glacés, chez des peuples barbares que nul Français n'avait encore visités jusqu'alors. [1]

[1] Brienne avait fait en France d'excellentes études. Pendant son séjour en Allemagne, il acquit l'habitude d'écrire avec beaucoup d'élégance en latin; au retour de ses voyages, il en composa l'itinéraire dans cette langue. La première édition parut chez Cramoisy, en 1660; la seconde, beaucoup plus étendue que la première, fut publiée, deux ans après,

Brienne pouvait, à cette époque, se peindre sous des traits à la fois ressemblans et flatteurs. Tout lui riait; il plaisait aux femmes,

par Charles Patin, docteur en médecine\*. Toutes deux sont rares aujourd'hui; mais la première, quoiqu'elle renferme moins de détails, est plus recherchée que la seconde, parce qu'on y trouve un passage obscène que Brienne fit supprimer dans la réimpression.

M. l'archevêque de Toulouse avait eu l'intention de publier une traduction de cet Itinéraire avec les Mémoires de l'auteur; la traduction n'existait pas encore, et cependant il en avait écrit l'Avertissement de sa main. Il est assez curieux de l'y voir citer lui-même le passage latin que Brienne avait précisément retranché de sa première édition : on trouvera ce morceau de l'archevêque de Toulouse dans les Éclaircissemens (Note P). Brienne donnant, dans ses Mémoires, le récit qu'il fit de ses voyages, en présence de Louis XIV et de toute la cour, je n'ai pas cru devoir publier son Itinéraire en entier; je donne seulement, dans la même note, la traduction des passages qui offrent le plus d'intérêt, ou qui renferment des détails dont l'auteur n'avait point parlé devant la cour de France.

---

\* *Ludovici-Henrici Lomenii Briennæ comitis, Regi à consiliis, actibus, et epistolis, Itinerarium.*

*Parisiis, typis Cramosianis,* 1660, *cum privilegio.* In-18.

*Editio altera, auctior et emendatior. Curante Car. Patin, D. M. P.*

*Parisiis, apud Claudium Cramoisy,* 1662, *in-*12, *cum privilegio Regis.*

il plaisait au prince. Il était beau de figure, bien fait de sa personne, adroit à tous les exercices. L'allemand, l'italien, l'espagnol, lui étaient également familiers. Il avoue quelque part, avec une modestie feinte, que le latin ne lui était pas tout-à-fait inconnu. Il aimait les arts, il cultivait les lettres; trop peut-être, comme il en convient lui-même, dans un temps où l'on ne croyait pas le culte des Muses compatible avec l'esprit des affaires. L'étude avait enrichi sa mémoire; son esprit s'était, dans ses voyages, fortifié par le besoin de connaître et l'avantage de comparer. On trouvait rassemblés chez lui des livres rares, des tableaux précieux. Mazarin le prenait pour secrétaire intime : il était de tous les plaisirs du Roi : le ciel l'avait comblé de ses dons, la cour de ses faveurs ; le plus brillant avenir semblait s'ouvrir devant lui. Qui donc aurait pu lui présager alors l'éclat d'un revers imprévu ?

Brienne, qui raconte avec abandon tant

de particularités curieuses sur sa vie et sur celle de ses contemporains, devient tout à coup bien discret et bien laconique lorsqu'il s'agit de sa disgrâce. Faut-il, comme on pourrait le penser, attribuer le renversement de sa fortune à l'imprudence de la rivalité la plus audacieuse? Faut-il en accuser, avec lui, ses ennemis, excuse un peu banale de tout ministre disgracié? Il garde la même réserve sur son séjour à l'Oratoire; sur les causes de sa fuite en Allemagne, de son brusque retour en France, et de la longue captivité dans laquelle il passa près de vingt ans à Saint-Lazare ou dans plusieurs abbayes du royaume. Les biographes ont raconté, chacun à leur manière, ces singulières vicissitudes, qui ne le rendirent avec trop d'éclat au monde, que pour l'en séquestrer ensuite pendant de si longues années. Consultons sur ce point, les notes de son descendant l'archevêque de Toulouse, qui devait être le mieux instruit.

« On lui avait offert, dit-il, seize cent mille francs de sa charge, et le titre de duc; mais, plein d'ambition, de confiance dans ce qu'il était, et d'espérance dans l'avenir, il refusa ces propositions, et dut s'en repentir amèrement. La passion du jeu l'aveugla et le précipita dans des désordres que les exemples du temps ne peuvent excuser, et qui forcèrent Louis XIV à lui retirer sa confiance. Sa place fut donnée à de Lionne, et, peu de temps après, il perdit sa femme. Frappé de deux coups si subits, il entra dans la maison de l'Oratoire, devint membre de cette congrégation, prit même le sous-diaconat, puis revint tout à coup au monde, s'abandonna sans réserve à son goût pour la poésie, et força, par sa conduite, le général de l'Oratoire à le prier de quitter l'habit de cette congrégation savante.

« Il reprit alors des goûts qu'une ferveur passagère avait suspendus : on parla de nouveau de vin, de jeu, de femmes. Le scandale d'une telle conduite excita les plaintes de sa famille et l'attention du gouvernement; et pour éviter une arrestation, il chercha dans l'Allemagne un refuge auprès de la duchesse de Mecklembourg.

« On prétend qu'il en fut amoureux, et que ses importunités furent la cause de son retour.

« Si l'on en croit les papiers de famille que j'ai consultés, le duc de Mecklembourg lui avait donné un asile; il n'était point l'amant de la femme, mais simplement l'ami et le confident du mari. Ces papiers ajoutent même que celui-ci avait fait arrêter la duchesse, dont il soupçonnait la conduite. En accusant Brienne auprès de Louis XIV d'en avoir donné le conseil, elle obtint l'ordre qui le fit revenir en France. [1]

« Quoi qu'il en soit, ajoute l'archevêque

---

[1] Frédéric, duc de Mecklembourg à cette époque, était né en 1638 ; il mourut en 1688. Il avait épousé Christine

de Toulouse dans sa note, il ne fut pas plus tôt de retour, qu'à l'abbaye de Saint-Germain, qu'on lui avait donnée pour retraite, il eut de nouvelles relations avec le duc de Mecklembourg, et fut, par *lettre de cachet*, renfermé à Saint-Benoît-sur-Loire. Je ne saurais douter des causes de son exil, puisque la lettre de cachet fait mention de ses rapports avec les étrangers. »[1]

La *Biographie nouvelle* dit « qu'on l'enferma d'abord dans deux maisons de Bénédictins sans qu'il en devînt plus sage, et qu'il fallut alors le confiner à Saint-Lazare. » Soit que son élévation ou sa chute, ses austérités ou ses désordres, son libertinage ou

---

Wilhelmine, fille du landgrave de Hesse-Cassel-Bingenheim, née en 1653, et mariée en 1671.

Frédéric avait pour frère un Christian de Mecklembourg qui fut chassé des États de son père à cause de ses extravagances, et qui épousa, en France, Isabelle-Angélique de Montmorenci-Bouteville, sœur du maréchal de Luxembourg.

[1] Note manuscrite de l'archevêque de Toulouse.

sa dévotion, eussent en effet troublé son cerveau ; soit que le gouvernement ou sa famille eût intérêt à le faire passer pour fou, il est certain qu'on le fit interdire, et qu'il vécut ainsi dix-huit ans chez les Pères de la Mission. S'il y perdit la raison ( il n'en faut pas tant pour la perdre ), il n'y perdit du moins ni l'esprit, ni la mémoire, ni l'art de raconter avec grâce les souvenirs de sa jeunesse. L'abbé de Choisy, qui ne pouvait s'y tromper, allait lui rendre souvent visite à Saint-Lazare où il était renfermé, et revenait toujours plus charmé de son entretien.[1]

Brienne avait trouvé moyen de rassembler dans cet asile une magnifique collection d'estampes. Il se plaisait à manier le crayon,

---

[1] « Je fais des questions, dit l'abbé de Choisy dans ses Mémoires, aux gens par les mains de qui les affaires ont passé. Je fais parler M. Roze sur le temps du cardinal Mazarin ; j'entretiens M. de Brienne, qui a été cinq ou six ans secrétaire d'État, et qui, malgré dix-huit ans de Saint-Lazare, a encore beaucoup d'esprit et de mémoire. »

et pouvait agréablement promener ses doigts sur le double clavier d'un clavecin ; talent rare à cette époque, et surtout parmi les hommes de son rang. Les arts abrégeaient ainsi pour lui les heures toujours si lentes de la captivité : les lettres, qui avaient fait le charme de ses beaux jours, lui servaient encore de consolation dans sa disgrâce. Heureux ou malheureux, ministre ou simple oratorien, libre ou captif, il avait toujours aimé, recherché ceux qui les cultivaient. Au nombre des écrivains dont il goûtait le plus le commerce, on pouvait compter Madelenet, épris comme lui des muses latines, et comme lui capable de prononcer avec goût sur le mérite d'un tableau, d'un morceau de musique et d'un ouvrage d'esprit ; Gomberville, chez qui l'Académie Française s'assemblait à son origine, et qui composa des poésies religieuses après avoir écrit longtemps des romans ; MM. de Port-Royal, dont Brienne se piquait plutôt de professer les doctrines que d'imiter les mœurs; Maucroix, qui partagea long-temps son goût pour les plaisirs; La Fontaine, que ne pouvait éloigner sa disgrâce, et le sévère et judicieux Boileau, qui goûtait sa conversation, mais qui ne goûtait pas ses vers.

Brienne n'est pas le premier homme d'esprit qui ait été mauvais poète. Il cultiva les muses françaises un peu tard, et leur fit la cour en grand seigneur. Il voulut brusquer leurs faveurs : Boileau savait par expérience tout ce qu'il fallait de temps et de soins pour les mériter. Je crois devoir donner, tout entière, une lettre que ce grand poète écrivait à Brienne, au sujet de son goût pour la poésie.[1]

« ............ C'est très philosophiquement
« et non point chrétiennement que les
« vers me paraissent une folie; je ne l'ai

---

[1] Cette lettre autographe appartient à M. Auger, de l'Académie Française. Elle fut publiée, pour la première fois, en 1806, sur une copie qu'il en avait donnée.

« point entendu d'une autre manière. Ainsi
« c'est vainement que votre berger en sou-
« tane, je veux dire M. de Maucroix, dé-
« plore la perte du *Lutrin* dans l'églogue
« dont vous me parlez. Je le récitai encore
« hier chez M. le premier président; et si
« quelque raison me le fait jamais déchirer,
« ce ne sera pas la dévotion, qu'il ne choque
« en aucune manière, mais le peu d'estime
« que j'en fais, aussi-bien que de tous mes
« autres ouvrages, qui me semblent des ba-
« gatelles assez inutiles. Vous me direz peut-
« être que je suis donc maintenant dans un
« grand accès d'humilité : point du tout;
« jamais je ne fus plus orgueilleux; car si
« je fais peu de cas de mes ouvrages, j'en
« fais encore bien moins de ceux de nos
« poètes d'aujourd'hui, dont je ne puis plus
« lire ni entendre pas un, fût-il à ma louange.
« Voulez-vous que je vous parle franche-
« ment : c'est cette raison en partie qui a
« suspendu l'ardeur que j'avais de vous voir

« et de jouir de votre agréable conversation,
« parce que je sentais bien qu'il la faudrait
« acheter par une longue audience pour
« quantité de vers, très beaux sans doute,
« mais dont je ne me soucie point. Jugez
« donc si c'est une raison pour m'engager à
« vous aller voir que le récit que vous me
« demandez. J'irai pourtant, si je puis,
« aujourd'hui ; mais à la charge que nous
« ne réciterons de vers ni l'un ni l'autre que
« vous ne m'ayez dit auparavant toutes les
« raisons que vous avez pour la poésie, et
« moi toutes celles que j'ai contre.

« Je suis, avec toute sorte de respect et
« de soumission, monsieur,

« Votre très humble et très obéissant serviteur,

« Despréaux. »


Si Boileau traitait aussi rigoureusement ses vers et surtout ceux du *Lutrin*, on conçoit qu'il montra peu d'indulgence pour les poésies de Brienne : la vérité, c'est que la plupart du temps elles n'en méritaient aucune. Sa pensée, qu'il renfermait avec grâce dans la mesure d'un vers latin, reste privée, dans les vers qu'il a composés en français, de chaleur, d'élégance et même de correction; il serait impossible d'y reconnaître l'écrivain spirituel et piquant des Mémoires qu'on va lire. Une femme qu'il n'aima que trop peut-être pour sa tranquillité, une femme que j'aurais dû nommer parmi les amis de Brienne s'il n'avait eu pour elle plus que de l'amitié, madame Deshoulières, ne put jamais lui apprendre l'art de laisser tomber avec agrément des vers faciles. C'est pour elle, s'il faut l'en croire, qu'il commença ses Mémoires ; c'est pour elle du moins qu'il en avait écrit la dédicace en vers français. [1]

---

[1] La *Biographie nouvelle* dit que la ferveur de Brienne, pendant son séjour à l'Oratoire, fut remplacée par une passion toute profane dont il se sentit épris pour une dame

Cette dédicace, si je la citais tout entière, ne justifierait que trop le jugement de *l'au-*

qu'il appelait *une dixième Muse*. Cette passion, continue l'auteur de l'article, le jeta dans un tel délire, qu'elle motiva son exclusion de l'Oratoire.

Dieu me préserve jamais de nuire à la réputation d'une dame, même un siècle et demi après sa mort! Ne pourrait-on soupçonner cependant, en toute sûreté de conscience, madame Deshoulières d'avoir été l'objet de cette passion, portée *jusqu'au délire*. Brienne quitta l'Oratoire en 1670. Madame Deshoulières était née en 1634; elle avait donc alors trente-six ans. Elle était belle autant qu'aimable : son esprit et ses charmes auraient pu déranger de plus fortes têtes. Dans cette dédicace, que je n'ai point conservée parce qu'elle donnerait une trop faible idée des vers de Brienne, il dit à madame Deshoulières :

> De tes faveurs on m'a fait de grands crimes,
> C'est toi qui m'as chargé de fers.

Un peu plus bas, *sa rhétorique* s'explique en termes encore moins couverts. Je te vis, lui dit-il,

> Je te vis, tu le sais, Iris, *à toutes heures ;*
> La nuit, qui fut souvent témoin de notre amour,
> Ne t'ôte point l'éclat que te donne le jour,
> Quand il fait le circuit de ses douze demeures.

Si c'est un souvenir, il est plus tendre que discret; si c'est une licence poétique, elle est un peu forte.

*teur des satires :* tout galans que sont les vers qui la composent, je doute fort que madame Deshoulières elle-même pût les trouver de son goût. Brienne, en les écrivant, tâchait de s'arracher un moment à ses réflexions : ils peindraient mal la véritable situation de son esprit. Sans abattre son courage, une captivité si longue, l'âge et les infirmités mêlaient souvent à ses pensées une teinte de tristesse qui est douce et touchante. On peut en juger par ces mots d'une digression que renfermait son manuscrit, mais qui est étrangère à ses Mémoires.

« Je puis le dire sans mensonge et sans
« vanité, le Brienne d'autrefois ne valait
« pas celui d'aujourd'hui. Les malheurs for-
« tifient l'âme lorsqu'ils ne la jettent point
« dans le découragement. Je n'ai plus qu'un
« désir. Que la postérité, si toutefois ce
« livre lui parvient, ne voie plus en moi un
« homme fait pour exciter l'envie ; mais
« qu'elle plaigne un malheureux en butte

« aux persécutions et digne d'exciter la pitié
« dans tous les cœurs. J'écris pour soulager
« le mien; accablé du poids de mes peines,
« j'aime à me retracer l'image de ma jeu-
« nesse, comme on aime à se rappeler la
« clarté du jour dans les ténèbres, et les
« douceurs de la liberté au fond d'un ca-
« chot. »

Ce passage émeut davantage lorsqu'en tournant les feuillets du manuscrit, qui est tout entier de sa main, on le trouve terminé par ces propres paroles : *Achevé le 20 février 1685, en ma prison de Saint-Lazare.*

Brienne avait pris pour devise, et dessiné lui-même en tête de son manuscrit, un ver à soie avec ces mots : *Inclusum labor illustrat*. Je ne puis former qu'un désir, c'est que la devise adoptée par l'auteur puisse convenir un jour à l'ouvrage.

# MÉMOIRES
# DE BRIENNE.

# MÉMOIRES
# DE BRIENNE.

## CHAPITRE PREMIER.

Brienne est reçu dans la compagnie des enfans d'honneur. — Femme de chambre de la Reine, portant un hausse-col et l'épée au côté. — Goûts précoces du jeune Roi pour tous les exercices militaires. — Cadeaux que lui fait Brienne. — Sa Majesté lui donne une arbalète forgée et montée de la main de Louis XIII. — *Les Rois donnent ce qu'ils prêtent :* paroles remarquables d'une gouvernante. — Prise de Gravelines — Enfans de huit ans placés dans le régiment des gardes ; — leur costume. — Mot d'Anne d'Autriche en les voyant en faction.

JE n'avais que sept à huit ans lorsque M. de Brienne, mon père, me mit, avec Charles-François de Loménie Brienne, mon frère, à présent évêque de Coutances, auprès du Roi en qualité d'enfant d'honneur. Louis XIV n'avait pas alors plus de cinq ans[1]. Nous fûmes reçus, mon

[1] J'ai deux ans et huit mois de plus que Sa Majesté, le

frère et moi, dans la galerie qui renfermait tous les portraits des rois de France. Madame de Lansac [1], qui était encore alors gouvernante du jeune prince, assistait à cette réception, dans laquelle furent compris le petit marquis de La Châtre, mon cousin; messieurs de Coislin, neveux de monseigneur le chancelier; M. de Vivonne (maintenant maréchal de France); le comte du Plessis-Praslin, et le chevalier son frère.

Tout ce dont je me souviens, c'est que madame de Lasalle, femme de chambre de la Reine régente, et placée par Sa Majesté auprès du Roi son fils, nous reçut une pique à la main et tambour battant, à la tête de la compagnie des enfans d'honneur, qui était déjà nombreuse

Roi étant né le 5 septembre 1638, et moi le 13 janvier 1636. (*Note de Brienne.*)

[1] Françoise de Souvré, femme d'Artus de Saint-Gelais de Lansac. Elle cessa d'être gouvernante en 1643. Placée par le crédit tout puissant de Richelieu, « elle fut chassée de la « cour à cette époque, dit madame de Motteville, comme « une personne qui avait vécu avec la reine Anne d'Autriche « de manière à déplaire à Sa Majesté. » (*Note de l'Édit.*)

## CHAPITRE I.

et qu'elle avait sous ses ordres. Un hausse-col retombait sur son mouchoir bien empesé et bien tiré; elle avait sur la tête un chapeau couvert de plumes noires, et portait l'épée au côté. Madame de Lasalle nous mit le mousquet sur l'épaule, et cela de fort bonne grâce; après quoi nous la saluâmes, sans nous découvrir toutefois, parce que ce n'est pas l'ordre. Elle nous baisa tous l'un après l'autre au front, et nous donna sa bénédiction d'une manière tout-à-fait cavalière. C'était une vraie bonne femme, et qui ne manquait pas d'esprit; mais elle s'accommodait à la jeunesse du Roi et faisait l'enfant avec les enfans.

Ensuite elle nous fit faire l'exercice, et je remarquai que le prince, encore à la bavette, y prenait un plaisir extrême. Ses divertissemens ne respiraient que la guerre; ses doigts battaient toujours du tambour, et dès que ses petites mains purent tenir des baguettes, il avait devant lui une grosse caisse toute pareille à celle des Cent-Suisses, et frappait dessus continuellement : c'était son plus grand plaisir.[1]

[1] Louis XIV tenait de son père cette humeur belli-

On nous faisait manœuvrer tous les jours en sa présence. Mais enfin la compagnie, ou, pour mieux dire, la cohue des enfans d'honneur ou soi-disant tels, devint si grande, qu'on fut obligé de faire une réforme, et mes compagnons que j'ai nommés et moi fûmes du petit nombre de ceux que l'on conserva; vingt en tout, dont j'ai oublié les noms et les qualités. Ce que je sais, c'est que nous étions tous fils de *titulados*, comme disent les Espagnols, et que nous avions chacun nos gouverneurs ou précepteurs, qui ne nous quittaient jamais et qui jouissaient, à cause de nous, de toutes les entrées du Louvre.

L'année s'acheva dans ces exercices ordinaires; mais comme ces occupations quoique honorables, nous détournaient de l'étude, mon

---

queuse. Dès son plus jeune âge, Louis XIII se plaisait de même à manier des piques et des mousquets, à se couvrir d'une cuirasse. Un jour qu'il s'était fait armer de toutes pièces, il ne voulait plus quitter son armure pour se coucher, et disputa long-temps pour prouver à son gouverneur qu'il dormirait moins bien avec un bonnet de nuit qu'avec un casque. (*Lettres de Malherbe.*)

père résolut de nous mettre au collége des Grassins, mon frère et moi, à l'ouverture des classes de la même année. M. Coqueret en était alors principal, et nous eûmes pour préfet et précepteur tout ensemble M. le Houlx, sous-principal du même collége, qui prit un soin particulier de notre éducation. Je n'avais guère de goût pour l'étude, tant l'air de la cour, que je commençais de respirer, m'avait en ce peu de temps amolli et corrompu le cœur. Les jours de congé on nous menait au Louvre, et après avoir porté durant la semaine le portefeuille sous le bras, nous reprenions le mousquet comme si de rien n'était, et trouvions bien plus de plaisir à cet exercice qu'à l'autre. Vivonne fut plus heureux que moi et mes compagnons, qu'on mit tous au même collége; pour lui, M. de Mortemar, son père, se contenta de lui donner un précepteur dans sa maison. Il y fit les progrès qui l'ont rendu depuis si célèbre à la cour, à la ville, par le nombre intarissable de ses bons mots.

Pour moi, qui n'avais pas l'esprit tourné à la turlupinade, mais à la joie et à la dissipation, je ne laissais pas néanmoins de savoir assez bien la géographie, que le père Desmares, mon premier maître, m'avait montrée. Je savais aussi les premiers élémens de la langue latine, selon Jully, qu'il me fallut depuis oublier au collége, pour charger ma mémoire des règles barbares de Jean Despautère. Je faisais de plus assez exactement l'exercice de la pique et du mousquet; je n'ignorais pas les termes des fortifications, je savais quelque chose de l'histoire, je dansais même déjà passablement, et commençais à voltiger avec beaucoup d'adresse et de grâce.

Ce fut par ces qualités extérieures dont je parlerai plus tard avec quelques détails, que je me mis assez bien dans l'esprit des personnes qui dirigeaient l'éducation du jeune Roi. Je faisais souvent à Sa Majesté de petits présens, comme d'épées, de pistolets, de fusils, de petits canons de cuivre ou d'autre métal. Je lui donnai entre autres un canon d'or traîné par une puce; une trousse de chirurgien garnie de toutes ses pièces et qui ne pesait que quelques grains; des cannes et des bâtons garnis d'orfévrerie de la façon de Roberdet mon compère, ouvrier inventif et industrieux [1]. Je lui donnai enfin des jeux de cartes de géographie, de blason et d'histoire qu'on me faisait faire exprès par les plus habiles géographes et historiographes, et j'y ajoutais quantité d'autres bagatelles semblables. Le Roi ayant reçu avec plaisir une épée d'agate garnie d'or avec des rubis, que je lui avais présentée, me fit l'honneur de me prêter une arbalète dont il tirait quelquefois. J'avais témoigné au porte-arquebuse que j'en avais envie, plus pour m'exercer à tirer de cette arme, qui était légère et très juste, que dans la pensée de l'obtenir en présent. Je ne savais point encore, quand je fis cette prière au porte-arquebuse,

[1] Il paraît qu'à cette époque, et même long-temps avant, l'orfévrerie et l'horlogerie avaient déjà porté très loin l'art de travailler avec perfection les plus petits bijoux. L'abbé Arnaud parle, dans ses Mémoires, d'une bague que sa mère avait vue au doigt de la princesse Anne de Danemarck, qui épousa Jacques I<sup>er</sup>, roi d'Angleterre, en 1589. « Dans un cristal de grosseur ordinaire, au lieu de pierre « on voyait, dit-il, une montre avec toutes ses roues, son-« nant les heures, non pas, à la vérité, sur un timbre, mais « sur le doigt, que le marteau frappait doucement par de « légères piqûres. » ( *Note de l'Édit.* )

que cette arbalète eût été forgée, limée et montée de la propre main de Louis XIII, ce qui devait la rendre plus précieuse au Roi son fils; je ne l'appris que plus tard, de Malo, arquebusier de Sa Majesté et garde du cabinet des armes.[1]

A peu près vers le même temps, la gouvernante du jeune monarque fut changée, et madame la marquise de Seneçay prit la place de madame de Lansac, que la Reine n'avait pas sujet d'aimer. Madame de Seneçay sut que je m'étais adressé au porte-arquebuse pour qu'il me prêtât l'arbalète dont j'ai parlé. Elle le dit au jeune Roi, et j'entendis qu'en même temps elle ajoutait ces paroles remarquables : *Sire, les Rois donnent ce qu'ils prêtent*[2]. Alors, m'ayant

---

[1] La chasse était le plaisir le plus vif, j'ai presque dit l'unique passion de Louis XIII : aussi tirait-il au vol mieux que personne. C'est à ce sujet, pour citer un mot qui trouve assez bien place ici, c'est à ce sujet qu'un plaisant, faisant allusion à son surnom de *Juste*, disait : *Juste à tirer de l'arquebuse.* On doit cette anecdote à l'abbé de Longuerue. ( *Note de l'Édit.* )

[2] « Madame la marquise de Seneçay, dit madame de

fait signe d'avancer, elle remit cette arme précieuse entre les mains de Sa Majesté, qui me la donna de la meilleure grâce du monde, en me disant : *Je voudrais que ce fût quelque chose de plus considérable ; mais, telle qu'elle est, je vous la donne, et c'est de tout mon cœur.* Il ne savait peut-être pas lui-même que le Roi son père l'eût faite. Je fis une profonde révérence, et, prenant la main de Sa Majesté, je la baisai pour lui témoigner ma reconnaissance, mieux que je n'eusse fait par un méchant compliment.

Dès la première fois que je tirai de cette arme en sa présence, dans le jardin du Palais-Royal, j'abattis un moineau avec plus de bon-

---

Motteville, avait beaucoup d'esprit, de vertu et de piété, un cœur fort noble, joint à une amitié sincère et de la chaleur pour les intérêts de ses amis : mais elle était ambitieuse, et trop sensible à la grandeur de ses proches. Le nom de La Rochefoucauld, seulement à prononcer, lui donnait une joie extrême. Son esprit allait toujours à l'extrémité de toutes choses ; il était plein d'emportement et d'ambitieuse vanité, de sorte que la modération n'y avait pas beaucoup de place ; et ses défauts se mêlant à ses bonnes qualités, on peut dire qu'elle n'était pas toute parfaite. » Tome II, page 28. (*Note de l'Édit.*)

heur que d'adresse, ce qui me mit en réputation de bon tireur. Depuis je gagnai avec cette arbalète plusieurs petits prix contre mes camarades, et j'avais soin de la faire porter avec moi toutes les fois que le Roi allait à la promenade, afin d'en faire quelque beau coup devant lui.[1]

Ainsi, je faisais ma cour en apprenant à tirer juste; mais devenant plus grand et plus fort, je quittai bientôt l'arbalète pour prendre le mousquet, que mon père voulut que je portasse quelque temps, en qualité de cadet, dans la compagnie de Porcheux, mon cousin. Je n'oublierai

---

[1] Je tirais des petits oiseaux, devant Sa Majesté, avec des balles de terre cuites au soleil. Comme l'arbalète ne faisait ni feu ni fumée, le Roi n'y prenait pas grand plaisir; mais quand je tirai d'un fusil fort léger que Malo m'avait fait, et qui faisait assez de bruit, parce que le canon en était virolé, le Roi battait des mains et voulait tirer lui-même. Mais on ne lui permit pas de manier des armes à feu qu'il n'eût sept ans passés. Dès la première fois qu'il tira, il donna dans le blanc; et depuis, s'étant perfectionné de plus en plus, il est devenu un des meilleurs tireurs au vol et des plus prestes. C'est Saint-Mauri qui lui a appris à tirer. (*Note de Brienne.*)

jamais comment j'y parus la première fois en faction avec mon frère, qu'on ne destinait pas encore à l'Église. Ce fut sur le quai des Orfévres, devant le Cachet d'Or, entre le premier et le deuxième caporal. On nous avait placés là pour que nous fussions mieux aperçus de Leurs Majestés, qui allaient assister au *Te Deum* qu'on devait chanter à Notre-Dame, en actions de grâces de la prise de Gravelines en 1644, par M. le duc d'Orléans. Je n'avais que huit ans; mon frère était encore plus jeune : nous étions lui et moi vêtus de même, le haut-de-chausse d'écarlate chamarré de galons d'argent, avec un petit buffle à manches de brocard d'or, aussi chamarrées en bracelet du même galon que la culotte; le chapeau gris et assez grand de bords, ombragé d'un bouquet de plumes blanches, le bas de soie gris de perle bien tiré, et des escarpins de maroquin rouge, brodés et faufilés d'une dentelle d'argent, avec un nœud pareil sur le coude-pied, selon la mode d'alors. Nos mousquets étaient fort luisans, nos bandoulières fort propres, quoique semblables à celles des autres soldats, et nos épées à garde d'argent : rien ne pouvait être mieux assorti. La Reine prit plaisir à nous voir en cet équipage guerrier; ma mère avait le bonheur d'être dans son carrosse, à la portière du côté même où l'on nous avait placés : *Mais voyez donc*, lui dit la Reine, *n'ont-ils pas bon air? Ce sont eux, je crois, qui viennent d'emporter Gravelines.* [1]

[1] Gravelines était alors une place importante. « La nouvelle de sa reddition, dit mademoiselle de Montpensier dans ses Mémoires, me donna une joie inconcevable, parce que j'ai toujours eu pour Monsieur toute la tendresse possible. Le jour que le *Te Deum* fut chanté à Notre-Dame pour actions de grâces de cette conquête, l'on en fit, comme c'est l'ordre, des réjouissances publiques. M. le Chancelier fit faire, le soir de ce jour-là, un feu d'artifice fort joli devant son logis, dont je fus priée par madame de Sully* de venir prendre le divertissement, et nous y eûmes, entre autres, une grande collation et les violons. Monsieur fit faire un autre grand feu, le lendemain, dans les cours du palais d'Orléans ( le Luxembourg ), à toutes les fenêtres duquel il y avait des lanternes de papier où étaient peintes les armes de Leurs Altesses Royales; et, pour rendre la cérémonie complète, il y eut bal et collation. » (*Note de l'Édit.*)

* Charlotte Séguier, duchesse de Sully.

Cependant nous faisions bonne mine ; et quand Leurs Majestés furent retournées au Palais-Royal, notre capitaine nous mit dans son carrosse pour nous mener à la cour, nous présenter et terminer ainsi cette petite comédie. Nous fûmes très bien reçus; on loua beaucoup notre parure et notre contenance militaire, ce qui ne nous donnait pas peu de joie, et nous inspirait de la vanité dans un âge où ce n'est pas encore le moment d'en avoir. Depuis, tant que nous fûmes dans la compagnie de Porcheux, ce qui ne dura que quelques mois, le premier sergent était chargé de veiller sur nous, de crainte qu'il ne nous arrivât quelque accident, parce que nous chargions nos armes à balles comme les autres; il avait soin, toutes les fois que la Reine sortait, de nous mettre en faction à la porte du palais, auprès de la sentinelle, qui nous tenait devant elle, et nous gardait aussi soigneusement que son poste. Ainsi, Leurs Majestés avaient le divertissement de nous voir en faction, et notre capitaine faisait sa cour par le même moyen.

Cependant nous avancions peu dans nos

études : il fallut interrompre ces jeux d'enfans pour apprendre tout de bon le grec et le latin, qui n'avaient pas pour nous les mêmes charmes. J'ai cru devoir rapporter ces bagatelles au commencement de cette histoire de ma vie, quoique peu importantes à savoir; mais enfin, puisque l'enfance est le meilleur temps que nous ayons, il était juste de ne pas l'oublier.

## CHAPITRE II.

Première guerre de Paris. — Madame de Brienne se sauve déguisée en sœur grise, et le Chancelier en missionnaire. — Études, exercices des jeunes seigneurs à cette époque. — Équitation, danse, voltige. — Rare agilité de Brienne. — Ses camarades l'appellent *La Folie*; — triste présage de son sort à venir. — Sa familiarité auprès du jeune Roi, qui lui disait tous ses secrets, et auprès de Monsieur, qui l'appelait *son ami*. — Il a la petite-vérole. — Le Roi se sert de lui pour faire peur aux filles de la Reine. — On fait cesser ce badinage. — Il voit pendre un rebelle au siége de Bordeaux. — Pleurs de colère et d'indignation qu'arrache, à Louis XIV, la révolte de cette ville. — Ses paroles à ce sujet. — Les jeunes années du Roi annoncent ce qu'il doit être un jour. — Il rentre à Paris. — Dangers auxquels est exposé Brienne à l'attaque simulée d'un petit fort. — Il obtient, à quinze ans, la survivance de son père, et prend place au parlement, en habit de cavalier, sur le banc des secrétaires d'État.

La première guerre de Paris arriva après la bataille de Lens, que M. le prince de Condé gagna. Ce fut cette bataille qui donna au Cardinal la hardiesse de faire arrêter par Comminges, capitaine des gardes-du-corps de la Reine, Broussel, Viole et le président Blancmenil, qui s'étaient toujours opposés au monopole et aux volontés de la cour. Il fallut, bientôt après, rendre les prisonniers à l'insolence de la populace ; elle était excitée par le parlement, qui autorisa les barricades, où je me trouvai, et qui s'avançaient toujours assez près du Palais-Cardinal, où Leurs Majestés logeaient alors, et qu'on appelait, à cause de cela, Palais-Royal : je l'ai vu deux ou trois fois changer de nom et d'écriteau[1]. Le Roi se sauva de Paris la veille des Rois, et se retira à Saint-Germain avec la Reine

---

[1] Bâti par le Cardinal sur l'emplacement qu'il occupe encore aujourd'hui, ce palais s'étendait alors de la rue de Richelieu à la rue des Bons-Enfans. La façade principale, qui donne sur la rue Saint-Honoré, ne se composait pas alors, comme à présent, d'une grille percée de trois portes, mais d'un vaste corps-de-logis qui se liait aux pavillons de droite et de gauche. Sur la porte d'entrée, Richelieu avait fait placer ses armes surmontées des insignes de sa dignité ecclésiastique ; au-dessus on lisait : *Palais-Cardinal*. Louis XIII, à qui Richelieu légua ce magnifique édifice, vint s'y établir au mois d'octobre 1643 ; et dès-lors, à l'inscription de *Palais-Cardinal*, on substitua ces mots : *Palais-Royal*. Mais la famille demanda presque aussitôt que l'on rétablît l'ancienne inscription ; la cour y consentit. Cepen-

régente, le prince de Condé, le Cardinal-Ministre et le maréchal de Villeroi, gouverneur de Sa Majesté. Mon père ne fut averti de ce départ imprudent que le lendemain : il eut toutes les peines du monde à gagner Saint-Germain, tant les eaux de la Seine étaient débordées. On ne voulut pas le laisser sortir par la porte de la Conférence. On tira sur lui ; il mit le pistolet à la main, parce qu'on levait une chaîne sous le ventre de son cheval, et l'abbé de l'Escaladieu, mon proche parent, reçut dans les reins un coup de hallebarde.

Ma mère se sauva travestie en sœur grise ; M. le chancelier en père de la Mission de Saint-Lazare, et mon frère et moi en petits écoliers, ayant nos livres et nos portefeuilles sous le bras. On ne nous dit rien à la dernière barricade, qui était devers les champs, par-delà les Carmes déchaussés ; et, partie à pied, partie en char-

dant la dénomination de Palais-Royal prévalut à cette époque, et s'est perpétuée jusqu'à nos jours. Ce palais, donné par Louis XIV à Monsieur, son frère unique, est ainsi devenu l'héritage de la maison d'Orléans. (*Note de l'Édit.*)

rette, nous arrivâmes à Meudon, où nous trouvâmes un carrosse de mon père, qui nous conduisit à Saint-Germain-en-Laye.

La cour était fort leste. On portait alors des juste-au-corps de velours noir, doublés de fourrure de petit-gris, à manches de toile d'or : j'en avais un comme les officiers d'armée ; mais après avoir fait ma cour pendant quelque temps à mon jeune maître, on nous envoya, mon frère et moi, en Picardie, avec le sieur Jean-Baptiste de Rocoles, notre précepteur, afin que le bruit des tambours et des trompettes n'achevât pas de nous faire perdre notre temps.

Nous étions déjà en quatrième, au collége des Grassins, quand les troubles arrivèrent, et nous ne laissions pas, les dimanches et fêtes, d'aller au Louvre ou au Palais-Royal, faire notre cour au jeune Roi. Monsieur m'aimait fort : j'étais d'une grande beauté et d'une agilité surprenante ; je sautais déjà quinze de mes semelles, et dans la suite, j'ai franchi sans peine des fossés de dix-huit pieds de large. Je faisais le saut périlleux, et j'ai plusieurs fois voltigé par-dessus le balcon du Louvre qui donne sur la rivière ;

en sorte que je me retrouvais à ma place, après avoir fait le tour en l'air en dehors du balcon. Si la main m'eût manqué, je me serais tué infailliblement. Le Roi avait pris souvent plaisir à me voir faire ces tours de force ou d'adresse. Quand j'ai eu toute ma force, personne n'a voltigé plus haut, ni sauté plus loin que moi, le seul Tartas excepté, qui avait une agilité prodigieuse.[1]

---

[1] Gentilhomme basque qui a été page du maréchal de Gramont, et que le maréchal donna au Roi pour ses ballets. Il faisait des sauts périlleux que les danseurs de corde et les plus légers baladins n'auraient osé entreprendre : j'en faisais bien quelques uns, mais non pas tous. Il voltigeait par-dessus le grand carrosse de la Reine, en se prenant de la main gauche à la gouttière et faisant la roue par-dessus, en sorte qu'il se trouvait de l'autre côté sur ses pieds. Je l'ai vu, dans un ballet du Roi, au Louvre, monter sur cinq hommes, trois en bas et deux au-dessus; il était le sixième, et se tenait au sommet, droit sur les épaules des deux autres. Il sautait au moins vingt-cinq semelles, et eût, avec un brin d'estoc, franchi un fossé de cinq à six toises. Jamais homme n'a eu une plus belle disposition : il était un peu plus grand que moi. A ce propos, M. de Guitault, capitaine des gardes de la Reine-mère, m'a dit

Je présentais le fleuret à tout venant, sans égard à la taille, à la force de l'adversaire; et je poussais un cheval avec une hardiesse surprenante. Ces petites témérités me distinguèrent tellement de mes camarades, qu'on ne parlait que de moi, et l'on me trouvait si folâtre, et quelquefois si étourdi, que La Châtre, qui avait de l'esprit, mais n'était néanmoins guère plus sage que moi, m'avait surnommé *La Folie*. Ce surnom me resta depuis au collége, où je ne me contraignais pas plus qu'à la cour; je m'accoutumai si bien à ce nom, qu'après avoir essuyé quelques coups de poing pour tâcher de m'en défaire, voyant que je n'étais pas toujours le plus fort, je répondais à ce sobriquet comme à mon nom : méchant augure de ce qui me devait arriver un jour dans Saint-Lazare, où mes

plusieurs fois qu'il avait franchi le canal de la cour des Fontaines, à Fontainebleau, en prenant son escousse sur le parapet de pierre qui est le long de la fontaine, et tombant dans le jardin qui est au-delà du canal. C'est bien sauter; je n'en eusse su faire autant, quoique je sautasse dix-huit de mes semelles et une jarretière à la hauteur de mes épaules. ( *Note de Brienne*. )

parens m'ont fait enfermer comme fou, quoiqu'il me semble qu'il n'en soit rien, quand je me tâte et m'examine avec le plus de rigueur. Mais revenons à mon sujet.

De Beauchamp en Picardie, on nous envoya à Brienne en Champagne, à quatre lieues de Bar-sur-Aube et à sept de Troyes [1]. J'y continuai mes exercices sous M. de Vignieux. J'appris de mon précepteur à nager dans la rivière d'Aube, où nous allions souvent nous baigner : j'en eus une fort grosse maladie, dont ma jeunesse seule me tira. Mon frère, de son côté, eut la petite-vérole. Pour moi, je la pris à Libourne, sur la Dordogne ou sur la Garonne; je ne sais pas bien

[1] Brienne-sur-Aube, petite ville qui avait titre de comté à l'époque dont parle l'auteur des Mémoires. Cette ville donna son nom aux fameux comtes de Brienne qui figurèrent avec tant d'éclat dans les guerres de la Terre-Sainte. Des guerres beaucoup plus récentes ont procuré à la ville de Brienne une célébrité qu'elle n'ambitionnait certainement pas. Ce fut sous ses murs et dans ses murs que se livra, en 1814, le combat le plus meurtrier entre l'armée française et les troupes commandées par le feld-maréchal Blücher, qui fut sur le point d'être pris dans le château avec tout son état-major. ( *Note de l'Édit.* )

laquelle des deux, n'ayant point ici la carte pour m'en assurer[1]. On ne me remit plus au collége : cela me donnait plus de temps pour faire ma cour. J'étais de tous les plaisirs du Roi mon maître; et dans ce temps-là, hors peut-être Mancini, il n'aimait personne plus que moi, et me disait tous ses petits secrets. Je le voyais à toute heure : rien de caché pour moi. Je lui plaisais, mais encore davantage à Monsieur, qui m'appelait son ami, sans que jamais il se soit passé entre nous rien de mal, quoique je fusse fort éveillé et non moins instruit dans toutes les malices des jeunes écoliers et des pages que mes camarades Mancini et Fouilloux, qui ne valaient pas mieux que moi.

Ma mère exerça, pendant le premier voyage de Bordeaux, la charge de dame d'atours auprès de la Reine régente. Je vis le siége d'un petit château nommé Vaises, je crois, dont le gouverneur fut pendu. Il avait eu la hardiesse, n'étant pas même gentilhomme, mais valet de chambre du duc de La Rochefoucauld, de tenir, dans ce

---

[1] Sur la Dordogne. (*Note de l'Édit.*)

méchant château, contre une armée royale, à la vue même du Roi. Le maréchal de la Meilleraye n'entendait pas raillerie. L'exécution fut faite dans Libourne, où j'avais alors la petite-vérole, comme j'ai dit; et j'eus le plaisir de voir, par mes fenêtres, exécuter ce rebelle [1]. Ma mère pria la Reine de lui permettre de m'assister pendant ma maladie, montrant en cela plus de tendresse pour son fils que d'adresse à faire sa cour.

[1] Ce gouverneur se nommait Richon; sa mort donna lieu le même jour, dans Bordeaux, à de cruelles représailles. La déplorable aventure du chevalier, ou plutôt du baron de Canole, est trop connue pour que je la rapporte ici. Deux braves officiers furent ainsi les victimes d'un droit absurde et cruel; car La Meilleraye, en prononçant l'arrêt de Richon, n'avait fait que suivre, à la rigueur, un usage du temps. Tout gouverneur défendant, contre une armée royale, une place qui n'était pas jugée tenable, s'exposait à passer par les armes : c'était un usage barbare qu'il était temps d'abolir, et que des gens de cœur ne pouvaient quelquefois s'empêcher de braver. Je cite, dans les Éclaircissemens, l'exemple d'un officier lorrain qui, placé dans cette situation, se défendit et mourut avec un rare courage et des circonstances plus rares encore (*Voyez* Note Q). (*Note de l'Édit.*)

Je reparus fort rouge devant le Roi, qui se servait de moi pour faire peur aux filles de la Reine. Il me commandait de les attendre au passage pour les baiser; ce que je trouvais fort joli, et à quoi je ne manquais pas : mon père m'en gronda et rompit ce badinage. Je commençais à devenir grand, et l'on s'en apercevait de reste.

Un jour que nous étions à Bourg sur la Dordogne, où mon père fut très malade, on dressait, en présence du jeune Roi, un attelage de huit chevaux pour la Reine régente. Le Roi semblait occupé de tout autre chose : je m'approchai de lui, et je m'aperçus qu'il pleurait, mais il ne pleurait pas comme un enfant; c'étaient de ces larmes que la colère et l'indignation peuvent arracher quelquefois des yeux des plus grands hommes. Je lui pris la main, et en la baisant je lui dis : « Qu'avez-vous, mon cher « maître? vous pleurez! » Il me répondit : « Je « ne serai pas toujours enfant. Mais taisez-vous; « je ne veux pas que personne s'aperçoive de « mes larmes. Les coquins de Bordelais ne me « feront pas long-temps la loi; je les châtierai

« comme ils le méritent. Taisez-vous, vous dis-je,
« et n'abusez pas de la confiance que j'ai en
« vous. » Ces paroles, qui ne sentaient guère
l'enfance, sont demeurées si profondément gravées dans ma mémoire, qu'il me semble que
j'entends encore le Roi les prononcer, quoiqu'il
y ait de cela plus de quarante ans.

La cour revint à Paris; la guerre civile n'était
pas bien assoupie. Les cinq premières années
de la régence ne pouvaient être plus heureuses :
les dernières furent la confusion même; et je
ne doute point que si on eût donné une bonne
éducation à notre jeune Roi, qui avait eu déjà
l'adversité pour maître, il ne fût devenu le plus
grand des princes; mais c'est ce dont on ne s'occupa guère, et nous n'y songions guère non plus
ni lui ni moi à cette époque[1]. Il entrait dans la
quatorzième année de son âge, et le peuple de
Paris tenait comme prisonnières Leurs Majestés
dans le Palais-Royal; le jeune monarque fit faire

[1] Je crois devoir donner, à ce sujet (Note R), quelques
détails sur la manière dont on élevait les princes à cette
époque, et particulièrement sur l'éducation que reçut
Louis XIV. (*Note de l'Édit.*)

un fort dans le jardin, et tous les plus grands seigneurs de la cour furent partagés en deux compagnies pour attaquer et pour défendre ce petit fort : le Roi voulut bien que je fusse du nombre. C'était Vieutais qui commandait le détachement où je me trouvais. Je pensai être emporté par l'explosion d'une caque de poudre à laquelle le feu prit. Je n'eus que les cheveux et les sourcils de brûlés, parce que je me trouvai par bonheur derrière l'arbre contre lequel on avait posé le baril, et l'arbre me sauva ; mais le feu ne laissa pas de prendre à mon poulverin : heureusement les charges de ma bandoulière n'étaient pas remplies[1]. On parla le soir à la cour des dangers que j'avais courus, et cela fait toujours un bon effet.

La Reine régente était alors sur le point de

---

[1] On ne connaissait point encore l'usage des gibernes ; chaque soldat portait à sa bandoulière des charges suspendues de distance en distance. Ces charges étaient faites de poudre commune ; on se servait pour amorcer d'une poudre plus fine, renfermée dans un étui nommé *poulverin*, et qui, recouvert de cuir ou de velours, pendait avec les charges à la bandoulière. ( *Note de l'Édit.*)

remettre son autorité entre les mains du Roi son fils ( le cardinal Mazarin était hors de France). La duchesse d'Aiguillon, qui aimait fort ma mère, s'avisa de parler à la Reine en ma faveur. « Quitterez-vous la régence, madame, dit-elle à la Reine, sans accorder à M. de Brienne, qui vous a si bien servie, et qui est si pauvre en comparaison de ce qu'il devrait être, la survivance de sa charge pour son fils? On dit qu'il est joli garçon ; et, en vérité, la vertu de son père, sa fidélité inviolable, son amour et son respect pour la personne de Sa Majesté méritent que vous lui donniez cette marque de distinction. » La Reine lui dit : « Mais le Cardinal n'est pas ici, et dans deux jours je quitte la régence. — Oh ! pour M. le Cardinal, j'en réponds ; il est fort content de M. de Brienne. — Pas trop », dit la Reine [1]. Sa Majesté ajouta : « Il est vrai que

[1] Depuis l'affaire de Poitiers, où le maréchal de Villeroi trompa le triumvirat, c'est-à-dire le garde des sceaux, Châteauneuf et mon père. Peut-être que je fais ici un anachronisme, mais il n'importe. Quoi qu'il en soit, je ne me trompe point quand je dis que le Cardinal et mon père n'étaient pas trop bien ensemble. La lettre du Cardi-

M. de Brienne mérite quelque préférence : hé bien, je lui accorde, sans l'avis de M. le Cardinal, ce que vous me demandez pour son fils; je veux qu'il profite (elle entendait parler de mon père) des dernières grâces qu'accordera la Régente. Allez, madame, lui dire qu'il vienne me remercier, et que je suis fâchée de faire si peu de chose pour lui et pour sa famille. »

La duchesse d'Aiguillon vint aussitôt à l'hôtel de Brienne, où elle ne trouva que moi. Elle me prit dans son carrosse, sans me rien dire, et alla aux Carmélites porter cette bonne nouvelle à ma mère, sa meilleure amie. Elle se rendit ensuite au Palais-Royal, où mon père savait déjà l'obligation que nous avions, lui et moi, à madame la duchesse d'Aiguillon. Il avait appris cette

nal, qui est imprimée et qui s'adresse à M. de Brienne, fait foi de leur mésintelligence. Il s'imaginait que le garde des sceaux l'avait voulu supplanter; que mon père y avait consenti, et que le maréchal de Villeroi, qui les trompa l'un et l'autre, rompit le coup. La Reine donc faisait allusion à cette affaire, quand la duchesse d'Aiguillon lui parla si avantageusement pour moi et pour mon père. ( *Note de Brienne.* )

nouvelle de la Reine elle-même. Le lendemain, qui fut le dernier jour de sa régence, je prêtai serment entre ses belles mains, que je ne pouvais me lasser de baiser. Le jour suivant (7 septembre 1651), le Roi, précédé ou suivi de tous les grands de la cour, qui étaient à cheval comme lui, alla tenir un lit de justice au parlement, pour y déclarer sa majorité. Monté sur un très beau cheval barbe qu'avait mon père, je parus dans la cavalcade, en habit brodé, la casaque de camelot incarnat toute brodée d'or sur les bras, avec une housse de velours noir, à cause de ma nouvelle dignité. Je pris ma place au palais, dans la grand'chambre, sur le banc de MM. les secrétaires d'État. J'eus cette obligation à MM. de La Vrillière et de Guénégaud, mes confrères. Celui-ci avait reçu mon serment de fidélité : mon père, qui était l'ancien, prenait la qualité de premier secrétaire d'État, ce que M. Letellier ne pouvait souffrir. Comme il se montrait difficultueux à mon égard, La Vrillière et Guénégaud prièrent mon père de permettre que je m'assisse, ce qu'il fit très volontiers, croyant que cela pouvait m'être accordé. Je m'assis donc à moitié sur le banc, le chapeau sous le bras et cavalièrement; car il était fort extraordinaire de voir, dans le palais où le Roi tenait son lit de justice, un secrétaire d'État de quinze ans, en habit brodé d'or et l'épée au côté.

Mais c'est assez entretenir le lecteur des circonstances de ma jeunesse : parlons à présent de choses plus sérieuses.

## CHAPITRE III.

Richelieu. — Commencemens de sa fortune ; — il la doit au maréchal d'Ancre. — Richelieu reçoit, à onze heures du soir, l'avis que le maréchal doit être assassiné le lendemain ; — il réfléchit un moment, et s'endort sans prévenir le maréchal. — Motifs que lui suppose M. de Brienne le père dans un entretien avec son fils. — Détails sur l'assassinat. — Le maréchal de l'Hôpital, un des assassins, dit à Brienne que le coup lui paraissait juste, après l'exprès commandement du Roi. — Portrait du maréchal d'Ancre. — Regrets de Louis XIII. — Ce prince, étant à Écouen, croit y apercevoir l'ombre du duc de Montmorenci, et quitte à l'instant le château.

Le règne de Louis XIII n'a pas manqué d'historiens ; mais le premier ministre n'ayant jamais su ce que c'était qu'indulgence et pardon, la crainte d'exciter son ressentiment, leur a fait, en beaucoup d'occasions, taire la vérité : du moins l'auraient-ils pu dire avec un peu moins de flatterie et de déguisement. D'autres plus hardis qu'eux, et qui ne suivaient dans leurs discours que les mouvemens de la haine qu'ils portaient au ministre, ont tellement trempé leurs plumes dans le fiel, s'il m'est permis de parler de la sorte, que tout ce qu'ils ont dit du cardinal de Richelieu, tient plus de la satire que de l'histoire. Je ne suivrai ni les uns ni les autres, parce qu'à mon avis ils s'écartent également du vrai chemin que doit tenir un historien sincère. Les panégyriques ne sont plus à la mode, et les satires ne furent jamais du goût des honnêtes gens ; mais le milieu entre ces deux extrêmes est bien difficile à trouver. C'est toutefois ce que je tâcherai de faire : je me flatte, du moins, que ceux qui liront ces Mémoires me sauront quelque gré de leur avoir appris, sur la vie de ce ministre, des circonstances jusqu'alors inconnues.

L'assassinat du maréchal d'Ancre est une époque si remarquable, que je commencerai par là ce chapitre, ou, pour mieux dire, cet épisode que j'ai cru devoir joindre à mes Mémoires, afin de les rendre plus curieux. Pierre du Puy a mis à la fin de l'*Histoire instructive des plus illustres favoris anciens et modernes* [1],

---

[1] Imprimée à Leyde en 1561, chez Jean Elzevier. On attribua long-temps cet écrit à mon père. A la suite de

une relation exacte en forme de journal de la mort du maréchal d'Ancre : ce journal, et les Mémoires du maréchal d'Estrées [1], habile négociateur et délié courtisan, contiennent une histoire très fidèle de tout ce qui est arrivé de

l'entretien que j'eus avec lui, et qu'on va lire, je pris la liberté de lui demander s'il était vrai que cette relation fût sortie de sa plume ; il ne me l'avoua point, mais il me répondit de manière à me le faire croire. Comme je vis qu'il ne jugeait point à propos de me révéler son secret, je ne l'en pressai pas davantage pour lors ; mais à quelques jours de là, l'ayant remis sur le même discours, il me dit que cette pièce n'était pas de lui, mais qu'il l'avait revue avec soin, et qu'il l'avait corrigée, en y ajoutant plusieurs particularités qui sont dans l'imprimé et n'étaient pas dans l'original.* (*Note de Brienne, manuscrit autographe.*)

[1] *Mémoires sur la Régence de la reine Marie de Médicis.* A Paris, chez Barbin, en 1666. (*Note de Brienne.*)

* Que M. de Brienne le père ait voulu garder son secret, c'est ce qu'on peut, avec beaucoup de vraisemblance, inférer de cette note ; mais ce qu'il y a de certain, c'est que lui, qui avait été mêlé, comme ministre, à toutes les affaires de ce temps, il a revu, il a corrigé la relation, et qu'il était trop scrupuleux pour y laisser ou pour y insérer rien qui ne fût exact. Une pareille certitude donne un grand caractère d'authenticité à cet écrit d'ailleurs si remarquable. (*Note de l'Édit.*)

plus considérable durant le cours de la faveur du malheureux *Concini*. Mais il y a des particularités que ces deux auteurs n'ont point dites, soit qu'ils les aient ignorées, soit qu'ils n'aient pas cru devoir les faire connaître.

Voici, par exemple, un fait ignoré jusqu'à présent, et dont il était bon qu'on fût instruit. Richelieu, comme chacun sait, dut les commencemens de sa fortune au maréchal d'Ancre; il avait par son crédit obtenu l'emploi de secrétaire d'État, quand le Roi, poussé secrètement par de Luynes, son favori, et depuis long-temps las du joug du maréchal, résolut de s'en défaire. L'entreprise, quoique toujours très mystérieusement conduite, avait échoué déjà plusieurs fois. Richelieu n'était encore alors qu'évêque de Luçon et secrétaire d'État; il était logé chez le doyen de Luçon, lorsque Février ¹ remit au

¹ Il était père de la lieutenante criminelle qui a fait de nos jours, ainsi que son mari, qui ne valait pas mieux qu'elle, une fin si tragique *. ( *Note de Brienne.* )

* La satire de Boileau contre les femmes a rendu célèbre la sordide avarice et la mort cruelle du lieutenant criminel et de sa femme, qui furent assassinés par des voleurs le 26 août 1665. ( *Note de l'Édit.* )

doyen un paquet de lettres en lui recommandant de le porter à l'instant à son évêque. Il était plus de onze heures du soir. Richelieu venait de se mettre au lit quand le paquet lui fut rendu ; il l'ouvrit, et parmi ces lettres s'en trouvait une dans laquelle on lui donnait avis que le maréchal d'Ancre serait assassiné le lendemain. Le lieu, l'heure, le nom des complices et toute l'entreprise s'y trouvaient si bien circonstanciés, que l'avis venait assurément de gens bien instruits : un des conjurés pouvait seul avoir écrit ce billet. L'évêque de Luçon ne parut pas y ajouter foi. Il tomba dans une méditation profonde qui dura quelques minutes, puis mettant le paquet sous son chevet : *Rien ne presse!* dit-il au doyen de son église, *la nuit portera conseil*. Cela dit, il se recoucha et s'endormit. Le lendemain, à son réveil, il apprit l'assassinat de son bienfaiteur, et se repentit, mais trop tard, de l'avoir laissé égorger. Le doyen de Luçon ne put s'empêcher de lui en faire le reproche. Richelieu s'excusa mal : comment l'eût-il pu faire ? N'était-il pas coupable, en quelque sorte, de la mort du maréchal ? C'est de feu

Gomberville, à qui Février avait dit la chose, que je l'ai su. J'en parlai depuis à mon père : il m'assura que ce fait était vrai; qu'il le tenait de Février lui-même.

L'ayant alors prié de me dire ce qu'il pensait de la conduite qu'avait tenue l'évêque de Luçon, il ajouta que la chose parlait d'elle-même et n'avait pas besoin de commentaire. « Est-ce, lui dis-je, monsieur, que le cardinal de « Richelieu n'était pas fâché d'être défait du ma- « réchal d'Ancre? — En doutez-vous? reprit-il ; « il jugeait bien dès-lors ce qui devait arriver, « et ne se trompa pas. Le duc de Luynes, qui se « fit connétable sans avoir jamais tiré l'épée que « contre des cerfs et des sangliers, ne donnait « aucun ombrage au Cardinal ; mais jamais il « n'eût été premier ministre tant qu'aurait vécu « le maréchal d'Ancre ; et celui-ci se serait bien « gardé de lui procurer le chapeau. Il fallait « donc, pour venir à ses fins, laisser tuer son « ami, puisqu'aussi-bien son heure était venue ; « et quoique, selon les règles de l'amitié et de « la charité chrétienne, l'action de l'évêque de « Luçon ne puisse se justifier, selon les maximes

« de Machiavel et de la politique humaine, je
« la crois bonne, encore que je ne l'approuve
« pas. » Ainsi me parla mon père dans un temps
où j'étais bien plus soigneux de lire le *Prince*
de Machiavel que l'Évangile; et ce qu'il me dit,
après que j'y eus fait quelque attention, me
parut fort vraisemblable [1]. Mais revenons à l'assassinat du maréchal.

[1] Sans adopter légèrement les conjectures de Brienne sur un fait aussi curieux, on peut examiner ce qui tendrait à leur donner, en effet, de la vraisemblance.

Il faut considérer d'abord que le comte de Brienne le père, l'un des ministres qui furent immédiatement rappelés par Louis XIII, après l'assassinat de Concini, était peut-être l'homme le mieux instruit des intrigues du temps, et qu'il passait même, comme on l'a vu plus haut, pour avoir rédigé, de sa main, la relation publiée sur la mort du maréchal.

On doit remarquer, en second lieu, ce que dit le maréchal d'Estrées dans ses Mémoires, page 324, au sujet des commencemens de l'évêque de Luçon. « Il ne fut pas long-temps
« secrétaire d'État sans être considéré comme un homme
« rare, d'un mérite extraordinaire; *ce qui donna bientôt de*
« *la jalousie au maréchal d'Ancre.* » Richelieu n'avait pas tardé à s'en apercevoir, et dans ses Mémoires, il avoue lui-

« Cette action, dit l'auteur de la relation[1] dont j'ai parlé plus haut, n'avait pour tout fondement que la seule et légitime autorité qui réside naturellement en la personne du Roi; et aucune précaution n'ayant été prise contre les accidens qui pouvaient survenir, Sa Majesté en remit les événemens à la providence de Dieu, entre les mains duquel il avait résigné sa personne. »

même qu'il ne compta plus dès ce moment sur *la bienveillance* du maréchal. (Tome I, page 455.)

Mais ce qui semble donner bien plus de poids, soit au récit du fait en lui-même, soit aux conséquences qu'on en peut tirer, c'est la connaissance d'un message dont Richelieu chargea son beau-frère auprès du favori de Luynes, trois jours précisément avant l'assassinat : on trouvera ce morceau dans les Éclaircissemens ( *Voyez* Note S ).

On peut remarquer, enfin, que de tous les ministres placés par Concini, et qui furent disgraciés à l'instant, Richelieu fut le seul qu'on ménagea d'abord, et qui conserva quelque temps encore, non son emploi de secrétaire d'État, il est vrai, mais le droit d'assister au conseil; il sut bientôt après se rendre nécessaire, et n'y rentra que pour y commander. ( *Note de l'Édit.* )

[1] *Relation de la mort du maréchal d'Ancre*, page 7 de l'édition citée plus haut. ( *Note de l'Édit.* )

## CHAPITRE III.      255

Lorsque le coup fut décidé, on délibéra pour savoir qui l'on en chargerait. Dubuisson le père, qui avait soin de gouverner les oiseaux du cabinet du Roi, fut choisi pour en faire la proposition au baron de Vitri, et eut ordre de l'assurer de la charge de maréchal de France, pour récompense du grand service qu'il rendrait à Sa Majesté [1]. En effet, Duhallier son frère, que nous avons vu depuis maréchal de l'Hôpital, et les autres gentilshommes qu'il avait mis du complot, ayant tué sur le pont du Louvre,

---

[1] Ce Dubuisson fut choisi de préférence pour parler au baron de Vitri, parce qu'il avait été attaché à la maison de son père. La relation, en donnant ces détails, emploie des expressions bien étranges :

« Ledit sieur Dubuisson ayant été mandé, il eut commandement du Roi de faire ladite proposition audit baron de Vitri; et, pour récompense de cette action, l'assurer de la charge de maréchal de France. Ce qui ayant été soigneusement exécuté par le sieur Dubuisson, et *agréablement* reçu du baron de Vitri, il vint le même jour *remercier* le Roi du *choix* et de la *confiance* qu'il avait prise en lui en une affaire de cette *considération*. » (*Relation*, etc., p. 9.) (*Note de l'Édit.*)

comme tout le monde sait, le maréchal d'Ancre, Vitri reçut le jour même le bâton vacant par sa mort.

Je ne dirai point qui lui donna le premier coup. Duhallier, frère de Vitri, Perray, Guichaumont, Morsains et le Buisson, tirèrent à la fois sur la victime, et des cinq coups de pistolet qu'on ouït en même temps, il n'y en eut que trois qui portèrent : l'un dans la tête entre les deux yeux, l'autre dans le gosier, et le troisième à la joue sur l'oreille droite; les deux autres ne frappèrent que le bois des garde-fous du pont du Louvre. Cependant les conjurés s'attribuèrent également la gloire infâme d'avoir tué le maréchal d'Ancre. Guichaumont surtout, parce que, pour être le bourreau de ce malheureux, il avait pris ce jour-là un habit de deuil. Le maréchal de l'Hôpital est mort, comme on sait, gouverneur de Paris, de Champagne et de Brie ; « Ce fut moi, me dit-il un jour, qui l'atteignis près de l'oreille droite; j'en suis certain, je tirai à bout portant. Je n'en ai jamais eu scrupules ni remords. Le coup me paraissait juste et nécessaire après l'exprès commandement que j'en avais reçu de la propre bouche du Roi. »[1]

Outre ces coups de pistolet, Sarroque, qui, plus d'un mois avant, avait offert au Roi de tuer le personnage, lui porta un coup d'épée dans le flanc, sous le tétin, et Tarand deux autres dans le cou. Enfin Persant, La Chesnaye et Boyer lui enfoncèrent aussi leurs épées dans le ventre, mais il était déjà mort. « Tant y a (dit l'auteur du journal de la mort du maréchal d'Ancre) qu'il tomba sur les genoux, appuyé

---

[1] Le maréchal de l'Hôpital ne dit rien ici qui ne soit conforme aux idées du temps. Bien des années après l'assassinat du maréchal d'Ancre, en 1651, sous Louis XIV, on fit graver un portrait de M. de Vitri; au bas du portrait on lit ces mots : « Il fut long-temps capitaine des gardes du « corps du feu roi Louis XIII, qui s'en servit habilement « pour étouffer la naissance d'une guerre civile, contre la « personne du maréchal d'Ancre, qui divisait tous les « Français, arrachant des mains de cet ambitieux favori les « prétextes aux mécontentemens. Cet *incomparable Coup* « *de justice* de ce grand prince marquera à jamais qu'il « était divinement inspiré pour le salut de son État et le « repos de ses sujets. » Cabinet des Estampes à la Bibliothèque du Roi. (*Note de l'Édit.*)

contre la barrière du pont; Vitri criant *Vive le Roi!* lui donna un coup de pied qui l'acheva d'étendre par terre, et aussitôt toutes les portes du Louvre furent fermées, et les gardes suisses et français mis en bataille. La Chesnaye, parmi la foule, tomba sur le corps du défunt, et eut de la peine à se relever. Sarroque porta l'épée du maréchal au Roi, qui la lui donna, et Buisson eut un diamant que le maréchal portait au doigt, estimé par aucuns à six mille écus; les autres disent quinze mille livres : Boyer eut l'écharpe; un autre eut le manteau de velours noir, garni de passement de Milan.[1]

On vit alors ce qui ne s'était jamais vu en France, et qu'on doit souhaiter de n'y jamais voir, des gens porter le pistolet ou l'épée à la gorge des domestiques de la Reine pour leur faire crier *Vive le Roi!* et ceux du parti du fils en venir au *qui-vive?* avec ceux de la mère : chose étrange, et qui marque bien la confusion de

---

[1] *Relation de la mort du maréchal d'Ancre*, p. 25. On s'occupa le soir, au coucher du Roi, de partager des dépouilles un peu plus importantes. (*Voyez* les Éclaircissemens, Note T.) (*Note de l'Édit.*)

## CHAPITRE III.

cette odieuse journée, dont le prince a eu des remords toute sa vie.

Les Rois ne doivent jamais en venir à ces extrémités; il est tant de moyens et tant de voies plus honnêtes pour punir les coupables, qu'ils n'ont pas besoin d'employer contre eux la flamme et le fer : il faut les réserver pour de plus nobles exploits que la mort d'un misérable favori.

Je tire donc le rideau sur cette affreuse tragédie, dont on peut voir les autres particularités dans la relation d'un auteur anonyme [1], et pour finir cette digression, je rapporterai seulement la dernière période des Mémoires du maréchal d'Estrées, qui exprime mieux que je ne pourrais faire ce que je pense sur ce sujet.

« Quand je fais, dit-il, réflexion sur les circonstances de la mort du maréchal d'Ancre, je ne la puis attribuer qu'à sa mauvaise destinée, ayant été conseillée par un homme qui avait des inclinations fort douces; et comme il était lui-même naturellement bienfaisant, et qu'il avait désobligé peu de personnes, il fallait que ce fût

[1] *Relation de la mort du maréchal d'Ancre.*

son style qui eût fait soulever tant de monde contre lui. Il était, ajoute-t-il, agréable de sa personne, adroit à cheval et à tous les autres exercices; il aimait les plaisirs, et particulièrement le jeu. Sa conversation était douce et aisée; ses pensées étaient hautes et ambitieuses; mais il les cachait avec soin, n'ayant jamais entré ni affecté d'entrer dans le conseil, et même on a souvent ouï dire au Roi qu'il n'avait pas entendu qu'on dût le tuer. »

Ces paroles prouvent invinciblement l'innocence d'un malheureux qui méritait peut-être une plus belle mort; elles prouvent encore, à mon avis, que non seulement le Roi n'avait pas entendu *qu'on dût tuer le maréchal d'Ancre,* mais encore qu'il a porté toute sa vie, dans le fond de son cœur, une peine secrète de ce meurtre commis contre sa volonté.[1]

---

[1] Montglat partage cette opinion (tome I de ses Mémoires, page 26), et l'on voudrait pouvoir la partager aussi; mais l'on est forcé d'ajouter que Pontchartrain, dans ses Mémoires, t. II, p. 222, et la relation déjà citée, s'expriment en des termes bien différens et bien formels. (*Voyez* la Note V.) (*Note de l'Édit.*)

Peut-être que ce juste remords, aussi-bien que celui qu'il eut toujours depuis du saccagement de Negrepelisse, ont avancé le trépas de ce prince, ce qui doit tenir en bride tous ceux qui, ayant la même autorité, peuvent commettre de pareilles fautes; elles sont toujours suivies des horreurs du repentir. Voici même ce que j'ai su d'une personne très digne de foi. Louis XIII, après la mort du duc de Montmorenci, fut conduit une fois, par partie de plaisir, au château d'Écouen. Le soir, comme il traversait, à la lueur des flambeaux, une des salles de ce vaste édifice, il crut apercevoir, au milieu des ténèbres, l'ombre du duc, qui lui reprochait son indigne supplice. Le Roi sortit à l'instant de ce fatal palais, et n'y remit jamais le pied. Or, que ce fût une apparition véritable, ou l'imagination d'une conscience agitée, il est certain que ce pieux monarque ne put cacher sa terreur à ceux qui l'entouraient. Rois qui versez le sang, retenez cette grande et terrible leçon !

## CHAPITRE IV.

Conspiration de Cinq-Mars. — Entretien de Brienne avec Fontrailles, principal agent du grand-écuyer. — Particularités nouvelles racontées à table, le verre à la main. — Le complot est révélé à Richelieu par le comte duc d'Olivarès, ministre du roi d'Espagne. — Dangers auxquels cette conspiration exposa Richelieu. — Celle qu'il prétend avoir été tramée contre lui par des femmes n'est qu'une folie. — Le Cardinal fit beaucoup pour leur plaire. — Sa passion pour Anne d'Autriche. — Conversation entre elle et madame de Chevreuse. — Ce qu'elle propose à Sa Majesté. — La Reine accepte. — Richelieu, en pantalon vert et des castagnettes à la main, danse une sarabande devant Anne d'Autriche. — Il se déclare ensuite. — On traite sa déclaration de pantalonnade. — Son amour se change en haine.

Je serais trop long, et je sortirais des bornes que je me suis prescrites, si je voulais dire tout ce qui s'est passé sous le ministère du cardinal de Richelieu. On connaît les principales actions de sa vie; on sait tous les complots formés contre sa personne. A quoi servirait d'écrire des anecdotes qu'on pourrait trouver ailleurs? Mais je ne crois pas qu'on ait jamais lu les particularités que je vais dire.

## CHAPITRE IV.

La conspiration qui menaça le plus la fortune et les jours du Cardinal fut dirigée, comme on sait, par Henri d'Effiat, marquis de Cinq-Mars, grand-écuyer de France. Cinq-Mars devait au Cardinal son rang et la faveur dont il jouissait. Mais des vues ambitieuses et les affronts que lui fit éprouver Richelieu, le jetèrent dans ce complot [1]. Cinq-Mars eut l'adresse d'y attirer Monsieur, frère du Roi, et le duc de Bouillon. Dans la cour, à l'armée, les officiers les plus braves s'engagèrent également avec lui, et pour le coup le Cardinal eut si grande peur, qu'il cou-

[1] Henri Coiffier de Ruzé, marquis de Cinq-Mars, grand-écuyer de France à dix-neuf ans, et décapité sur la place des Terreaux, à Lyon, trois ans après. Madame de Motteville s'étonne et s'indigne que Louis XIII ait pu sacrifier au Cardinal *cet aimable criminel*, qu'il comblait de caresses deux jours auparavant. « Les dames pleurèrent sa perte, et « avec raison, dit-elle, car il avait beaucoup de *vénération* « pour le sexe; et parmi celles qui le regrettèrent le plus, « une grande princesse qu'on avait accusée de l'aimer eut « besoin de prier la duchesse d'Aiguillon, nièce du Cardi- « nal, de lui faire redonner ses lettres. » (*Mémoires de madame de Motteville*, t. I, p. 405.)

Le jeune écrivain dont l'imagination brillante a peint,

rut chercher un asile à Tarascon, auprès du comte d'Alez, gouverneur de Provence, et son ami particulier. Cette retraite précipitée d'un homme malade à l'extrémité; cette retraite, dis-je, faite par le plus fâcheux temps qu'il fit jamais, prouve assez combien étaient pressantes ses terreurs. On aurait tort de les appeler paniques, puisque durant le voyage il pensa être assassiné à Briare par les conjurés, dans le cabinet même du Roi, où ils crurent l'occasion favorable. Aubery, l'historien du Cardinal, prétend que monsieur le grand-écuyer n'eût fait aucun scrupule d'attenter à la personne du premier ministre, quoique prêtre, évêque et cardinal, et qu'il ne proposa pas seulement à Sa Majesté de s'en défaire, mais qu'il s'offrit de l'exécuter lui-même. L'auteur ajoute que *le Roi eut horreur de cette proposition;* mais j'ai peine

dans un roman, la conspiration de Cinq-Mars, s'est, avec beaucoup d'art et de succès, aidé des faits fournis par l'histoire ; il a cependant omis, ou plutôt à dessein négligé des particularités curieuses qui n'auraient pu se prêter à l'idéal de sa composition. J'en ai rassemblé plusieurs dans les Éclaircissemens, Note X. (*Note de l'Édit.*)

à le croire, sachant le contraire de bonne part.

Or, pour débrouiller cette intrigue, il faut savoir : 1°. que le Cardinal fit entreprendre le voyage de Perpignan au Roi, contre l'avis du premier médecin et contre la volonté même du prince, qui n'était guère moins malade que son premier ministre, quoique celui-ci soit mort six mois avant lui ; 2°. que le Roi découvrit, durant le voyage de Roussillon, la chimérique prétention que le Cardinal s'était mise en tête de se faire, à la mort de Sa Majesté, qu'il croyait devoir devancer la sienne, maître absolu du royaume sous le titre spécieux de régent, au préjudice de la Reine et de Monsieur, que le Cardinal et le Roi haïssaient presque également; 3° qu'il était si las de sa domination et si coiffé (s'il m'est permis de parler ainsi d'un de nos Rois) de Cinq-Mars son favori, que toutes voies lui paraissaient légitimes pour se tirer de tutelle, et s'affranchir de l'autorité que le Cardinal avait usurpée; 4°. que devant son favori même et devant les petits-maîtres, il traita cette autorité de tyrannie, ce qui ne fut pas long-temps sans venir aux oreilles du premier ministre, et lui fit jurer de perdre M. le grand et ceux de son parti. Ce que je dis est certain et véritable; mais le Roi n'eut jamais la force de suivre son projet : ou il ne fallait pas l'entreprendre, ou il fallait l'achever.

Quand le projet eut échoué, tout le monde, grands et petits, bourgeois et courtisans, accusèrent le pauvre Cinq-Mars d'ingratitude. Le Roi même lui reproche ce vice odieux dans la déclaration qu'il publia pour faire faire le procès à son favori par commissaires. Mais tant de gens qui le jugèrent à la dernière rigueur, avant qu'il eût été condamné par ses juges, ne savaient pas les mauvais traitemens qu'il avait reçus de l'auteur, ou, pour mieux dire, de l'instrument de sa fortune, et, ne s'étant jamais vus en passe pareille, ne comprenaient pas combien un jeune favori, qui d'ailleurs a du cœur et de l'honneur, endure avec peine les affronts et les mépris. La mémoire des plus grands bienfaits se perd aussitôt qu'on nous les reproche.

Fontrailles, qui avait été chargé de négocier en Espagne avec le comte-duc d'Olivarès le traité qu'exigaient Cinq-Mars et les autres conspirateurs, raconte dans ses Mémoires par quels sanglans outrages Richelieu avait poussé le grand-écuyer à cet excès de vengeance [1]. Il raconte aussi comment le complot étant découvert, il pressa Cinq-Mars de se dérober au sort qui l'attendait; mais Fontrailles ne rapporte point une circonstance que je tiens de sa propre bouche, et que je citerai comme plus singulière qu'elle n'est importante.

[1] « Le Roi était tacitement le chef du complot, dit « madame de Motteville ; le grand-écuyer en était l'âme. » La reine Anne d'Autriche en eut connaissance. Monsieur, duc d'Orléans, voulut qu'on agît en son nom, et le duc de Bouillon se laissa séduire à l'espoir de remplacer le premier ministre ; mais, en cas de revers, il fallait ménager un refuge aux conjurés. On demanda Sedan au duc de Bouillon ; il hésita long-temps, et ne se rendit que sous la condition qu'on lui garantirait l'appui de l'Espagne. Ce fut l'objet du traité qui devint si fatal au grand-écuyer, et que Fontrailles alla négocier en Espagne.

Louis d'Astarac, marquis de Fontrailles, grand-sénéchal d'Armagnac, était petit, laid et bossu, mais plein de feu, de courage et d'esprit. On trouvera dans les Éclaircissemens le récit de sa première entrevue avec le comte-duc à

J'avais été, long-temps après, lui rendre visite, par pure curiosité, dans sa belle maison des Pyrénées. Nous étions à table ; la chère était fine et délicate, les vins excellens. Fontrailles, très joyeux convive, entremêlait ses propos de détails sur sa vie passée tout en s'occupant du moment présent. Je lui parlai de la confiance imprudente qu'avait montrée le grand-écuyer, après la découverte du complot. « Que « voulez-vous! me dit Fontrailles, je n'ai pas eu « la même confiance, et m'en suis bien trouvé. « Croiriez-vous cependant qu'après avoir inu- « tilement employé de solides raisons pour dé- « terminer M. Cinq-Mars à fuir, je fus sur le « point de l'y résoudre par une mauvaise plai- « santerie : pour vous, monsieur, lui dis-je, vous

---

Madrid (Note Y). C'est une scène de cour peinte par lui-même d'une façon vive et dramatique. Quand la conspiration fut découverte, Fontrailles s'enfuit en Angleterre, et ne revint en France qu'après la mort de Louis XIII; il aimait les plaisirs, et surtout ceux de la table. Chapelle et Bachaumont, dans leur Voyage, célèbrent son goût pour la bonne chère et l'agrément de sa conversation. (*Note de l'Édit.*)

« êtes si bien fait, que quatre doigts de moins
« ne vous gâteraient point la taille; mais moi, qui
« suis petit et bossu, je n'ai rien à perdre. Je ne
« veux pas du coup qui m'abattrait la tête, car
« on verrait alors ma bosse par-devant, et l'on ne
« la voit encore que par-derrière; et sur cela,
« je pris la porte. A peine étais-je sorti de sa
« chambre qu'il courut après moi, et me rete-
« nant par le bras : « Partez, dit-il : à la bonne
« heure; mais je ne vous suivrai pas. La honte
« de quitter la partie et de fuir devant mon
« ennemi, me serait plus sensible que la mort
« même. Je l'attendrai de pied ferme; le Roi,
« ajouta-t-il, ne prendra point la résolution de
« faire mourir son favori sur l'échafaud, et ma
« retraite me rendrait plus coupable que le
« traité d'Espagne. » Ce furent ses propres pa-
« roles.

« L'événement a fait voir, continua Fontrailles
« en me parlant du même ton leste, vif et dé-
« gagé, que je ne me trompais pas. Si M. le
« grand m'avait cru, il serait encore en vie, et je
« boirais ici à sa santé comme je bois à la vôtre
« (et il y but en effet en ce moment). Vous au-

« riez de la joie, sans doute, de voir et de con-
« naître un si honnête homme, un seigneur si
« bien fait, si accompli. Je n'y saurais penser
« sans me sentir ému; nous ferons mieux d'en-
« tamer ce ragoût. Allons, laquais, du vin :
« noyons le souci dans nos verres. »

Il m'apprit beaucoup de faits de la vieille cour, que je rapporterai dans la suite. Je puis dire que personne ne m'a jamais mieux régalé qu'il ne fit pendant les deux jours que nous pas-sâmes ensemble à nous divertir. Mais, quoique sa table fût excellente, sa conversation me plut encore bien davantage.

Je lui demandai comment le Cardinal avait eu le traité d'Espagne. « On n'a jamais bien su, me dit-il, par quelle voie ce traité vint si à pro-pos dans ses mains; l'on a soupçonné l'abbé de la Rivière, depuis évêque de Langres, d'avoir fait cette trahison au duc d'Orléans son maître. Cela pouvait bien être : il en était ca-pable; mais l'opinion la plus vraisemblable, vous allez en être bien surpris, c'est que le comte-duc d'Olivarès envoya lui-même ce traité au cardinal de Richelieu.

« Depuis long-temps ils entretenaient ensemble une correspondance secrète. S'il faut vous dire encore ce qui détermina le ministre espagnol, ce fut, d'une part, le peu de foi qu'il avait dans les promesses du duc d'Orléans, principal agent de cette intrigue, et de l'autre, la crainte que le traité ne fût plus onéreux qu'utile à l'Espagne. »

Je trouvai cette conjecture assez plausible, et depuis, m'étant informé, à M. de Brienne, de la vérité de ce fait, il m'en parla presque dans le même sens.[1]

Quoi qu'il en soit, cet acte important ayant

---

[1] On ignorait jusqu'à présent par quelle voie ce traité funeste était parvenu dans les mains du Cardinal. Tous les auteurs de Mémoires se perdaient en suppositions plus ou moins vraisemblables; tous les historiens étaient demeurés dans le doute. Ce qu'on savait de plus certain, c'est que Brienne le père connaissait ce mystère, puisqu'il avait dit dans ses Mémoires : « Monsieur ne fut point trahi, « comme on le publia ; mais le complot fut découvert par « une voie qu'on ne devait pas craindre naturellement. » Cette phrase du comte de Brienne renfermait une énigme dont son fils a donné le mot. ( *Note de l'Édit.*)

été remis au Roi, il prit de lui-même, sur-le-champ, la résolution de faire arrêter M. le grand-écuyer et MM. de Thou et de Chavagnac. Il en coûta la vie aux deux premiers, et je ne sais pas bien ce que devint le troisième. M. le grand était digne de mille supplices; mais je doute que M. de Thou méritât la mort. S'il se défendit mal, c'est qu'il ne voulut pas mieux se défendre; il craignait (comme il l'a dit lui-même) qu'on ne lui fît souffrir la question sur la déposition de son ami, qui était suffisante pour l'y faire appliquer.[1]

---

[1] Fontrailles et d'Aubijoux prirent la fuite; Chavagnac fut enfermé; le duc de Bouillon abandonna Sedan pour sauver sa vie; l'imprudent Cinq-Mars, l'infortuné de Thou perdirent la tête sur un échafaud : et Monsieur, que devint-il? Monsieur, dont la déclaration les conduisit seule à la mort, Monsieur rampa devant Richelieu, fit sa paix avec son frère, et vécut tout couvert du sang de ses amis. Au combat de Castelnaudary, quand le généreux Montmorenci, dont il avait armé le bras, enfonçait six rangs de l'armée royale et tombait percé de coups au septième, Monsieur, qui devait s'élancer pour le défendre ou mourir avec lui, Monsieur siffla, selon sa coutume, et dit froidement : *Tout est perdu.* Après la conspiration du grand-écuyer, que

Ce fut là, certes, le danger le plus grand et le plus réel que courut jamais le Cardinal. Quant à la prétendue conspiration, qu'il rapporte lui-même dans son journal sur la foi de Bussy, qui n'en avait guère, je n'y crois point. Il prétend que madame la princesse de Conti devait exécuter le complot avec madame de Fargis et quelques autres femmes également animées à la perte de leur ennemi commun. Tout cela, dis-je, ne me paraît guère vraisemblable. Cet achat de poignards, fait par des dames, est une des plus plaisantes choses dont on ait jamais ouï parler. La Reine même, si l'on en croit le Cardinal, devait être du complot, et tremper, comme ces autres amazones, ses belles mains dans le sang d'un prêtre. Quelle folie! il fallait que le premier ministre eût la tête bien échauffée quand il écrivit ces choses, et c'était sans doute

suivit de près la mort de Richelieu, Monsieur revint à la cour, et descendit chez sa fille, mademoiselle de Montpensier. « Il soupa chez moi, dit-elle, où étaient les vingt-« quatre violons; il y fut aussi gai que si MM. de Cinq-« Mars et de Thou n'étaient point restés par les chemins. » (*Note de l'Édit.*)

au retour de quelque tragédie d'Orphée, où la rage des Bacchantes et des Ménades lui avait frappé l'esprit. Le Cardinal voulait trouver les dames animées des plus doux sentimens : s'il attendait beaucoup d'elles, il fit aussi beaucoup pour leur plaire; qu'on en juge par ce que je vais dire. Je tiens le fait du sieur de Gomberville, qui me l'a raconté après l'avoir écrit; il le tenait lui-même de Boccau, témoin oculaire, qui le rapporta sans façon depuis la mort de l'éminent personnage.

Le Cardinal était éperdument amoureux, et ne s'en cachait point, d'une grande princesse. Le respect que je dois à sa mémoire m'empêchera de la nommer. Le Cardinal avait eu la pensée de mettre un terme à sa stérilité, mais on l'en remercia civilement, dit la chronique d'où je tire ce fait. La princesse et sa confidente [1] avaient, en ce temps-là, l'esprit tourné à la joie pour le moins autant qu'à l'intrigue. Un jour qu'elles causaient ensemble et qu'elles ne pensaient qu'à rire aux dépens de l'amoureux Cardinal, « il est

---

[1] Madame de Chevreuse. (*Note de l'Édit.*)

« passionnément épris, madame, dit la confi-
« dente; je ne sache rien qu'il ne fît pour plaire
« à Votre Majesté. Voulez-vous que je vous l'en-
« voie, un soir, dans votre chambre, vêtu en
« baladin; que je l'oblige à danser ainsi une sa-
« rabande; le voulez-vous? il y viendra. — Quelle
« folie! » dit la princesse. Elle était jeune, elle
était femme, elle était vive et gaie; l'idée d'un
pareil spectacle lui parut divertissante. Elle prit
au mot sa confidente, qui fut du même pas
trouver le Cardinal.

Ce grand ministre, quoiqu'il eût dans la tête
toutes les affaires de l'Europe, ne laissait pas en
même temps de livrer son cœur à l'amour. Il
accepta ce singulier rendez-vous. Il se croyait
déjà maître de sa conquête, mais il en arriva
autrement. Boccau, qui était le Baptiste d'alors,
et jouait admirablement du violon, fut appelé.
On lui recommanda le secret : de tels secrets
se gardent-ils? c'est donc de lui qu'on a tout su.

Richelieu était vêtu d'un pantalon de velours
vert : il avait à ses jarretières des sonnettes d'argent; il tenait en main des castagnettes et dansa
la sarabande que joua Boccau. Les spectatrices

et le violon étaient cachés, avec Vautier et Beringhen, derrière un paravent d'où l'on voyait les gestes du danseur. On riait à gorge déployée; et qui pourrait s'en empêcher, puisqu'après cinquante ans j'en ris encore moi-même.

On fit retirer Boccau, et la déclaration amoureuse fut faite dans toutes les formes. La princesse la traita toujours de pantalonnade, et ses dédains, assaisonnés du sel de la plaisanterie, aigrirent tellement ce prélat orgueilleux, que, depuis, son amour se changea en haine. La princesse ne paya que trop cher le plaisir qu'elle avait eu de voir danser une Éminence. [1]

[1] Je crois devoir insister sur la nécessité de lire les Éclaircissemens réunis à la fin du volume (Note Z), au sujet de la singulière anecdote que vient de raconter Brienne, en terminant ce chapitre. (*Note de l'Édit.*)

## CHAPITRE V.

Faveur de M. de Chavigny : — on le croit fils du cardinal de Richelieu. — Chavigny menace Louis XIII du courroux de Son Éminence, et le Roi le souffre. — Commencemens de Jules Mazarin ; — cadeaux qu'il apportait de Rome à madame de Chavigny : parfums, gants, tableaux, chapelets bénis ou non. — Dépêche importante d'un ambassadeur de Venise sur les débuts de Mazarin dans la carrière diplomatique. — Ses talens ; services qu'il rend devant Casal. — Son portrait. — Ses liaisons avec M. de Chavigny, sous le ministère du cardinal de Richelieu et pendant les derniers momens de Louis XIII.

Le cardinal de Richelieu avait les plus importantes obligations à M. Bouthillier et à madame sa femme. Il n'y eut qu'eux qui ne l'abandonnèrent point à la *journée des dupes*, où les Marillac furent écrasés, et où le Cardinal se sauva du naufrage comme par miracle. Or, pendant ce jour si glorieux pour lui, M. Bouthillier ne le quitta jamais d'un pas, et lui prêta même à tout événement, ou lui offrit au moins une somme d'argent fort considérable, cent mille écus, m'a-t-on dit. Ces marques de dévoûment lui valurent depuis une charge de secrétaire d'État, et ensuite la surintendance des finances, qui le remboursa bien de sa bonne volonté, et passa ses espérances. Le fils de M. de Bouthillier a été depuis célèbre sous le nom de Chavigny, qui lui vint d'une terre en Touraine. La chronique scandaleuse veut que le cardinal de Richelieu ait été le père de M. de Chavigny, et que madame Bouthillier, qui n'aimait guère son mari, n'ait fait que cette seule galanterie en sa vie. On dit qu'elle était jolie étant jeune, cela peut être : je ne l'ai vue que fort vieille et fort ridée. Quoi qu'il en soit, une Bragelonne était capable de s'en laisser conter par le premier ministre, et d'avoir un fils de lui. Si cela est, M. de Chavigny a plus d'obligation au Cardinal qu'il n'en aurait eu à M. Bouthillier, car Richelieu l'aima toute sa vie comme un fils, et lui fit beaucoup de bien.[1]

[1] Le président Hénault donne à penser la même chose. « En 1643, dit-il, on ôta les finances à Bouthillier, dont la « femme avait eu beaucoup d'empire sur le cardinal de « Richelieu, et Chavigny, *son fils*, resta dans le conseil. » La

## CHAPITRE V.

Il avait besoin de fortune, car il avait plus de vingt enfans, sans y comprendre même Henriette de Bouthillier sa fille et ma femme. J'en dis un mot à la suite de mes Mémoires [1] : j'y parle aussi des effets du régime auquel il se soumit, à l'exemple de sa mère, pour perdre son trop d'embonpoint.

Quoi qu'il en soit, voilà donc M. de Chavigny en faveur dès la fleur de ses jeunes ans, et employé dans toutes les plus grandes affaires du dedans et du dehors du royaume. En ce temps-là, le seigneur Giulio Mazarini faisait divers voyages en poste de Rome à Paris, de Paris à Turin, et de Rome même à Madrid, sous les ordres du cardinal Bentivoglio, son premier maître, qui le donna au cardinal Sachetti, créature, comme lui, des Barberins, et celui-ci au cardinal Antoine Barberino, que nous avons vu grand-aumônier de France avant le cardinal de

phrase renferme, comme on voit, un léger vice de construction qui sert la malice du président, et qui sauve en même temps la gravité de l'historien. ( *Note de l'Édit.* )

[1] Lire les Éclaircissemens; ce passage y a été placé sous la Note AA. ( *Note de l'Édit.* )

Bouillon[1]. Le seigneur Giulio ayant rendu d'importans services à la France par le ministère de M. de Chavigny, prit de si grandes liaisons avec lui et des mesures si justes pour l'agrandisse-

---

[1] Antoine et François Barberini étaient neveux du pape Urbain VIII, qui donna le premier aux Cardinaux le titre d'*Éminence*. Il abolit l'ordre des Jésuitesses : « Il n'était pas « encore question, dit Voltaire, d'abolir les Jésuites. » Tout-puissans pendant le pontificat de leur oncle, les Barberins, sous son successeur, dont ils avaient imprudemment décidé la nomination, se virent forcés de quitter Rome. Leur plus grand crime était d'avoir amassé des biens immenses sous le pontificat de leur oncle; leurs richesses excitèrent l'insatiable avidité de donna Olimpia, belle-sœur du nouveau Pape, et qui avait tout crédit sur son esprit. La France, dont ils avaient mal servi les intérêts, les accueillit cependant avec générosité; Mazarin se montra reconnaissant à leur égard, ou voulut se venger, en les comblant d'honneurs, de leur persécuteur, qu'il n'aimait pas. Le cardinal Antoine fut grand-aumônier et chevalier de l'Ordre; le cardinal François était grand-aumônier de la Reine. Après huit ans de persécutions, Innocent X voulut se réconcilier avec eux, et leur permit de revenir à Rome. L'article qui leur est consacré, dans la *Biographie universelle*, ne dit mot ni des causes qui les avaient éloignés de leur patrie, ni de leur séjour en France. ( *Note de l'Édit.* )

ment de sa fortune naissante, que le favori du premier ministre le fit connaître au Cardinal son patron, et le Cardinal au roi Louis XIII, qui n'aimait pas beaucoup M. de Chavigny. Ce ministre, qui le croirait? rompait souvent en visière au Roi lui-même, quand il s'agissait des intérêts du cardinal de Richelieu, son protecteur, ce que Sa Majesté avait peine à supporter. Aussi Louis XIII maltraita-t-il souvent de paroles mon beau-père; mais celui-ci, fier jusqu'à l'excès, et connaissant la faiblesse du Roi, le menaçait à son tour du Cardinal, que Sa Majesté craignait comme un écolier craint son régent. Ainsi le Roi n'était pas long-temps sans rechercher M. de Chavigny, qui alors se faisait prier. Tel était Louis XIII : sa défiance naturelle, et l'empire que le Cardinal avait pris sur son esprit, le tenaient dans une dépendance continuelle de son Éminence, et de M. de Chavigny son confident.[1]

[1] Ces débats entre Louis XIII et Chavigny se renouvelaient souvent. Quelque temps avant sa mort, Richelieu voulait obtenir du Roi qu'il éloignât de sa personne Troisville, capitaine des mousquetaires; Tilladet, Desessarts

Cependant, comme j'ai dit, le seigneur Mazarini faisait souvent en poste le voyage d'Italie à Paris, et venait descendre tout crotté chez M. de Chavigny, où il avait son appartement. La chronique scandaleuse a dit, avec moins de vérité que de malice, qu'un temps fut qu'il n'avait d'autre lit que celui du courrier de cabinet qui servait auprès de mon beau-père ; mais j'ai peine à le croire. Quoi qu'il en soit, il est certain que le signor Giulio dont nous parlons logeait dans l'hôtel Saint-Pol lorsqu'il était à Paris,

et Lasalle, capitaines au régiment des gardes, le Cardinal les soupçonnant d'avoir pris part à la conspiration de Cinq-Mars. Le Roi soutenait, au contraire, qu'ils étaient fort attachés à son service, et qu'ils n'avaient rien fait qui méritât l'exil. Chavigny fut chargé de traiter cette affaire avec Louis XIII. « Si monsieur le Cardinal, dit-il au Roi à « ce sujet, avait dans sa maison quelqu'un qui déplût à « Votre Majesté, il ne voudrait pas le voir un moment de « plus. — Il ne vous verrait donc jamais, dit le Roi, car « je ne puis vous souffrir » ; et en même temps il lui tourna le dos. Cependant, quelques jours après, il plia : Troisville, Tilladet, Desessarts et Lasalle quittèrent la cour et perdirent leur emploi. Louis XIII, qui les chassait, en éprouva tant de peine qu'il en versait des larmes. ( *Note de l'Édit.*)

avant qu'il fût Cardinal, et qu'il eût fait bâtir, dans cette superbe ville, le magnifique palais Mazarin. J'ai su de madame de Chavigny qu'il ne revenait jamais d'Italie sans lui apporter force pommades, huiles de senteur, savon de Naples et gants de Rome; quelquefois même des tableaux de peu de valeur, et des chapelets, bénis ou non, cela n'y fait rien. Ces régals plaisaient fort à ma belle-mère : elle est, je crois, après le Cardinal, la personne du monde qui aime le plus à recevoir des présens.

*Il signor Giulio* était fils de Pierre Mazarini, natif de Palerme, et d'Hortense Bufalini, qui était d'une assez bonne maison de *Città di Castello*. Il naquit dans le bourg de Piscina en l'Abbruzze, le quatorzième de juillet 1602, et reçut le baptême dans l'église de Saint-Silvestre de Rome.

Je n'ai jamais pu bien savoir s'il fut domestique ou non du cardinal Bentivoglio, comme quelques gens l'ont publié; mais lors de mon premier voyage à Rome, j'en rapportai une dépêche manuscrite de l'ambassadeur de Venise à son gouvernement. Cette dépêche renfermait ce qui suit :

« Le cardinal Bentivoglio a placé auprès du cardinal Patron, le seigneur Giulio Mazarini, jeune prélat de grande espérance, et lui a dit en le lui présentant : *Je vous le donne, parce que je ne suis pas digne de le garder* [1]; en vous faisant ce présent, je crois m'acquitter envers une illustre famille d'une partie des obligations que je lui ai. Le Cardinal neveu, surpris de ce compliment, auquel il ne s'attendait pas n'ayant point encore ouï parler du jeune Mazarini, a répondu : « Je l'accepte avec joie venant de votre main [2]; mais, dites-moi, à quoi le jugez-vous propre ? — A tout sans exception, a dit Bentivoglio. — Si cela est, reprit le cardinal Barberino, nous ne saurions mieux faire que de l'envoyer en Lombardie avec le cardinal Ginetti; nous avons besoin d'un homme actif auprès de lui. Parlez-lui en de ma part. » Bentivoglio s'est chargé volontiers de cette commission, et Ginetti a reçu

---

[1] *Io ve lo do, perchè non son degno di serbarlo,* etc. (*Note de Brienne.*)

[2] *Tesoro si o no, io l'accetto volentieri dalla sua mano.* (*Note de Brienne.*)

le jeune Mazarini en qualité de secrétaire de légation, et l'a chargé des chiffres. »

Plus bas, l'ambassadeur de Venise ajoute : « C'est Bentivoglio qui lui a prêté l'argent dont il avait besoin pour faire son équipage; et l'on m'a dit que l'ambassadeur d'Espagne lui a envoyé tout d'un temps une somme de deniers assez considérable, dont la moitié est *per ajuto di costa*, et l'autre pour dépenses secrètes. »

La fin de la dépêche contient ces mots : « Nous venons d'apprendre que Jacques Pancirola, nonce en Savoie, et Giulio Mazarini son adjoint, ont conclu heureusement, le sixième du mois passé (avril 1631), la paix de Querasque, dont on donne toute la gloire à Mazarini. La prophétie du cardinal Bentivoglio, ajoute l'ambassadeur, vient donc de s'accomplir à Casal. Quand on songe à l'ardeur qu'avaient les Français pour combattre, cela tient du prodige. Quelque consommé dans les affaires que soit Pancirola, il ne serait sans doute pas venu si facilement à bout que son collègue de cette importante négociation. Mazarini s'exposa à la fureur des soldats pour donner la paix à l'Italie. Plusieurs même tirèrent sur lui quelques coups de mousquet; mais l'intrépide ambassadeur, faisant voltiger d'une main une feuille de papier blanc, et de l'autre son chapeau, et criant : *la paix! la paix!* passa au travers des mousquetades sans en être atteint, sans témoigner de crainte, et l'accord fut conclu sur le champ de bataille; chose qui n'était pas encore arrivée, que je sache, et qui méritait bien, à mon avis, de vous être mandée. » [1]

« Depuis ce jour mémorable, quels progrès ne fit point la fortune naissante de cet heureux

[1] Ce sont jusqu'ici les paroles de l'ambassadeur Sagredo, si je ne me trompe, car il n'y a dans la relation que la première lettre de son nom, et je ne suis pas ici en lieu pour pouvoir m'en éclaircir. Or, comme cette relation, qui est datée de l'année 1639, parle de ce qui s'est passé en 1631 et auparavant, je m'imagine qu'elle est de deux ambassadeurs consécutifs, parce qu'il arrive assez souvent que l'un continue le récit des choses que son prédécesseur avait commencé d'ébaucher, et j'y remarque même quelque diversité dans le style. Quoi qu'il en soit, la pièce est originale, et bien écrite par un Vénitien; je l'ai encore ici dans mes papiers. (*Note de Brienne.*)

négociateur. On est étonné; on ne parle que de cette paix miraculeuse, et chacun dit ici (à Rome), que Mazarini, par ce coup de chapeau, mérite celui de Cardinal. »

L'ambassadeur de Venise terminait ainsi sa dépêche à sa seigneurie : « Mazarin, sérénissime seigneur, est agréable et bien fait de sa personne; il est civil, adroit, impassible, infatigable au travail, avisé, prévoyant, secret, dissimulé, éloquent, persuasif et fécond en expédiens; en un mot, il possède toutes les qualités qui font les habiles négociateurs. Son coup d'essai est vraiment un coup de maître. Celui qui paraît avec tant d'éclat sur le théâtre du monde, y doit faire apparemment une grande et belle figure. Comme il est fort jeune et d'une complexion robuste, il jouira long-temps, si je ne me trompe, des honneurs qu'on lui prépare; il ne lui manque que du bien pour aller loin. »

Or, avec les qualités qu'on vient de reconnaître en lui, Mazarin n'était pas homme à se laisser manquer de rien. Il tourna vers la France toutes ses espérances de fortune. Les petits soins que cet habile courtisan rendait à M. de Chavigny et à sa femme, le firent enfin Cardinal de la nomination de France, chose fort extraordinaire dans un sujet du roi d'Espagne; mais ce fut cela même qui détermina le cardinal de Richelieu [1]. Le seigneur Giulio appelait alors madame Bouthillier, sa mère, et M. de Chavigny

[1] Voici comment l'abbé de Choisy raconte la chose; on n'en sentira que mieux l'ingratitude dont Mazarin paya Chavigny. « Le père Joseph, capucin, qui avait la nomi-
« nation de France, étant mort, le cardinal de Richelieu
« demanda à M. de Chavigny, secrétaire d'État des affaires
« étrangères, sur qui il était d'avis de faire tomber cette
« grâce. Chavigny lui proposa Jules Mazarin, son ami;
« mais le Cardinal le rejeta d'abord, et même avec des
« paroles de mépris. Chavigny insista, et le Cardinal, pressé,
« lui dit : « Nous verrons donc une autre fois. » Là-dessus,
« Chavigny fit toutes les dépêches, au nom du Roi, en
« faveur de Mazarin, les envoya à Rome, et engagea l'af-
« faire. A quelques jours de là, le Cardinal lui en parla;
« mais Chavigny lui dit que c'était une affaire faite, qu'il
« en avait écrit au Pape, et soutint toujours que le Cardinal
« lui avait donné l'ordre. Il prenait de ces sortes de liber-
« tés-là avec Son Éminence, qui avait pour lui une ten-
« dresse et une faiblesse de père. Le cardinal Mazarin fut
« bientôt premier ministre, et prit des manières fort diffé-
« rentes de celles de son prédécesseur. » ( *Note de l'Édit.* )

son père et son patron. Celui-ci, qui aimait l'encens et les caresses, regardait le nouveau Cardinal comme sa créature, et par conséquent comme son meilleur ami; ils furent donc fort liés d'amitié et d'intérêt, lui et M. de Chavigny, jusqu'à la mort de Louis XIII; mais les démarches qu'ils firent de concert pour ôter la régence à la Reine causèrent la ruine de mon beau-père: le Cardinal l'abandonna pour s'attacher uniquement à la Reine, qui, par l'entremise du comte de Brienne mon père, rétablit sa fortune, comme on le verra bientôt, et lui donna toute sa confiance.

## CHAPITRE VI.

Derniers momens de Louis XIII. — Déclaration injurieuse pour la reine Anne d'Autriche ; — elle est anéantie. — Intrigues pour la formation d'un ministère. — On n'a, jusqu'à présent, rien su d'exact à ce sujet. — Récit que fait Brienne le père à son fils. — Conseil secret chez la Reine. — Penchant mal déguisé de cette princesse en faveur du cardinal Mazarin : — ses motifs. — Brienne le père pénètre ses intentions et les appuie. — Embarras d'un courtisan qui s'est trop avancé. — Discours de la Reine. — Beringhen va, de sa part, trouver le Cardinal, qui était à jouer chez le commandeur de Souvré ; — il quitte le jeu. — Sa dissimulation ; sa joie quand on lui parle au nom de la Reine. — Promesse qu'il écrit au crayon ; — il *offre de la signer de son sang*. — La Reine remet cet écrit entre les mains de Brienne le père, et le lui redemande ensuite. — Il termine là ses confidences.

L'AFFAIRE de Chalais, dont assez d'autres ont parlé, avait aigri furieusement l'esprit de Louis XIII contre la Reine son épouse. « J'ai su (dit le duc de La Rochefoucauld, et cet endroit est un des plus remarquables de ses Mémoires), j'ai su, dit-il, de M. de Chavigny même, qu'étant allé trouver le Roi de la part de la Reine, pour lui demander pardon de tout ce qu'elle avait fait, et même de ce qui lui avait déplu dans sa conduite; le suppliant particulièrement de ne point croire qu'elle eût eu aucune part dans l'affaire de Chalais, ni qu'elle eût trempé dans le dessein d'épouser Monsieur après que Chalais aurait fait mourir le Roi [1], il répondit sur cela à M. de Chavigny, sans s'émouvoir : *En l'état où je suis je lui dois pardonner, mais je ne la dois pas croire* [2]. » En effet, le Roi persistant jusqu'à la mort dans la mauvaise opinion qu'il avait de la Reine, se porta de lui-même à faire dresser l'injurieuse déclaration qui nommait, à la vérité, Anne d'Autriche régente, et Gaston d'Orléans lieutenant-général du royaume, mais qui avait en même temps composé un conseil souverain, et défendait à la Reine ainsi qu'à Gaston de le changer. La principale autorité passait dans ce conseil entre les mains du prince de Condé, qui en était le chef, du cardinal de Mazarin, de Bou-

---

[1] En lui donnant une chemise empoisonnée. (*Note de Brienne.*)

[2] *Voyez*, dans les Éclaircissemens, Note BB, des détails qui prouvent qu'au moins la Reine savait prendre d'avance toutes ses précautions, en cas d'événement. (*Note de l'Édit.*)

thillier, surintendant des finances, et de Chavigny son fils. L'acte fut dressé par ce dernier, sous les yeux pour ainsi dire du Roi, et le cardinal Mazarin y fit insérer les termes les plus forts et les plus humilians pour la Reine.[1]

Cependant, à peine le feu Roi eut-il les yeux fermés, que la face de la cour changea en un moment. La déclaration injurieuse à la plus ver-

---

[1] Cette déclaration fut vérifiée au Parlement, le 21 avril 1643; et le lendemain, le Roi fit baptiser le Dauphin dans sa chapelle. Le cardinal Mazarin fut son parrain; il eut pour marraine la princesse de Condé, qui le nomma Louis. Au sortir de la chapelle, on mena le jeune prince dans la chambre du Roi, qui lui demanda comme il avait nom; il répondit : « Louis XIV. » Sur quoi le Roi répliqua : « Pas « encore, pas encore. » Soixante-douze ans plus tard, Louis XIV, mourant, voulut à son tour voir et bénir le duc d'Anjou, à peine âgé de cinq ans, et qui allait lui succéder sous le nom de Louis XV. Après cette entrevue touchante d'un vieillard qui descend dans la tombe et d'un enfant qui va régner, Louis XIV appela le Dauphin *le jeune Roi*; il lui échappa même de dire : *Quand j'étais Roi.* Ces mots différens, prononcés dans les mêmes circonstances, peignent les deux hommes et les deux caractères, mais tout à l'avantage du dernier. ( *Note de l'Édit.* )

tueuse princesse qui fut jamais, ne pouvant subsister, M. le duc d'Orléans se démit volontairement de l'autorité qui lui était accordée par cette déclaration.

La régence fut déférée à la Reine par les suffrages unanimes du Parlement de Paris, où l'évêque de Beauvais, principal ministre alors, avait beaucoup de parens et d'amis. C'est l'unique service que ce bon et vertueux prélat rendit à sa maîtresse; en peu de jours, son insuffisance lui fit perdre le rang qu'il occupa quelque temps faute d'autre. Le jour même où la Reine fut déclarée régente; où la déclaration du feu Roi fut par conséquent annulée, l'on regardait comme inévitable la disgrâce de ceux qui y avaient eu le plus de part. Le cardinal Mazarin avait fait préparer son bagage pour repasser en Italie : il se croyait perdu sans retour, et tout à coup il se vit rétabli dans une place plus honorable même que celle qu'il s'était fait donner dans la déclaration du feu Roi. Voici ce que je sais de bon lieu sur un changement si soudain; mais pour mieux démêler cette intrigue, il faut reprendre les choses de plus loin.

M. de La Châtre prétend que la veille du jour où mourut le Roi, ce prince, qui avait été quelque temps mieux, retomba dans sa première langueur [1]. « Les ministres (le cardinal Mazarin et « Chavigny) perdirent alors, dit-il, toute espé- « rance qu'on le pût sauver, et redoublèrent dès- « lors toutes leurs intrigues du côté de la Reine, « auprès de qui ils se trouvaient aidés de beau- « coup de personnes différentes. Madame la « Princesse fut une des premières qui parla pour « eux. M. de Liancourt les servit avec l'ardeur

---

[1] Montglat décrit en ces mots l'aspect singulier que présentait la cour, pendant les alternatives de bien et de mal qu'éprouva Louis XIII dans sa dernière maladie. « On était « si las de son gouvernement, qui avait toujours dépendu « d'autrui plutôt que de lui-même, et on avait de si grandes « espérances de la conduite de la Reine, que chacun dési- « rait du changement; aussi, durant sa maladie, qui fut « fort longue, on connaissait dans le visage des courtisans « l'état de sa santé, car tout le monde était triste quand il « se portait mieux, et dès qu'il empirait la joie se remar- « quait dans les yeux de chacun. Quand il fut mort, tout « le monde croyait avoir sa fortune faite; mais cette opinion « dura peu. » (*Mémoires de Montglat*, t. I, p. 406.) (*Note de l'Édit.*)

« qu'il a ordinairement pour ses amis, et ma-
« dame sa femme, et madame de Chavigny n'en
« perdirent point l'occasion; mais les plus fortes
« machines qu'ils employèrent furent le père
« Vincent, Beringhen et Montaigu. Le premier
« attaqua la Reine par la conscience, et lui prêcha
« incessamment le pardon des ennemis. Le se-
« cond, en qualité de son premier valet de
« chambre, se rendant assidu à des heures où
« personne ne la voyait, lui remontra que ces
« deux messieurs (le Cardinal et Chavigny) lui
« étaient utiles, et qu'ayant le secret de toutes
« les affaires importantes, il lui était presque
« impossible de s'en passer d'abord; mais le troi-
« sième [1], dévot de profession, mêlant Dieu et le
« monde ensemble, et joignant aux raisons de
« dévotion la nécessité d'avoir un ministre in-
« struit des choses de l'État, y ajouta encore, à
« mon avis [2], une autre considération qui la

[1] Le milord Montaigu, grand fourbe. (*Note de Brienne.*)

[2] Il a bien fait de mettre *à mon avis,* car cela est faux ; et la Reine n'a jamais eu cette pensée, qui est tout-à-fait injurieuse à sa gloire et à l'amour qu'elle avait pour la grandeur du Roi son fils et de l'État. (*Note de Brienne.*)

« gagna absolument, qui fut de lui représenter
« que le Cardinal avait entre ses mains, plus
« que personne, les moyens de faire la paix,
« et qu'étant né sujet du Roi son frère, il la
« ferait avantageuse pour sa maison ; qu'elle
« devait essayer de le maintenir au pouvoir,
« afin de s'en faire un appui contre les factions
« qui pourraient naître en France durant la ré-
« gence. »

Rien de tout cela n'est exact. Je sais de point en point, de mon père, comment la chose se passa, et j'ai appris de lui ces particularités dans un entretien dont le passage qu'on vient de lire était précisément l'objet. Mon père doit en être cru plus que personne sur ce point, car il était alors avec le prince de Marcillac, le duc de Beaufort et Beringhen, du petit nombre de ceux qui avaient le plus de crédit sur l'esprit de la Reine, et se trouvaient le mieux initiés dans le secret des affaires.

« La Reine, me dit mon père, voyait par elle-même, sans qu'il fût besoin de l'avertir, que l'évêque de Beauvais n'était pas capable de tenir près d'elle la première place dans le conseil d'en haut[1]. Cependant elle ne pouvait se passer d'un premier ministre; et, d'un autre côté, Mazarin, qu'elle croyait l'auteur de la déclaration préparée contre elle, avait trop excité son ressentiment pour qu'elle se déterminât d'abord en sa faveur. Avant de se décider sur un choix si difficile, elle me fit l'honneur de m'appeler avec le président de Bailleul, et nous obligea l'un et l'autre à lui dire notre avis sans déguisement. M. de Bailleul parla le premier, et donna, sans marchander, l'exclusion au cardinal Mazarini, comme à une créature du cardinal de Richelieu. Mais moi, qui m'étais aperçu déjà plus d'une fois de la pensée secrète qu'avait la Reine pour son Éminence, je crus devoir parler avec plus

---

[1] L'évêque de Beauvais était tellement étranger aux affaires, que quand la Reine lui présentait les dépêches, il ne pouvait donner de réponse sur aucune. Il reçut l'ordre de se retirer dans son diocèse; mais il refusa d'obéir, et voulut avoir par écrit les raisons de son éloignement. On fut forcé de le satisfaire; l'ordre porta qu'il était éloigné pour cause d'incapacité : exemple unique jusqu'alors, non d'incapacité certainement, mais d'entêtement et de présomption. (*Note de l'Édit.*)

de réserve. Je dis donc que, dans la nécessité où Sa Majesté se trouvait de prendre un premier ministre, il me semblait que le cardinal Mazarini, dont l'humeur était fort douce, serait peut-être le meilleur qu'elle pût choisir dans la conjoncture présente, non à la vérité pour le garder toujours, mais seulement pour l'éprouver durant quelque temps, et voir s'il lui conviendrait ou non; après quoi elle le nommerait premier ministre, ou le renverrait en Italie avec une honnête récompense. Je tempérais ainsi mon discours afin de l'obliger à nous découvrir le fond de sa pensée ; mais elle ne dit pas un mot, et continua de nous écouter en silence et dans le plus grand calme : je compris aisément dès-lors que mon avis ne lui déplaisait pas.

« Cependant le président de Bailleul ne démordait point de son sentiment, et croyant connaître la Reine mieux que moi, persistait opiniâtrément à exclure le cardinal Mazarini du ministère, disant que si Sa Majesté voulait avoir un cardinal pour chef de ses conseils, il valait mieux qu'elle en prît un français qu'un italien, et en même temps il désigna le cardinal de La Rochefoucauld, sans toutefois le nommer. Je dis alors, pour tirer la Reine de l'embarras où la jetait ce discours, que ce n'était pas à la dignité de cardinal qu'il fallait s'arrêter, mais à la capacité du ministre qu'on choisissait, et qu'à moins d'en prendre un qui sût parfaitement les intérêts de la France et les affaires étrangères, on serait toujours dans la même situation ; mais que si la Reine ne jugeait pas à propos de se servir du cardinal Mazarini, elle ne pouvait pas oublier un de ses meilleurs serviteurs, que le cardinal de Richelieu avait persécuté à cause d'elle, et que pour celui-là on ne pouvait douter, sans lui faire injustice, ni de sa suffisance ni de sa fidélité.

« Je me contentai de dire ces choses, en général, sans nommer M. de Châteauneuf; la Reine, m'entendant à demi-mot, m'interrompit et me dit avec un peu d'émotion : « J'ai deux
« raisons pour ne remettre pas sitôt M. de Châ-
« teauneuf dans les affaires; la première, parce
« que ce serait trop ouvertement choquer la dé-
« claration avant que je sois assurée si le Parle-

« ment la cassera, comme je l'espère; et la se-
« conde, parce que si je me résolvais à donner la
« première place dans mon conseil secret à M. de
« Châteauneuf, il faudrait qu'en même temps
« je me résolusse de pousser à bout toutes les
« créatures du cardinal de Richelieu, avec les-
« quelles il est irréconciliable, et de plus, que je
« ne me misse point en peine de désobliger
« M. le Prince et toute sa maison, qui ne lui
« pardonnerait jamais la faute involontaire qu'il
« commit en présidant au procès de feu M. de
« Montmorenci. Sans cela, je ne balancerais
« pas à m'en servir, et je le préférerais à tout
« autre; mais avant qu'il soit revenu de son exil
« et réconcilié avec ses puissans ennemis, com-
« ment pourrais-je l'employer sans me les attirer
« sur les bras, en un temps où le duc d'Enghien
« est victorieux de toutes les forces d'Espagne,
« et quand les conseils de monsieur son père me
« sont si nécessaires, pour avoir un prince que
« je puisse, dans les occasions, opposer au duc
« d'Orléans. Je vous prie de bien penser à ce
« que je vous dis. M. de Châteauneuf est sans
« doute très capable de tenir la première place

« auprès de moi, mais le temps de l'y mettre
« n'est pas encore venu.

« Je vous défends même (me dit-elle en me
« regardant), vous, M. de Brienne, que je sais
« être tout-à-fait de ses amis, de lui rien mander
« de ceci ; vous me désobligeriez sensiblement ;
« et si je le dois rappeler, il ne faut pas qu'il
« croie en avoir l'obligation à d'autre qu'à ma-
« dame de Chevreuse, qui n'est pas peut-être
« si prête à revenir qu'on pense, quoique je
« souhaite fort de la revoir. Je vous avoue que
« je commence un peu à craindre son esprit; je
« ne la crois pas aussi disposée que je le suis à
« pardonner à nos ennemis communs, et à leur
« rendre, comme je prétends faire, le bien pour
« le mal que j'en ai reçu. »

« C'était assez se déclarer ; et comme Sa Majesté m'avait adressé la parole, je lui répondis
qu'elle savait bien que je n'avais jamais d'autre
volonté que la sienne ; que ce que j'avais dit de
M. de Châteauneuf ne la devait pas surprendre,
puisqu'elle avait trouvé bon que je lui parlasse
quelquefois en faveur de cet illustre proscrit ;
que je persistais néanmoins dans mon premier

avis, qui était de se servir de M. le cardinal Mazarini, et de le continuer dans l'emploi, en cas qu'elle s'en trouvât bien ; en un mot, que je ne croyais pas que pour l'heure présente, elle pût mieux faire.

« M. de Bailleul voyant qu'il n'y avait plus moyen de s'en dédire, tâcha de rhabiller le moins mal qu'il put ce qu'il avait dit d'abord avec un peu trop de chaleur contre Son Éminence; et à mon jugement, il eût mieux fait de ne rien dire du tout. La Reine le tira de l'embarras où il était, en l'assurant de son affection et ajoutant qu'elle aurait soin de sa fortune ; puis nous recommandant encore une fois à l'un et à l'autre de garder étroitement le secret sur ce qui s'était passé dans cette conférence, elle se leva de sa chaise et rentra dans sa petite chambre, où était M. de Beringhen.

« Elle lui rapporta mot pour mot tout ce qui venait de se passer. « Allez sur l'heure, lui dit-
« elle, en rendre compte au Cardinal. Feignez
« d'avoir entendu par hasard tous ces détails,
« du lieu où vous étiez. Epargnez ce pauvre pré-
« sident de Bailleul, qui est un bon serviteur ;

« vantez au Cardinal le bon office que lui a rendu
« Brienne; mais découvrez avant tout quels sont
« les sentimens du Cardinal pour moi, et qu'il
« ne sache rien, que vous ne sachiez, vous,
« d'abord, quelle reconnaissance il témoignera
« de mes bontés. » M. de Beringhen partit à
l'instant. Son Éminence était à jouer, avec M. de
Chavigny et quelques autres, chez le commandeur de Souvré, qui leur avait donné à dîner.
Le Cardinal, dès qu'il vit Beringhen, laissa ses
cartes à tenir à Bautru son confrère, il passa
dans la chambre voisine, où Beringhen et lui
restèrent plus de deux heures à s'entretenir;
en sorte que M. de Chavigny en prit quelque
ombrage. M. de Beringhen ne se découvrant au
Cardinal qu'avec de certaines précautions qui
l'embarrassaient, Son Éminence ne témoigna
d'abord ni joie ni surprise de tout ce qu'il lui
put dire. Cette indifférence affectée obligea enfin
Beringhen à lui avouer qu'il venait de la part
de la Reine. A ce mot, le fin Italien changea
de conduite et de langage, et passant tout à
coup d'une extrême retenue à un grand épanouissement de cœur : « Monsieur, dit-il à Be-

« ringhen, je remets sans condition ma fortune
« entre les mains de la Reine. Tous les avantages
« que le Roi m'avait donnés par sa déclaration,
« je les abandonne dès ce moment. J'ai peine à le
« faire sans avertir M. de Chavigny, nos intérêts
« étant communs; mais j'ose espérer que Sa
« Majesté daignera me garder le secret, comme
« je le garderai de mon côté, religieusement. »

« M. de Beringhen, qui ne se fiait à ses paroles que de bonne sorte, et qui d'ailleurs a coutume de prendre ses sûretés en toute affaire, le pria de lui donner par écrit l'assurance que renfermaient ses paroles. Le Cardinal, prenant aussitôt son porte-crayon, écrivit dans les tablettes de M. de Beringhen ces mots remarquables :

« Je n'aurai jamais de volonté que celle de
« la Reine. Je me désiste dès maintenant de
« tout mon cœur des avantages que me promet
« la déclaration que j'abandonne sans réserve,
« avec tous mes autres intérêts, à la bonté sans
« exemple de Sa Majesté. Écrit et signé de ma
« main. »

*Et plus bas :*

« De Sa Majesté, le très humble, très obéis-

« sant et très fidèle sujet, et la très reconnais-
« sante créature.

« *Jules*, cardinal MAZARINI. »

« M. de Beringhen eût bien souhaité que ce billet de Son Éminence eût été écrit avec de l'encre, sur du papier, et non pas au crayon, dans son agenda ; mais le Cardinal lui dit qu'il n'en usait ainsi qu'afin de mieux cacher la chose à M. de Chavigny, et que, si la Reine le voulait, il écrirait, toutes fois et quand, cet acte respectueux de sa fidélité, sur papier, ou sur parchemin s'il le fallait, et le signerait même de son sang. Cette assurance contenta M. de Beringhen. Il pria toutefois Son Éminence de vouloir bien l'ajouter au bas du billet ; ce que Mazarin fit sans difficulté. '

' Mazarin mit cette nouvelle manière de signer à la mode, ou plutôt elle était conforme aux idées romanesques du temps. Quelques années plus tard, pendant les troubles de la Fronde, au milieu des embarras de tous genres où se trouvait Mazarin, son plus ardent ennemi, son plus redoutable compétiteur, le cardinal de Retz, offrit aussi de signer un billet de son sang ; mais il fut pris au mot. Il soutenait

« La Reine m'avait retenu auprès d'elle, continua mon père, pendant que son premier valet de chambre négociait cette affaire : quand il entra dans sa chambre, je me voulus retirer par respect; mais Sa Majesté me retint par le bras, et après avoir lu, avec une joie qui ne se peut exprimer, ce que le Cardinal avait écrit dans les tablettes, elle me les donna à garder. Je remarquai qu'il y avait dedans plusieurs autres choses écrites, et je voulus les rendre à Beringhen, afin qu'il prît la peine de les effacer; mais il me dit de fort bonne grâce qu'il n'avait point de secrets pour moi, et ne voulut point reprendre ses tablettes. Je priai la Reine de

à la duchesse de Bouillon, qu'au moyen de quelques précautions, il serait en état de braver le Parlement. « Me le
« promettez-vous ? reprit-elle. — Je m'y engage de plus,
« lui dis-je, et je vais vous le signer de mon sang. — Vous
« l'en signerez tout à l'heure, s'écria-t-elle. Elle me lia le
« pouce avec de la soie, quoi que son mari pût lui dire ; elle
« m'en tira du sang avec le bout d'une aiguille, et elle m'en
« fit signer le billet qu'elle désirait. » ( Tome I, page 383. )
Un moment après, M. de Bouillon jeta cette belle promesse au feu. ( *Note de l'Édit.* )

## CHAPITRE VI.

trouver bon que je les cachetasse en sa présence : elle y consentit ; et quoique M. de Beringhen, par civilité, s'y opposât, je ne laissai pas de les cacheter ; et, de cette sorte, je les emportai avec moi. Cette petite précaution nous lia depuis ce jour d'une amitié plus étroite, Beringhen et moi : je ne vous dis ceci, mon fils, qu'afin de vous apprendre à en user de même dans les occasions semblables.

« Je gardai donc ces tablettes dans une cassette jusqu'au jour où Sa Majesté, qui venait d'être déclarée, sans condition aucune, régente du royaume pendant la minorité du Roi, me les redemanda. Je les avais portées sur moi, me doutant qu'elle pourrait en avoir affaire, et je les lui remis à l'instant. « Je crois que vous êtes devin, me dit-elle en souriant, ou bien serait-ce que vous auriez toujours porté cet agenda dans votre poche depuis que je vous l'ai remis ? — Ce n'est, madame, ni l'un ni l'autre ( lui répondis-je en lui baisant la main dont elle recevait ce dépôt ), ces tablettes ont toujours été dans ma cassette depuis que je les ai en garde ; mais je me suis douté que Votre Majesté pourrait en avoir aujourd'hui besoin ; et, dans ce doute, sans être devin, je les ai prises sur moi pour vous les rendre si vous me les demandiez. — Vous ne vous étiez pas trompé, me dit-elle ; je vais les renvoyer à monsieur le Cardinal par Beringhen, en même temps que monsieur le Prince lui va porter de ma part le brevet par lequel je lui rends la place que la déclaration lui donnait, et le fais de plus chef de mon conseil. Vous voyez que je me conforme à vos avis ; je suis charmée de vous en faire souvenir, maintenant que je me trouve en état de vous en témoigner ma reconnaissance. »

« Voilà le fait au vrai, tel qu'il est, et un peu mieux circonstancié que M. de La Châtre ne l'a rapporté dans ses Mémoires. » Ici mon père termina son récit[1]. Je le remerciai de la peine qu'il

---

[1] Le comte de Brienne montra, je crois, dans toute cette affaire, l'expérience et la pénétration d'un vieux ministre qui a fait de la cour un long apprentissage ; son langage est d'ailleurs, dans ce récit, celui d'un honnête homme, qui parle et qui agit avec droiture et désintéressement. Le duc de La Rochefoucauld, dans ses Mémoires, en attribuant le choix que fit la Reine au comte de Brienne, lui prête des

## CHAPITRE VI. 309

avait prise de me raconter ces choses en détail, et nous remîmes la suite de cette longue conversation au lendemain. Je le vis mettre au lit, et puis je fus me coucher, repassant en ma mémoire, afin de les y mieux imprimer, les faits curieux que mon père me venait d'apprendre.

motifs qui terniraient son caractère. C'est à l'impartialité du lecteur à prononcer; la mienne m'oblige à citer ce passage sans y ajouter foi : on le trouvera dans les Éclaircissemens, Note CC. Dans ses Mémoires, qui parurent en 1662, La Châtre n'accuse pas aussi positivement Brienne le père d'avoir, dans cette circonstance, cédé à des motifs d'intérêt, mais il le laisse entendre. Brienne le père repoussa ces insinuations dans un écrit intitulé *Réponse faite aux Mémoires de M. le comte de La Châtre*. Je citerai aussi, dans les Éclaircissemens, Note DD, un passage de cette réponse, imprimée à Cologne en 1664, dans un *Recueil de pièces pour servir à l'Histoire*. Le comte de Brienne n'y donne point les détails curieux qu'on vient de lire, et cela se conçoit, puisque la Reine vivait encore; mais il en dit assez pour repousser l'accusation dont il était l'objet, et donner toute confiance au récit de son fils. ( *Note de l'Édit.* ).

## CHAPITRE VII.

Brouille de Mazarin avec M. de Chavigny. — celui-ci est emprisonné; — il vend sa charge au comte de Brienne, père de l'auteur. — Ruse hardie qu'emploie Mazarin pour éloigner M. Desnoyers du ministère. — Joli rondeau de Benserade à ce sujet. — Le Cardinal écarte ainsi tous ceux qui pourraient balancer son crédit. — Madame de Chevreuse : — son portrait; — sa disgrâce. — Nouveaux détails sur la captivité et sur l'évasion du duc de Beaufort. — Mazarin dans l'exil. — *La Canne et le Pin des Ardennes*, anecdote piquante qui peint sa fourberie ou sa crédulité. — Le cardinal de Retz jure, *foi de prêtre*, que cette anecdote est exacte.

M. DE CHAVIGNY était fier naturellement, et le cardinal Mazarin lui avait de très grandes et de très signalées obligations; mais comme les honneurs changent les mœurs, souvent aussi les obligations, plus elles sont grandes, plus elles sont à charge aux personnes qui les ont contractées : il ne faut donc pas s'étonner si M. de Chavigny se brouilla bientôt avec celui qu'il avait regardé jusqu'alors comme son meilleur ami. Le premier reproche qu'il fit au Cardinal fut de ne lui avoir rien dit de l'entretien qu'ils

## CHAPITRE VII.

eurent, Beringhen et lui, chez le commandeur de Souvré.

Le Cardinal se défendit mal de cette accusation ; il augmenta, par ses réponses ambiguës, les soupçons assez bien fondés de M. de Chavigny, homme à qui l'on ne pouvait facilement en faire accroire. Il connut donc, à n'en pouvoir douter, que Son Éminence l'avait, en cette occasion, sacrifié à sa fortune ; et, depuis ce premier éclaircissement, il n'y eut plus que de l'aigreur et de la défiance entre eux.

Le reproche le plus sensible que fit M. de Chavigny au Cardinal, fut de s'être emparé de l'administration des affaires sans lui en faire part. Le Cardinal avait beau lui dire qu'il n'était pas le maître des volontés de la Reine, cette défaite ne contentait nullement M. de Chavigny, qui s'était flatté de partager avec lui le ministère. En ceci, pour un habile homme tel qu'il était, il se trompa lourdement. L'autorité se partage-t-elle? non, sans doute. Mais quoi ! un ami malheureux n'a-t-il pas quelque droit de s'en prendre à son ami plus heureux, quand il peut le soupçonner d'être la cause de son infortune? Le Cardinal raisonnait tout autrement, et prenait même pour une injure le reproche que lui faisait mon beau-père avec tant de justice. C'est ce qui obligea le Cardinal, pour le mieux détromper de cette égalité prétendue, à le faire arrêter prisonnier dans Vincennes même, dont il était gouverneur; car, d'ailleurs, M. de Chavigny n'avait en rien mérité, par sa conduite, de recevoir un traitement si rigoureux. On sait comment le Parlement, par ses remontrances et ses puissantes sollicitations auprès de la Reine, le fit sortir glorieusement de prison; ainsi, je n'en dirai rien. Je ne parlerai point davantage de la faute que fit M. de Chavigny, lorsqu'il vendit précipitamment à mon père sa charge de secrétaire d'État; il suffira de remarquer que le Cardinal s'empressa de favoriser un arrangement qui entrait parfaitement dans ses vues.

En écartant Chavigny, le cardinal Mazarin s'était trouvé peu à peu délivré de tous ses concurrens au ministère; car M. Desnoyers, qui était fort avant dans les affaires, avait fait la faute de se retirer même avant la mort de

Louis XIII. Il croyait agir habilement, en ce que ne prenant point part à la déclaration qui devait tant déplaire à la Reine, il avait lieu de tout espérer de ses bontés sous la régence; mais il se pressa trop, ou plutôt il fut dupe d'une ruse hardie. Le cardinal de Mazarin, qu'il avait chargé de solliciter sa retraite auprès de Louis XIII, ne rapporta au pauvre M. Desnoyers que la moitié de la réponse du Roi. En effet, le Cardinal ayant dit à Sa Majesté que M. Desnoyers, son collègue et son ami, sollicitait de nouveau sa retraite : *S'il veut demeurer*, dit le Roi, *ramenez-le-moi sur l'heure; sinon, je lui permets de s'en aller où bon lui semble.* Le Cardinal, sans faire connaître à M. Desnoyers qu'il avait l'option, ne lui rendit que la moitié de la réponse, et lui dit seulement qu'il avait obtenu pour lui la permission de se retirer, ce qu'on peut appeler, en bon français, une botte à l'italienne, un franc coup de Jarnac. M. Desnoyers ne se releva pas de ce coup; il éprouva la vérité du proverbe *qui quitte la partie la perd.* Tous les efforts qu'il tenta depuis pour rentrer dans les affaires furent inutiles; il eut beau faire dorer l'appartement de la Reine à Fontainebleau, il eut beau même y placer le buste de Sa Majesté, dès qu'il montra son nez à la cour, le Cardinal lui fit commandement de s'en retourner à Dangu, où il mourut bientôt après de chagrin et de dépit de voir ses grands services si mal récompensés.

Le rondeau qui parut alors dit ces choses d'une manière assez plaisante; j'ai cru le devoir mettre ici. Il a l'air tout-à-fait marotique, et peu de personnes l'ont vu. Les uns disent qu'il est de Benserade, d'autres que c'est le sieur de Coulanges, neveu de M. Letellier, qui l'a fait; quoi qu'il en soit, si j'ai bonne mémoire, le voici tel qu'il est :

### RONDEAU.

Tenez-vous bien loin de la cour,
Et choisissez votre séjour
A Dangu ou bien à Pontoise;
Si mieux vous n'aimez de la toise,
Travaillez à la basse-cour.
C'est un voyage sans retour :
C'est pourquoi, de force ou d'amour,
Où que soyez, sans qu'il vous poise,
 Tenez-vous bien !

## CHAPITRE VII.

>Plusieurs ont festoyé ce jour;
>Mais tel qui rit aura son tour :
>Le prince a l'âme bien matoise ! [1]
>Et vous qui causâtes la noise
>Et lui jouâtes ce bon tour,
>>Tenez-vous bien !

C'est ainsi que l'on se moquait de la faute qu'avait faite le bon petit monsieur Desnoyers en abandonnant la partie. Le feu Roi vivait encore quand ce rondeau vit le jour. L'on m'a plus d'une fois assuré que Niel le mit en chant, et en fit sa cour aux ministres qui avaient obtenu si facilement du Roi le congé de leur collègue; mais cela n'est pas vraisemblable, car Niel n'aurait eu garde d'aller chanter aux oreilles du Cardinal et de M. de Chavigny :

>Et vous qui causâtes la noise
>Et lui jouâtes ce bon tour,
>>Tenez-vous bien !

Aussi, quand le Cardinal fut devenu le maître, peu de temps après, il ne se parla plus de ce rondeau. [2]

---

[1] Le roi Louis XIII. ( *Note de l'Édit.* )

[2] Monglat, en convenant que Mazarin et Chavigny, à

Mazarin, qui était parvenu à se défaire peu à peu de tous ses rivaux, ne mit pas moins d'adresse à perdre dans l'esprit de la Reine la

l'époque dont il s'agit, étaient fort bien ensemble, et qu'ils travaillaient de concert à se défaire de M. Desnoyers, *qui était seul de sa cabale,* ne raconte pas la chose de la même manière. « Desnoyers, faisant le bigot et menant une vie « monastique, s'accordait fort à l'humeur du Roi, qui était « dévot; il s'enfermait avec lui tous les soirs pour dire le « bréviaire, où ils se répondaient l'un à l'autre en psalmo- « diant. Ces familiarités faisaient croire qu'il prenait l'as- « cendant sur les deux autres, et tout le monde jetait les « yeux sur lui comme sur celui qui serait bientôt le maître ; « mais alors qu'on y pensait le moins, sur ce qu'il assura « quelque chose que le Roi ne croyait point véritable, il « lui répondit : *Est-ce ainsi que vous m'en donnez à garder,* « *petit bonhomme ?* Ces mots le piquèrent tellement, qu'il « ne put s'empêcher de dire que s'il le croyait un donneur « de bourdes, il ne devait pas se servir de lui, et qu'il le « priait de lui donner son congé, puisqu'il était en cette « réputation-là dans son esprit. Il fut aussitôt pris au mot, « et eut ordre de se retirer dans sa maison de Dangu. Le « Roi le *pilla* en même temps devant tout le monde, comme « il avait accoutumé de faire tous ceux qui tombaient dans « ses disgrâces. » ( *Mémoires de Montglat,* t. II, p. 402. ) ( *Note de l'Édit.* )

duchesse de Chevreuse, qui avait été long-temps son amie, et le duc de Beaufort, que Sa Majesté honorait d'une bienveillance marquée depuis la mort du feu Roi.

Marie de Rohan, duchesse de Chevreuse, était fille du duc de Montbazon : mariée d'abord au connétable de Luynes, elle épousa le duc de Chevreuse en secondes noces. On dit qu'elle était extrêmement belle étant jeune ; mais comme je ne l'ai vue que depuis son retour de Flandre, et qu'alors elle avançait en âge, je n'ai rien remarqué en elle de sa première beauté. Pour de l'esprit et du cœur, elle en avait plus que femme au monde : elle écrivait une lettre et tout ce qu'elle voulait d'une manière si sensée et si juste, que jamais personne n'a mieux écrit d'affaires; elle y excellait. En fait d'intrigues, le cardinal de Mazarin ( ce que je vais dire est bien fort) a plusieurs fois avoué qu'elle en savait plus que lui. Elle avait la réputation de ne pardonner jamais à ses ennemis. Elle a long-temps gouverné la Reine : elle a souffert pour elle, avec un courage au-dessus de son sexe, la plus cruelle persécution qui fut jamais; errante dans les pays étrangers, et demandant pour ainsi dire son pain de cour en cour; toujours agitée, et jamais moins en repos que lorsque, malgré elle, on la forçait de s'y tenir. Enfin, plutôt que de finir en paix le reste de ses jours, dès qu'occupée des Colbert elle vit luire le premier rayon de leur fortune naissante, elle fit alliance avec eux, et maria son petit-fils à la fille d'un homme qui n'aurait jamais cru, dix ans avant, pouvoir faire ses filles duchesses. Il fallut écraser pour cela le pauvre M. Fouquet : elle le sacrifia sans scrupule à l'ambition de son compétiteur. Je raconterai bientôt cette intrigue avec des particularités nouvelles. Madame de Chevreuse la conduisit avec ardeur : c'est la dernière action de sa vie, et je doute qu'on la canonise jamais pour de telles œuvres.

A la mort de Louis XIII, la duchesse, longtemps exilée, revint à la cour.

« Bien que madame de Chevreuse, dit M. de La Rochefoucauld dans ses Mémoires, fût reçue de la Reine avec beaucoup de marques d'amitié, je n'eus pas grand'peine à remarquer la différence qu'il y avait de la joie qu'elle avait de la voir à celle qu'elle avait eue autrefois de m'en parler, et je reconnus, par de certains défauts qu'elle remarqua en sa personne, que les mauvais offices qu'on lui avait rendus avaient fait une assez grande impression. Madame de Chevreuse les méprisa tous néanmoins, et crut que sa présence détruirait en un moment tout ce que ses ennemis avaient fait contre elle pendant son absence. Elle fut fortifiée dans cette opinion-là par le duc de Beaufort, et ils crurent l'un et l'autre qu'étant unis, ils pourraient facilement détruire le cardinal Mazarin devant qu'il eût eu le temps de s'établir. Cette pensée fit recevoir à madame de Chevreuse toutes les avances du Cardinal comme des marques de sa faiblesse, et elle crut que c'était assez y répondre que de ne pas se déclarer ouvertement de vouloir sa ruine, mais seulement de la procurer en rétablissant M. de Châteauneuf dans les affaires. »

Ce sont jusqu'ici les paroles du duc de La Rochefoucauld; mais, certes, madame de Chevreuse se trompa fort dans son calcul, et le duc de Beaufort bien davantage. La duchesse de

Chevreuse fut éloignée de la cour ; pour M. de Beaufort, il n'en fut pas quitte à si bon marché. Il fut arrêté par Guitaut, capitaine de la Reine-mère, et conduit à Vincennes [1]. Ce prince y resta

---

[1] Le duc de Beaufort fut complétement dupe des feintes bontés d'Anne d'Autriche. La veille même de son arrestation, elle lui avait parlé familièrement, avec douceur, avec affection comme à l'ordinaire. Il était loin de prévoir le sort qui l'attendait. « Il entra donc chez la Reine dans cette sécurité, dit madame de Motteville. Il la trouva dans son grand cabinet du Louvre, qui le reçut amiablement, qui lui fit des questions sur sa chasse comme si elle n'eût eu que cette pensée dans son esprit. Elle avait appris à bien dissimuler du feu Roi son mari, qui avait pratiqué cette laide, mais nécessaire vertu, plus parfaitement qu'aucun prince du monde ; mais enfin, après avoir satisfait, par un faux-semblant, à tout ce que la politique l'obligeait de faire, le Cardinal étant arrivé sur cette douce conversation, la Reine se leva, et lui dit de la suivre. Il parut qu'elle voulait aller tenir conseil dans sa chambre ; elle y passa suivie seulement de son ministre. En même temps, le duc de Beaufort, voulant sortir par le petit cabinet, trouva Guitaut, capitaine des gardes de la Reine, qui l'arrêta, et lui fit commandement de le suivre de la part du Roi et de la Reine. Ce prince, sans s'étonner, après l'avoir regardé fixement, lui dit : *Oui, je le veux ; mais cela, je l'avoue,*

## CHAPITRE VII.

long-temps sous la garde d'un exempt dont j'ai oublié le nom ; mais je me souviens fort bien des détails que me donna le duc de Beaufort sur son évasion : je les tiens de sa propre bouche.

Il allait assez souvent jouer à la paume dans l'enclos de la petite cour du château ; il tenta de corrompre un de ses gardes pour avoir les choses nécessaires à son évasion. Il s'adressa vainement à deux ou trois que ses promesses ne purent ébranler ; mais ayant fait les mêmes offres au valet de l'exempt, celui-ci, moins fidèle à son maître que les gardes ne l'étaient à leur officier, accepta avec joie ses propositions, et feignit une maladie pour avoir la liberté de sortir[1]. Chargé d'un billet que le duc de Beaufort adressait à son intendant, il reçut de lui par avance

---

*est assez étrange....* Puis se retournant du côté de mesdames de Chevreuse et d'Hautefort, qui étaient dans le petit cabinet et qui causaient ensemble, il leur dit : *Mesdames, vous voyez, la Reine me fait arrêter.* » ( Note de l'Édit.)

[1] Il se nommait Vaugrimont. Guy-Joli, dans ses Mémoires, a raconté l'évasion du duc de Beaufort, mais avec bien moins de détails. ( *Note de l'Édit.*)

la somme que le prisonnier lui avait promise pour prix de sa trahison. On apporta dans un pâté une échelle de corde, ou plutôt un peloton de soie avec un bâton qui devait se passer entre les jambes, et se dévidait de soi-même par le poids de celui qui se trouvait dessus à califourchon ; le pâté renfermait aussi deux poignards avec une poire d'angoisse. Le jour que l'on choisit était celui de la Pentecôte. Les gardes, que le duc de Beaufort régalait à cette occasion, buvaient à sa santé et ne s'épargnaient pas. L'exempt, sans défiance, causait avec le prince dans son cabinet, quand son valet, qui avait fermé au verrou la porte d'en bas, entra et fit un signe au duc. Tous deux au même instant tirèrent un poignard, et menaçant l'exempt de le percer au moindre mot, ils lui passèrent la poire d'angoisse dans la bouche ; puis le valet et le duc s'échappèrent par la galerie qui donne sur le parc, du côté de Saint-Maur. Le prince allait descendre le premier, quand le valet de l'exempt l'arrêta. « Tout beau, Monseigneur ! lui dit-il ;
« Votre Altesse, en cas qu'elle soit reprise, ne
« court d'autres risques que de rester en prison ;

« pour moi, c'est autre chose : il y va de la
« corde; souffrez que j'y regarde un peu. » Sans
autre compliment, il prit l'échelle et descendit
le premier. Mais comme ce garçon était gros et
lourd, il rompit la corde de soie par le poids de
son corps, à cinq ou six toises environ de terre, ce
qui obligea le duc à se laisser glisser du mieux
qu'il put du haut en bas du talus en pierre de taille
qui descend, des murailles du donjon, jusqu'au
fond du fossé. Ils en sortirent à l'aide d'une
autre échelle de corde que leur jeta l'écuyer du
duc de Beaufort, qui l'attendait sur le bord du
fossé avec des armes et des chevaux. Ils traver-
sèrent le parc à toute bride; arrivés à la porte
de Nogent, ils la firent ouvrir sans peine. Le
duc se voyant dehors dit son nom au portier;
et ce fut ce portier qui donna le premier l'alarme
au château. Tout y était dans une profonde paix;
il n'y avait que l'exempt qui souffrît beaucoup
sans pouvoir se plaindre. On le trouva couché
par terre, les mains et les pieds liés ensemble
avec une écharpe en réseaux d'argent et d'or
qui lui resta pour sa peine; il avait la poire
d'angoisse dans la bouche, et l'un des poignards

était par terre, auprès de lui ; son épée se trouvait encore à son côté, liée d'un ruban, de peur qu'il ne pût la tirer, et son bâton était rompu à ses pieds.

Il dit comment la chose s'était passée ; mais quoique innocent, il ne laissa pas d'être mis, par ordre de la cour, à la place du prisonnier qu'il avait laissé fuir. Sa captivité dura peu toutefois : il en fut quitte pour vendre sa charge, sur le prix de laquelle il perdit cinq ou six cents écus, que lui rendit depuis le duc de Beaufort ; et quoique la somme soit peu considérable, cela ne laisse pas de faire voir un grand fonds d'équité et de générosité dans ce bon prince, qui la paya sans y être obligé. Voilà l'histoire de la sortie du donjon de Vincennes, un peu mieux particularisée qu'elle ne se trouve dans les histoires de la Barde et de Priolo, qui n'en ont dit que deux mots. Depuis, ce prince erra quelque temps dans les terres et les maisons qu'a monsieur son père au-delà de la Loire. Il en revint bientôt à l'époque de la Fronde ; il s'offrit aux Parisiens dès la première guerre de Paris, et sut gagner leurs cœurs bien moins par

## CHAPITRE VII.

ses discours, qui n'étaient rien moins qu'élégans, que par ses manières familières, sa bonne mine et son air de bravoure. [1]

[1] Le duc de Beaufort était brave, en effet, mais il avait peu d'esprit, et beaucoup moins de facilité à s'exprimer. Il différait en cela de Gaston, duc d'Orléans, qui, placé comme lui au milieu des troubles de la Fronde, parlait avec beaucoup d'aisance et d'agrément. On trouve, dans le Recueil des chansons manuscrites, le couplet suivant sur le duc de Beaufort :

> Dans un combat, il brise, il tonne,
> On le redoute avec raison ;
> Mais à la façon qu'il raisonne,
> On le prendrait pour un oison.
> Gaston, pour faire une harangue,
> Eprouve bien moins d'embarras.
> Pourquoi Beaufort n'a-t-il sa langue ?
> Pourquoi Gaston n'a-t-il son bras ?

En marge du Recueil, mais d'une autre écriture que la chanson, on lit ces mots : « Souvent même, dans la conver-« sation, le duc de Beaufort prenait un mot pour un autre : « il disait d'un homme qu'il avait une *confusion*, pour une « *contusion*; et d'une femme en deuil qu'elle avait l'air « *lubrique*, au lieu de l'air *lugubre*. »

On sait que la célèbre madame de Grignan disait d'un seigneur allemand, qu'il ressemblait au duc de Beaufort, si ce n'est qu'il parlait mieux français. ( *Note de l'Édit.* )

La France n'avait jamais été plus calme et plus heureuse que pendant les cinq premières années de la régence. Mais celles qui les suivirent jusqu'à la majorité de Louis-le-Grand, ne leur ressemblèrent pas. L'État se vit à deux doigts de sa ruine, et l'on peut dire qu'il ne fut sauvé du naufrage que par miracle. Je pourrais, comme un autre, tracer le récit de nos malheurs, mais je persiste à passer sous silence tout ce qu'on trouverait facilement autre part. Il suffit de dire ici, qu'après avoir été exilé, qu'après avoir été proscrit, sa bibliothéque vendue par arrêt du Parlement, ses meubles dispersés et sa tête mise à prix, le Cardinal revint néanmoins en France plus glorieux que jamais, et se maintint si bien depuis, que son autorité passa de beaucoup celle du ministère précédent, quoiqu'il fût fort inférieur en mérite au cardinal de Richelieu.

Or, avant de passer outre, les lecteurs ne seront peut-être pas fâchés que je leur apprenne un fait curieux. Le cardinal Mazarin étant retiré dans sa solitude de Bouillon, l'abbé Fouquet l'y fut trouver, de la part de ses amis, pour

## CHAPITRE VII.

l'obliger à revenir à la cour. M. Fouquet lui donnait l'espérance qu'il y serait bien reçu : Mazarin en avait déjà secrètement la certitude. Une lettre de la Reine lui commandait expressément de revenir au plus vite. Il avait déjà pris dans son cœur la résolution de suivre un si doux commandement : il fit semblant, toutefois, d'être fort irrésolu, et comme il était naturellement tabarin, après avoir long-temps agité les raisons pour et contre, il dit à l'abbé Fouquet : « Or ça, *monsou* l'abbé, voyons ce que le sort nous conseillera dans cette importante affaire. Regardez cet arbre que voilà (ils se promenaient dans la forêt d'Ardenne, et cet arbre était un pin) : si la canne que je tiens et que je vais jeter sur cet arbre, y demeure, ce sera marque infaillible qu'étant retourné à la cour, j'y resterai de même ; mais si la canne retombe, c'est un signe évident que je dois rester ici. » Cela dit, il jette la canne au haut de l'arbre, où elle demeura si bien, qu'elle y est peut-être encore, si le vent ne l'a fait tomber. Soudain, ce maître passé en fait de fourberie, s'écrie dans son étonnement concerté :

« Partons, *monsou* l'abbé, partons; le ciel y consent, et cet arbre de bon augure nous promet un heureux voyage. »

Aussitôt dit, aussitôt fait; l'abbé Fouquet, qui riait en son âme du stratagème, fut fort aise de voir que la canne du Cardinal eût fait seule ce que ses pressantes raisons n'avaient su faire, et prit le devant pour apporter le premier cette bonne nouvelle.

Feu monsieur l'évêque de Châlons-sur-Marne (M. Félix Viallart) m'a conté ce fait. J'en parlai depuis au cardinal de Retz, que je fus voir à Commercy; il me jura *foi de prêtre* (ce fut là son serment) que rien n'était plus véritable.

# ÉCLAIRCISSEMENS

## HISTORIQUES.

# ÉCLAIRCISSEMENS
## HISTORIQUES.

### Note A, Page 36.

« Quand j'ai parlé de l'habit de Buckingham à sa première audience, je devais peut-être parler de celui de la Reine. Il suffit pourtant de ne pas omettre qu'elle portait des ferrets d'aiguillettes de diamans, dont le Roi lui avait fait présent quelques jours auparavant, ce qui pour lors passait pour la plus nouvelle et la plus agréable parure qu'on pût avoir.

« Il y eut à la cour quantité de fêtes ; le cardinal de Richelieu en donna une magnifique dans ses superbes jardins de Ruel, qui passaient alors pour les plus beaux du royaume ; tous les seigneurs qui se piquaient de bonne chère ou de politesse, donnèrent des soupers, des bals, des musiques et des mascarades ; il y en eut chez le Roi et chez la Reine. M. de Buckingham dansait aussi bien qu'homme du monde : la Reine lui fit l'honneur de le prendre pour danser les contredanses ; et comme à cette danse anglaise, l'occasion de s'approcher, de donner la main et de passer souvent l'un auprès de l'autre se trouve à tout moment, les yeux, le geste, la crainte et mille autres choses inexplicables, quoique intelligibles, parlent et tiennent lieu des discours que le respect et les spectacles interdisent. C'en était un trop sensible au cardinal de Richelieu, pour n'être pas inquiet de ce qu'il voyait et de tout ce qu'il entendait dire; la comtesse de Lanoy lui rendait compte de tout ce qu'elle pouvait découvrir; car sous le spécieux titre de dame d'honneur, les Rois ont trouvé le moyen de mettre auprès des Reines une surveillante continuelle. Mais comme la surintendante de la maison a quelques entrées du cabinet encore plus particulières que la dame d'honneur, madame de Chevreuse passait des heures entières toute seule avec la Reine, et le Cardinal, informé de tout ce qui était extérieur, ne le pouvait être de tout ce qui se disait entre la Reine et madame de Chevreuse. Ce ministre pressait la négociation, et le duc de Buckingham l'allongeait. Enfin le jour arriva que les affaires d'État finies, le duc de Buckingham eut l'honneur d'épouser, au nom du Roi son maître, Henriette de France, fille de Henri-le-Grand et sœur de Louis XIII. Les cérémonies s'en firent avec toute la splendeur possible: dans tout ce qui s'y passa, la Reine reçut des témoignages certains de la passion vive et respectueuse de Buckingham, auquel certainement elle voulut donner de l'amour; et si elle en prit, il est pourtant vrai que sa vertu la soutint, et que Buckingham partit personnellement comblé de tous les bons traitemens qu'un étranger peut recevoir dans une grande cour, et piqué seulement de repasser la mer sans autre fruit de son amour que celui d'avoir été favorablement écouté. Une seule chose échappa à la Reine, qui fut de lui envoyer secrètement, la veille de son départ, par madame de Chevreuse, les ferrets d'aiguillettes de diamans dont elle était parée le jour de sa première audience ; et ce présent, qui pouvait être un témoignage de la magnificence de la Reine, devint, par les circonstances du don et par l'agrément du mystère, une galanterie dont Buckingham fut charmé.....

« Pendant le voyage de Buckingham, la comtesse de Clarik, piquée de tout ce qu'elle avait entendu dire de son infidèle, avait trouvé le secret de lier un commerce de lettres avec le cardinal de Richelieu, qui, de son côté, n'avait rien oublié pour augmenter le dépit de la comtesse : c'était le premier homme du monde pour multiplier par toutes sortes de moyens les intelligences qu'il pouvait entretenir dans toutes les cours de l'Europe ; il mettait à cet usage beaucoup d'industrie et beaucoup d'argent. Le don que la Reine avait fait de sa parure de ferrets de diamans n'avait pu être si secret, que la comtesse de Lanoy, sa dame d'honneur, n'en eût eu quelque connaissance, et qu'il n'en fût revenu quelque chose au cardinal de Richelieu. Ce ministre cherchait les moyens de perdre la Reine dans l'esprit du Roi, sur lequel il avait une autorité à la vérité très grande, mais quelquefois balancée par la Reine. Il écrivit à la comtesse de Clarik de mettre tout en usage pour se raccommoder avec Buckingham, et que si, dans quelqu'une des fêtes qui se devaient faire à Londres au carnaval prochain, il se parait des ferrets d'aiguillettes de diamans, elle n'oubliât rien pour en couper adroitement quelques uns, et les lui envoyer. Effectivement, la comtesse se raccommoda avec Buckingham : les hommes sont faibles, et les agrémens d'une femme que l'on a fort aimée séduisent encore quand on la retrouve douce, et qu'elle veut absolument se faire aimer. Un soir qu'il y avait un grand bal à Windsor, Buckingham parut avec un pourpoint de velours noir en broderie d'or, sur l'épaule duquel, pour tenir le baudrier, il y avait un gros nœud de ruban bleu d'où pendaient douze ferrets d'aiguillettes de diamans. Quand le bal fut fini, et que Buckingham fut retiré, ses valets de chambre s'aperçurent qu'il lui manquait deux aiguillettes, et on lui fit voir qu'elles avaient été coupées. Il ne s'était point aperçu de ce vol, et il crut bien que ceux qui l'avaient fait n'étaient pas d'une condition à l'avouer ni à le restituer. Dès le lendemain matin, il dépêcha des courriers à tous les commandans des ports d'Angleterre, pour les faire fermer, avec ordre de ne laisser partir ni le paquebot ordinaire des lettres, ni aucun bâtiment chargé pour la France : c'était dans une conjoncture où les religionnaires du royaume avaient demandé la protection de l'Angleterre, et où les Rochelois révoltés espéraient des secours que le Parlement d'Angleterre leur avait promis, et que le roi Charles I<sup>er</sup> aurait eu bien de la peine à empêcher. La nouvelle de cette cessation de commerce et de lettres fit en France un grand éclat, et donna lieu à mille bruits que la guerre allait se déclarer entre les deux royaumes. Cependant le duc de Buckingham employait secrètement tout son crédit et le savoir-faire du meilleur joaillier de Londres, pour trouver des pierreries si semblables aux dix ferrets d'aiguillettes qui lui restaient, que l'on pût refaire les deux qui lui manquaient tout-à-fait conformes aux autres. En effet, dès que cet ouvrage fut achevé, il renvoya des courriers pour faire ouvrir les ports d'Angleterre, en dépêcha un en France, qui porta secrètement à madame de Chevreuse les douze ferrets de diamans ; il l'instruisit de son aventure, lui faisant part des soupçons qu'il avait jetés sur la comtesse de Clarik, auprès de qui il avait été au bal, et avec laquelle il avait dansé ; et qu'enfin, la priant de rendre à la Reine le présent qu'il avait reçu de sa munificence, il suppliait Sa Majesté de croire qu'il ne s'en détachait que par la crainte qu'il n'y eût en cela quelque mystère caché nuisible à la Reine. Cette précaution ne fut pas inutile ; car dès que le cardinal de Richelieu eut reçu les deux aiguillettes de diamans que la comtesse de Clarik lui avait envoyées, ce ministre, qui cherchait en tout les moyens de perdre la Reine auprès du Roi, dont la jalousie n'avait déjà que trop éclaté à l'occasion de Buckingham, lui mit en tête de prier la Reine de se parer des ferrets de diamans qu'il lui avait donnés, ajoutant qu'il avait eu des avis secrets qu'elle en avait fait assez peu de cas pour les avoir ou donnés ou fait vendre, et qu'un joaillier anglais lui avait fait offrir de lui en vendre deux. C'était un terrible assassinat, qui retomba sur lui, puisque le Roi ayant exigé avec empressement de la Reine de lui faire revoir les mêmes douze ferrets dont il la pria de se parer, la Reine, sans nulle affectation et naïvement, fit apporter sa cassette, que le Roi ouvrit lui-même, et revit la parure entière que la Reine mit ce jour-là. Elle eut même la satisfaction de savoir que le Roi avait fait des reproches au Cardinal de ses défiances. » (*Extrait du Recueil A, page 16.*)

J'ajouterai que cette anecdote, toute romanesque qu'elle puisse paraître, se trouve confirmée par une assertion *très positive* du duc de La Rochefoucauld dans ses Mémoires. Comme il y donne *précisément les mêmes détails*, quoique moins agréablement contés, j'ai cru superflu de citer ce passage, qu'on trouvera tome LI de la *Collection des Mémoires relatifs à l'Histoire de France*, page 343.

### Note B. Page 38.

*Ballet du Roy à l'Hostel-de-Ville.*

L'an 1626, le 4ᵉ jour de février, M. le Bailleul, chevalier, sieur de Vattetot-sur-Mer et de

Soisy-sur-Seine, conseiller d'estat et lieutenant civil et prévost des marchands de la ville, a rapporté à MM. les eschevins, estant au bureau, que le jour d'hier estant au Louvre, le Roy luy avoit dit qu'il vouloit venir danser son ballet audit Hostel-de-Ville, et qu'il vouloit honorer ladite ville de cette action; à ce qu'il eust à donner ordre aux préparatifs nécessaires, et d'y mander toutes les plus belles dames et de conditions relevées pour y assister. A quoy il fit réponse à Sa Majesté, que ce seroit le plus grand honneur que jamais la ville pouvoit recevoir. Et aussi-tost ledit sieur P... des M... avec lesdits sieurs eschevins, procureur du Roy, greffier et receveur de la ville, ont pris résolution de donner ordre à tous lesdits préparatifs pour y recevoir Sa Majesté le plus somptueusement et superbement que faire se pourra.

« Et le dimanche 8ᵉ jour dudit mois de février, ledit sieur P... des M... avec le sieur Clément, greffier de la ville, sont allés ensemblement voir le Roy au Louvre, auxquels Sa Majesté a confirmé que sans faillir, il viendroit danser sondit ballet audit Hostel-de-Ville, environ caresme prenant, et qu'il y falloit mander les belles dames et bourgeoises de la ville. Auquel ledit sieur P... des M... a dit que cette nouvelle estoit déjà répandue par toute la ville, qui s'en réjouissoit.

« Et le lundi 9ᵉ dudit mois de février, lesdits sieurs prévost des marchands et eschevins ont commencé à faire faire lesdits préparatifs pour recevoir Sa Majesté. Et à cette fin, ont envoyé quérir les maistres des œuvres de maçonnerie et charpenterie de la ville pour faire les eschafaux, galeries, théâtres et amphithéâtres dans la grande salle de l'Hostel-de-Ville, pour y mettre les dames et les compagnies, mesme en ont pris l'avis du sieur Franchine.

« Aussi ont envoyé quérir l'espicier de la ville, auquel ils ont commandé de tenir prest grande quantité de flambeaux blancs, tant grands que petits, pour mettre dans les chandeliers et croisées qui seront au plancher des grandes salles, chambres, galeries et bureaux dudit Hostel-de-Ville, et sur les tables; aussi pour préparer grande quantité de confitures pour les collations du Roy, des princes, masques et autres compagnies.

« Ont aussi envoyé quérir le menuisier de la ville, pour travailler de son mestier à ce qui sera nécessaire, faire tous lesdits chandeliers et croisées de bois, avoir des plaques pour attacher dans toutes les chambres, montées et galeries, pour dans ycelles mettre les petits flambeaux blancs.

« Et le samedi 21 dudit mois de février, mesdits sieurs les P.... des M... et E... et greffier sont allés vers Sa Majesté pour s'assurer du jour qu'elle viendroit danser son ballet, afin de faire préparer lesdites collations, et envoyer prier les dames. Auxquels auroit esté dit par Sa Majesté que ce seroit la nuit du jour du caresme prenant.

« De manière que lesdits sieurs de la ville auroient mandé la veufve Croisier, cuisinière, pour préparer les festins de poissons, au lieu de chair, ce qu'elle auroit promis......

« Et le mardi 24 dudit mois, jour de caresme prenant, sur les dix heures du matin, seroit venu audit Hostel-de-Ville le sieur Delacoste, enseigne des gardes-du-corps du Roy, suivy de deux exempts et de nombre d'archers du corps, qui ont demandé audit sieur Clément toutes les clefs des portes, chambres et bureaux dudit Hostel-de-Ville, qu'il leur a à l'instant baillées avec un billet attaché à chacune clef pour la reconnoître ; et se sont, lesdits gardes, saisis de toutes lesdites portes et avenues dudit Hostel-de-Ville.

« Et environ les onze heures, y est venu ledit sieur Duhallier, capitaine des gardes, suivy d'un bon nombre d'archers ; et quelque temps après ledit sieur de Montbazon, et ont tous disné audit Hostel-de-Ville avec lesdits sieurs prévost des marchands, eschevins, greffier et receveur ; le procureur du Roy ne s'y estant trouvé à cause de son indisposition.

« Sur les trois heures de relevée sont venues deux compagnies des gardes dans la Grève, l'une françoise, et l'autre suisse, le tambour sonnant.

« Sur les quatre heures, les compagnies ont commencé à venir, qui ont esté placées l'une après l'autre dans ladite grande salle, par lesdits sieurs Duhallier et Delacoste, suivis des archers. Et se peut dire, il est vrai, que jamais on a veu un si bel ordre et moins de confusion, par le soing et prévoyance dudit sieur Duhallier.

« Les seigneurs et dames estant placés sur les théâtres et eschafaux, l'on a allumé tous les flambeaux, et lors toutes les belles dames ont esté reconnues, qui estoient pleines de perles et de diamans, et parées à l'avantage.

« Sur les onze heures du soir y est venue madame la première présidente, qui a esté reçue par mesdits sieurs de la ville, et placée à la première place.

« Sur la minuit, l'on a dressé la collation des confitures pour le Roy, dans la petite salle du costé de l'église Saint-Jean, où a esté aussi dressé le buffet d'argent de la ville, gardé par quatre archers, à laquelle collation a esté mis plus de six cents bouettes de confitures fines.

« Plus, a esté dressé trois grandes tables pour y mettre le festin de poisson, lequel toutefois l'on n'a pas fait cuire, que quand l'on a veu comme arrivoient les masques.

« Toute la nuit, les vingt violons ont sonné et joué de leurs violons dans ladite grande salle, pour entretenir la compagnie, sans que l'on y ait dansé, d'autant que les dames ne vouloient quitter leurs places.

« Messieurs de la ville ont eu le soin de faire changer et renouveller les flambeaux blancs à mesure qu'ils étoient bruslés, y ayant dans ladite salle trente-deux croisées de chandeliers, dedans lesquelles il y avoit cent vingt-huit flambeaux, qui ont esté renouvellés et changés deux fois pendant toute la nuit ; et ainsi de mesme aux autres salles, chambres et bureaux. '

« Sur les quatre heures du matin, les masques ont commencé à venir. Mesdits sieurs les P... des M... et E... et greffier se sont vestus de leurs robbes de drap mi-parties, fors ledit sieur prévost, qui avoit sa robbe de satin mi-partie, et sont allés au-devant du Roy, marchans devant eux les dix sergents de la ville, aussi vestus de leurs robbes mi-parties, et tenans chacun deux flambeaux blancs allumés en leurs mains. Et auroient, lesdits sieurs de la ville, rencontré le Roy sur les montées ; auquel mondit sieur le prévost des marchands a fait un petit compliment sur sa bienvenue, et de l'honneur que la ville recevoit cejourd'hui par sa présence. Laquelle Majesté s'est excusée de ce qu'elle venoit si tard, que ce n'étoit pas sa faute, ains des ouvriers qui n'avoient pas achevé assez tost les préparatifs. Laquelle Majesté a esté conduite par lesdits sieurs gouverneur, prévost des marchands, eschevins et greffier, dans le cabinet dudit sieur greffier qui avoit esté préparé pour Sa Majesté, où elle a pris sa chemise et ses habits de masque. Monsieur, frère unique du Roy, a esté conduit dans la chambre dudit greffier proche ledit cabinet où estoit le Roy. M. le comte de Soissons, prince du sang, a esté conduit dans le petit bureau qui lui estoit préparé. MM. les autres princes et seigneurs qui estoient du grand ballet, dans les autres chambres. Les masques dans le grand bureau. Les masques des musiques et violons dans la chambre de la première galerie ; en toutes lesquelles il y avoit du feu, pain, vin et viandes.

« Lesdits sieurs P... des M... E... et greffier ainsi vestus de leurs robbes mi-parties ont toujours suivy Sa Majesté jusqu'à ce qu'il ait esté prest de danser son ballet.

« Ledit sieur Duhallier, ainsi qu'il avoit esté projetté, a fait oster les violons de la ville, qui estoient sur les eschafaux et en leur place y a fait mettre les violons du Roy, qui sonnoient au ballet.

« Et environ les cinq heures du matin, Sa Majesté et tous les autres masques sont allés dans la grande salle pour danser le ballet, et lors les violons ont commencé à sonner. Et pendant que les premiers masques faisoient leurs entrées, Sa Majesté, Monsieur, et les autres princes se sont mis dans la loge de charpenterie faite exprés à l'entrée de la salle, et que le ballet appeloit *la ville de Clamart*, proprement une taverne pour les voir danser. Après quelques entrées faites, le Roy est venu masqué, qui a pareillement dansé avec d'autres. Les machines ont aussi fait leur effet. Et après le grand ballet à danser, qui estoit composé du Roy et douze autres princes et seigneurs, et entre autre de Monsieur, frère du

Roy, de M. le comte de Soissons, de M. le grand-prieur, de M. le duc de Longueville, de M. le duc d'Elbœuf, de M. le comte Harcourt, de M. le comte de Laroche-Guyon, de M. de Liancourt, de M. de Baradas, de M. le comte de Cramail, et de M. le chevalier de Souveray, tous vestus très richement.

« Après tout ledit ballet dansé, qui a duré du moins trois heures, les violons ont commencé à jouer une danse, et s'est Sa Majesté et les autres masques démasqués, et ont tous les dessus nommés pris chacun une femme pour danser audit branle, à savoir Sa Majesté a pris madame la première présidente, Monsieur, frère du Roy, madame de Bailleul, femme dudit sieur P... des M..., monsieur le comte après, et ainsi lesdits princes et seigneurs.

« Ledit branle fini, Sa Majesté a esté conduite par mesdits sieurs de la ville, dans la salle où estoit préparé le festin et la collation, lequel festin, qui estoit de très beau poisson, a esté admiré par le Roy, lequel estant tout debout a mangé fort long-temps des viandes dudit festin, estant accompagné desdits princes et seigneurs cidessus nommés, qui ont semblablement fort mangé desdites viandes, mesdits sieurs de la ville avec ledit greffier estant toujours proches de Sa Majesté lors dudit festin. Et ayant Sa Majesté demandé à boire, tenant le verre à la main, auroit dit tout haut, adressant la parole audit sieur prévost des marchands, *qu'il alloit boire à luy et à toute la ville;* et se tournant vers lesdits sieurs eschevins, auroit aussi bu à eux semblablement; et particulièrement, s'adressant audit greffier, luy auroit fait la faveur de boire à luy, ce qu'ils ont fait aussi avec une joye non pareille. Et à l'instant Sa Majesté s'est approchée de la table aux confitures, qui estoit couverte de deux grandes nappes blanches, lesquelles nappes ayant esté levées, Sa Majesté se reculant en arrière, admirant le grand nombre de confitures exquises qui y estoient, auroit dit tout haut: *Que voilà qui est beau!* et en même temps Sa Majesté auroit choisi elle-mesme trois bouettes desdites confitures. Et tout aussi-tost tous lesdits princes et seigneurs et autres personnes se sont jetés sur ladite collation, qui a été prise, ravie et dissipée, et la moitié renversée à terre, à quoy le Roy auroit pris un singulier plaisir. Ce fait, Sa Majesté auroit dit auxdits sieurs de la ville et audit greffier, *qu'il estoit très content d'eux, et qu'il les en remercioit, et qu'il n'avoit jamais veu un plus bel ordre ni n'avoit jamais mangé de plus grand appétit qu'il avoit fait;* et tout vestu en masque comme il estoit lorsqu'il avoit dansé son grand ballet, s'en seroit allé, et a été conduit par mesdits sieurs de la ville et ledit greffier, qui avoient toujours leurs robbes mi-parties, jusque le perron dudit Hostel-de-Ville, où estant environ neuf heures du matin, l'artillerie, canons et bouettes de la ville commencèrent à tirer; à quoy Sa Majesté prit un fort grand plaisir, et se tint fort long-temps sur ledit perron, estant veu de tout le peuple qui estoit dans la Grève, laquelle Grève estoit toute pleine de monde qui crioit *vive le Roy* avec grandes acclamations de joye. Et le Roy remerciant de rechef lesdits sieurs de la ville, est entré dans son carrosse pour aller en son Louvre, marchant devant luy les Suisses de la garde, le tambour sonnant.

« Et est à noter que par les ruës par où le Roy a passé pour venir du Louvre audit Hostel-de-Ville, il y avoit des lanternes de papier de diverses couleurs à chacune fenestre et boutique de toutes les maisons, suivant les mandemens envoyés par ladite ville aux quarteniers à cette fin ; comme aussi tout en estoit plein audit Hostel-de-Ville, tant dedans que dehors, ce qui faisoit fort bon voir. »

## Note C, Page 43.

Le cabinet des estampes, à la Bibliothéque du Roi, possède une précieuse collection de gravures historiques, rangées méthodiquement, année par année ; ces gravures, toutes relatives à des événemens du temps, sont accompagnées de notes où l'on trouve de l'intérêt et de l'instruction. Le carton qui comprend l'année 1638 renferme une gravure représentant, suivant les propres mots qu'on lit au bas, *le système du monde au moment de la naissance de Louis-le-Grand, le 5 de septembre, à onze heures trente minutes du matin*. On lit la note suivante, écrite à la main, sur la page qui vient après :

*Horoscope de Louis XIV par Campanella.*

« Campanella, jacobin espagnol, qui estoit aussi
« bon philosophe que sçavant à prédire l'avenir,
« estant détenu dans les prisons de l'inquisition de
« Milan, trouva accès, par ses amis, auprès du car-
« dinal de Richelieu, qui le tira de captivité et le fit
« venir à Paris. Pendant ce temps, la reine Anne
« d'Autriche estant accouchée de Louis XIV, sur-
« nommé *Dieu-Donné*, elle fut curieuse de sçavoir
« quelle seroit la destinée d'un prince si cher à la
« France et si long-temps souhaité. Elle en parla au
« cardinal de Richelieu, lequel envoya quérir Cam-
« panella, dont il connoissoit le talent pour les pré-
« dictions, et lui ordonna de tirer l'horoscope du
« Dauphin sans y rien déguiser de la vérité. Ce phi-
« losophe ne pouvant rien refuser au Cardinal, après
« les grandes obligations qu'il lui avoit, fit dépouiller
« le Dauphin tout nud ; et, l'ayant bien considéré de
« tous costés, le fit rhabiller : ensuite de quoi il se
« retira chez lui pour faire ses observations.

« On fut quelque temps sans recevoir de ses nou-
« velles. La Reine impatiente d'apprendre le sort du
« Dauphin, ayant demandé réponse, Campanella
« revint à la cour, fit dépouiller encore ce jeune
« prince tout nud pour l'examiner de rechef, et vé-
« rifier si les observations qu'il avoit faites se trou-
« voient justes. Le Cardinal le pressant enfin de dire
« ce qu'il avoit remarqué, il répondit :

« *Erit puer ille luxuriosus, sicut Henricus Quartus, et valdè superbus. Regnabit diù, sed durè, tamen feliciter; desinet misere, et in fine erit confusio magna in religione et in imperio.* »

Je n'attache pas, comme on peut bien le penser, à l'anecdote, et surtout à l'horoscope, plus d'importance qu'elle n'en mérite; mais l'estampe, beaucoup plus authentique que tout le reste, prouve quelles étaient encore, à ce sujet, les idées du temps.

Je n'ajouterai qu'un seul mot. A la suite de cette estampe, où l'on voit le système du monde, se trouvent, dans le recueil de la Bibliothéque, deux vignettes : dans l'une, on aperçoit le Dauphin dans son maillot, recevant une cornette impériale que lui envoyait le duc de Veimar, qui servait alors en France; l'autre représente *le vrai pourtraict* de M. le Dauphin. Il est curieux de voir le berceau de Louis XIV ombragé d'étendards enlevés à l'ennemi.

### Note D, Page 63.

« Nous revînmes donc à Paris le lendemain 12 mai, dit Du Fossé à la suite de la citation que j'ai faite. Le lendemain, M. de Saci et M. Fontaine, qui l'accompagnait toujours, sortirent dès les cinq heures du matin, pour aller à l'hôtel de Longueville trouver un de nos amis qui y logeait, et à qui M. de Saci avait affaire; comme j'étais fatigué du voyage dont j'ai parlé, à cause de l'excessive chaleur qu'il faisait alors, je me levai ce jour-là un peu plus tard qu'à mon ordinaire. Étant allé ouvrir, selon ma coutume, aussitôt que je fus levé, c'est-à-dire sur les six heures, une des fenêtres de mon cabinet, afin d'y donner de l'air, je rentrai ensuite dans ma chambre pour achever de m'habiller ; peu de temps après, j'entendis grand bruit dans mon cabinet, comme gens qui sautaient dedans. Je m'avançai aussitôt pour voir ce que c'était, et je vis, dans ce moment, trois ou quatre Suisses tout effarés, prêts à se jeter sur moi si j'avais fait mine de résister, et d'autres qui entrèrent encore, jusqu'au nombre de dix ou douze.

« J'avoue que je fus extrêmement surpris, ne pouvant du tout comprendre à qui ils en voulaient. Croyant d'abord que c'étaient des gens qui avaient fait ou qui voulaient faire quelque méchant coup, je leur demandai ce qu'ils voulaient, et qui pouvait les autoriser à entrer ainsi par-dessus les murs et par les fenêtres dans ma maison. Les premiers me dirent qu'ils venaient de la part de monsieur le colonel ; ils se hâtèrent d'aller lui ouvrir la porte, aussi-bien qu'à monsieur le lieutenant civil et au chevalier du guet. Un moment après, je les vis paraître dans ma chambre, précédés par deux commissaires, qui me dirent : « Monsieur, voilà monsieur le lieutenant civil. » Je n'étais pas encore habillé, ne faisant que sortir du lit. Le lieutenant civil, qui me vit fort surpris, voulut me rassurer ; mais je lui témoignai combien j'avais lieu d'être surpris de me voir traité comme on ferait un capitaine de voleurs ; à quoi il répondit que c'était un ordre du Roi. Aussitôt ils mirent des gardes à toutes les portes, tant du jardin que des chambres ; on donna aussi des gardes à nos gens, et on arrêta mon frère dans sa chambre. Je me hâtai de m'habiller, pendant que le lieutenant civil fit préparer une espèce de bureau où il pût dresser ses procès-verbaux et faire écrire notre interrogatoire....

« Après qu'il eut achevé de m'interroger, comme il n'avait rien trouvé dans mes paroles qui pût donner lieu de me soupçonner de la moindre chose, il voulut chercher au moins dans mes papiers de quoi justifier tout ce grand éclat qu'on avait fait pour nous arrêter. Je sacrifiai volontiers la peine que me causait une si grande indignité, assuré comme je l'étais de ma parfaite innocence. Ainsi, je lui exposai toutes les lettres qui se trouvèrent dans ma poche, et qui ne servirent qu'à lui prouver de plus en plus qu'on s'était furieusement mépris dans tout ce qu'on avait fait. Ensuite il voulut visiter mon cabinet ; et comme il s'appliqua d'abord à regarder la belle vue du jardin, je sauvai les petites *Lettres provinciales,* de l'impression de Hollande, qui se trouvèrent sur une table, et qu'il eût pu mettre dans sa poche, comme un livre méchant pour moi et bon pour lui. »
(*Extrait des Mémoires sur MM. de Port-Royal,* par M. Du Fossé, p. 271.)

Du Fossé fut conduit avec son jeune frère à la Bastille, où on les enferma séparément d'abord. L'estime que M. Letellier avait pour lui et pour sa famille, et bien plus que tout cela l'extrême innocence de sa conduite, déterminèrent bientôt ceux qui l'avaient fait mettre en prison à lui rendre sa liberté.

« L'ordre pour notre élargissement fut donné à expédier par les soins si obligeans de ce ministre, rempli de bonté pour nous. Cinq ou six jours après qu'on nous eut réunis ensemble, cet ordre nous fut apporté dans notre chambre par le lieutenant de la Bastille et par le commissaire Picart, lorsqu'à peine nous commencions à goûter la douceur d'être en compagnie, après avoir demeuré long-temps solitaires, et que la prison même n'avait plus pour nous que des charmes, par rapport à la manière dont on nous avait traités auparavant....

« C'était l'heure du dîner, et nous sentions notre conscience si nette de tous les crimes pour lesquels on aurait pu nous retenir à la Bastille, que nous jugeâmes à propos d'y prendre encore un fort bon repas avant que d'en sortir; nous voulûmes même avoir le plaisir de monter sur la terrasse, dont la promenade est fort belle; et parce qu'on me témoigna que M. de Guénégaud, trésorier de l'Épargne, qui était alors prisonnier, avait souhaité nous voir, nous allâmes lui rendre visite dans sa chambre, où était aussi la dame son épouse. Nous fîmes toutes ces choses avec une tranquillité qui étonna bien des gens, à qui il paraissait que des prisonniers ne pouvaient sortir trop tôt de prison après avoir reçu l'ordre de leur élargissement. » ( *Extrait des Mémoires sur MM. de Port-Royal*, par M. Du Fossé, p. 288.)

## Note E, Page 91.

Les tentatives de poison qu'on avait souvent formées contre la vie des princes, obligeaient les personnes chargées de leur service intérieur à multiplier les précautions autour d'eux. On serrait avec soin tout ce qui servait à leur usage particulier. Leurs cuillères, leurs couteaux, leurs fourchettes, étaient placés dans un coffret d'or ou de vermeil, qu'on posait devant eux à table, et qu'on appela *cadenas*, du nom sans doute de la serrure qui servait à les fermer. Ce qui avait été long-temps une précaution indiquée par la prudence, servit plus tard d'attribut au plus haut rang. Les Rois, les Reines et quelques princes avaient seuls le droit de faire poser devant eux des *cadenas*. Il y en avait qui étaient d'une grande magnificence. Le cabinet des estampes, à la Bibliothéque du Roi, possède encore le dessin original d'un cadenas qui fut exécuté en 1678, par Delaunay, gendre de Ballin, célèbre orfévre à cette époque. On lit ces mots sur la feuille même qui contient le dessin :

« Le dessin de ce cadenas a été exécuté en or pour

la reine Marie-Thérèse, épouse de Louis XIV ; et son excellence M. Colbert régla la façon de cet ouvrage à quatre mille livres. Ledit cadenas pesait vingt-deux marcs d'or. » [1]

Quant à *la nef*, c'était également une pièce d'argenterie qui avait la forme d'un navire, et dans laquelle on mettait les serviettes destinées soit au Roi, soit à la Reine.

La Colombière, dans sa *Science héroïque du blason*, prétend que le grand-panetier doit avoir au-dessus de ses armes la nef d'or et le cadenas qu'on met pour le couvert du Roi.

Voici maintenant dans quel ordre se mettait le couvert et se servait *la viande*, d'après le réglement du 7 juin 1681.

« ART. 24. Lorsque les officiers du gobelet porteront le couvert, l'huissier de la salle marchera à la tête ; un chef du gobelet ensuite, qui portera la nef, avec un garde-du-corps à côté, et derrière les autres officiers, lesquels mettent la nef et le couvert sur la table ordinaire, et ensuite les gentilshommes servans feront faire devant eux l'essai par lesdits officiers, et pren-

---

[1] Voici la définition que donne Richelet du mot *cadenat*, qu'il écrit par un *t*.

« Carré d'argent ou de vermeil doré, soutenu de trois petites boules de métal, à l'un des côtés duquel il y a une manière d'étui où l'on met la cuillère, la fourchette, le couteau de quelque personne de grande qualité, comme princesse, duchesse, etc. »

dront ensuite le couvert de Sa Majesté pour le porter sur la table où elle mangera.

« Art. 25. Quand Sa Majesté aura demandé la viande, le maître-d'hôtel se rendra à la bouche, où il aura soin de faire l'essai, et de le faire faire à l'écuyer : ce qui sera fait faire de nouveau par les gentilshommes servans, lorsque la viande sera sur la table de Sa Majesté.

« Art. 26. La viande de Sa Majesté sera portée en cet ordre : deux des gardes marcheront les premiers, ensuite l'huissier de salle, le maître-d'hôtel avec son bâton, le contrôleur clerc d'office, et autres qui porteront la viande; l'écuyer de cuisine et le garde-vaisselle; et derrière eux deux autres gardes de Sa Majesté, qui ne laisseront approcher personne de la viande; et les officiers ci-dessus nommés avec un gentilhomme servant, retourneront à la viande à tous les services. »

### Note F, Page 91.

« Il est du devoir des gardes de la porte de ne laisser entrer au logis du Roi que les carrosses, les chaises, de ceux auxquels Sa Majesté en a donné la permission, qui l'ont de droit par leur naissance ou par leurs charges.

« Ces carrosses ou chaises sont ceux du Roi, de la Reine, du Dauphin, de la Dauphine, des fils et filles de France et de leurs enfans, des princes et princesses du sang, des princes et princesses légitimés; ceux des souverains et des princes étrangers et de leurs suites ; ceux des cardinaux, des nonces et des légats, des ambassadeurs ordinaires et extraordinaires des têtes couronnées et des principales républiques, des envoyés des mêmes puissances (mais seulement le jour de leur première et de leur dernière audience), des ducs, comtes et pairs de France, des grands d'Espagne, du chancelier et garde des sceaux, des maréchaux de France et de leurs femmes ; ceux des premiers officiers et officières de la Reine et de la Dauphine : savoir, des chevaliers d'honneur, des dames d'honneur et des dames d'atours : ceux-ci jouissent de ce droit pendant leur vie, même après la mort de ces princesses.

« Ceux enfin du chancelier des ordres du Roi et du chancelier de l'ordre militaire de Saint-Louis, quand le Roi n'y est point.

« Outre ces divers privilégiés, le Roi accorde quelquefois la même grâce à d'autres personnes, comme au premier médecin, au confesseur, etc., etc.

« Mais aucun carrosse ne peut entrer dans la cour du palais qu'il ne soit jour chez Leurs Majestés, et les privilégiés n'y peuvent entrer à toute heure qu'en chaise à porteurs.

« Si quelqu'un des privilégiés se trouve dans un autre carrosse que le sien, on ne laisse pas de le faire entrer ; mais aussitôt qu'il est descendu, on fait sortir ce carrosse de la cour, au lieu que les carrosses des privilégiés y restent toujours, quelques personnes qu'il y ait dedans.

ÉCLAIRCISSEMENS. 355

« Tous les carrosses qui entrent chez le Roi se rangent le plus près qu'il est possible du bas de l'escalier, selon le rang que tiennent en France les maîtres ou maîtresses ; ainsi, s'il en survient un d'un prince du sang, celui d'un duc et pair est obligé de se retirer plus bas. Cette distinction néanmoins n'a pas toujours exactement lieu, à cause du désordre qu'elle produirait.

« C'est un devoir aux gardes de la porte, pour être dans le cas de distinguer les carrosses des privilégiés, de s'attacher à connaître leurs personnes, ou bien leurs livrées et armoiries.

« Lorsque le factionnaire s'aperçoit que quelque carrosse non privilégié est entré dans la cour par surprise ou autrement, il en avertit promptement la garde. L'officier qui la commande dénonce le carrosse au commandant de la garde des gardes de la prévôté, et celui-ci saisit le carrosse, le fait mettre en fourrière, et procède contre les délinquans. » (*Traité des Droits*, t. I, p. 115.)

### Note G, Page 105.

Voici la singulière anecdote dont j'ai parlé p. 105. Après l'avertissement que j'ai donné en note, et que je renouvelle ici, les dames qui liront ce passage ne pourront en accuser qu'elles seules.

« Le duc d'Usez venait d'épouser une femme charmante. Il était jeune et bien fait lui-même, et cependant on se disait tout bas à l'oreille que, mariée depuis huit jours, la duchesse d'Usez n'était point encore femme. Personne n'accusait le mari; on rejetait la faute sur la duchesse, qui avait, disait-on, des torts tout à la fois rares et charmans. On parlait de chirurgien, d'opération; que sais-je? Louis XIV, comme à son ordinaire, voulut tout savoir. Force fut bien à M. le duc d'Usez d'expliquer discrètement à Sa Majesté de quelle nature étaient les obstacles qui l'empêchaient d'être heureux dans son bonheur même. « Fort bien ! j'entends, je comprends, dit le « Roi; mais, croyez-moi, prenez un chirurgien qui « ait la main légère ! »

S'il était difficile de se montrer plus curieux, il était impossible de s'exprimer avec plus de finesse.

### Note H, Page 113.

#### Le grand Condé au combat du faubourg Saint-Antoine.

« Comme je fus près de la porte Saint-Antoine, dit mademoiselle de Montpensier en racontant la part qu'elle avait prise dans cette affaire, j'envoyai M. de Rohan porter l'ordre de laisser aller et venir nos gens au capitaine qui était de garde, afin qu'il fît tout ce que je lui manderais. Les ordres de l'Hôtel-de-Ville portaient que l'on fît tout ce que j'ordonnerais. J'entrai dans la maison d'un maître des comptes, nommé M. de La Croix, qui me la vint offrir : c'est la plus proche de la Bastille, et les fenêtres donnent sur la rue. Aussitôt que j'y fus, M. le Prince m'y vint voir ; il était dans un état pitoyable : il avait deux doigts de poussière sur le visage, ses cheveux tout mêlés ; son collet et sa chemise étaient pleins de sang, quoiqu'il n'eût pas été blessé ; sa cuirasse était pleine de coups, et il tenait son épée nue à la main, ayant perdu le fourreau ; il la donna à mon écuyer. Il me dit : « Vous voyez un homme au désespoir ; j'ai perdu tous mes amis : MM. de Nemours, de La Rochefoucauld et Clinchamp sont blessés à mort. » Je l'assurai qu'ils étaient en meilleur état qu'il ne le croyait ; que les chirurgiens ne les croyaient pas blessés dangereusement, et que tout présentement je venais de savoir des nouvelles de Clinchamp, qui n'était qu'à deux portes d'où j'étais ; que Préfontaine l'avait vu ; qu'il n'était en aucun danger. Cela le réjouit un peu : il était tout-à-fait affligé. Lorsqu'il entra, il se jeta sur un siége, il pleurait et me disait : « Pardonnez a la douleur où je suis. » Après cela, que l'on dise qu'il n'aime rien ; pour moi, je l'ai toujours connu tendre pour ses amis et pour ce qu'il aimait. » (*Extrait des Mémoires de mademoiselle de Montpensier,* tome II, page 262.)

Note H *bis*, Page 121.

## VERS POUR LE MARQUIS DE SAUCOURT,

*Représentant Olivier dans* les Plaisirs de l'île enchantée. *Course de bague faite par le Roi à Versailles, le 6 mai 1664.*

Voici l'honneur du siècle, auprès de qui nous sommes,
Et même les géans, de médiocres hommes ;
Et ce franc chevalier, à tout venant tout prêt,
Toujours pour quelque joûte a la lance en arrêt.

## VERS POUR LE DUC DE ROQUELAURE,

*Représentant une Dryade dans le ballet royal des* Noces de Pelée et de Thétis, *dansé par Sa Majesté en 1654.*

Il n'est point de forêt qui ne soit indignée
Du fracas ennuyeux que j'ai fait tant de fois ;
Et sitôt que je hante une souche de bois,
Il vaudrait tout autant qu'on y mît la cognée.

Si Benserade, lorsque ces vers s'adressaient à des femmes ou à des jeunes personnes, se permettait des allusions moins grossières, il avait encore bien peu de réserve dans ses expressions. Dans *les Noces de Village*, ballet dansé par Sa Majesté en son château de Vincennes, en 1663, mademoiselle de Sévigné représentait une Amazone. Il fit pour elle les vers suivans :

Belle et jeune guerrière, une preuve assez bonne
Qu'on suit d'une Amazone et la règle et les vœux,

C'est qu'on n'a qu'un téton : je crois, Dieu me pardonne,
  Que vous en avez déjà deux.

Deux ans avant, il avait adressé ceux qui suivent à mademoiselle de Mancini, qui représentait une Muse dans le ballet royal des *Saisons,* dansé par Sa Majesté à Fontainebleau, en 1661.

 Cette petite Muse, en charmes, en attraits,
  N'est à pas une inférieure :
  Aussi, pas une jamais
 N'eut l'esprit et le sein formés de si bonne heure.

Une année avant, Benserade, entraîné par son goût pour les allusions, en avait placé d'étranges dans un poëme adressé *à mademoiselle de Beauvais, sur l'accomplissement du mariage de Leurs Majestés.*

Il dit, en parlant de Louis XIV et de la jeune Reine :

 Dans l'un éclate une amoureuse ardeur,
 Dans l'autre brille une extrême pudeur :
 Telle parut en sa grâce infinie
 La patiente et belle Iphigénie
 Sous le couteau du sacrificateur,
 Qu'elle souffrit pourtant de moins bon cœur.

Benserade passait alors pour le poète le plus galant du temps et pour un des hommes les plus polis de la cour : voilà pourtant une étrange galanterie et de singuliers vers, surtout quand on pense qu'ils étaient écrits pour une demoiselle.

## Note I, Page 124.

La musique du Roi était déjà nombreuse au commencement du dix-septième siècle ; en 1617, on entendit dans la salle des Machines, aux Tuileries, un chœur que chantaient soixante-quatre voix, accompagnées de vingt-huit violes et de quatorze luths. La musique de ce chœur existe, elle est jointe à la gravure qui représente la salle des Machines, où fut chanté ce morceau [1]. Il serait peut-être aujourd'hui beaucoup plus curieux qu'agréable d'en entendre l'exécution.

Lulli, quand il parut, fit dans son art une révolution complète. Il est remarquable qu'en parlant de ses heureuses innovations et de ses succès, les écrivains de son temps lui donnent précisément les mêmes éloges qu'ont reçus depuis lui, tour à tour, Rameau, Gluck, Mozart et Rossini.

« A son arrivée en France, dit Perrault dans ses *Hommes illustres*, il s'attacha auprès de mademoiselle de Montpensier ; mais le Roi, qui a le goût si exquis pour toutes les belles choses, n'eut pas plus tôt ouï des airs de sa composition, qu'il voulut l'avoir à son service. Il lui ordonna de prendre soin de ses violons, car il jouait de cet instrument d'une manière dont personne n'a jamais approché ; et même Sa Majesté en créa une nouvelle bande en sa faveur,

---

[1] Cabinet des estampes à la Bibliothéque du Roi.

qu'on nomma les petits violons, qui, instruits par lui, égalèrent bientôt et surpassèrent même la bande des vingt-quatre, la plus célèbre de toute l'Europe. Il est vrai qu'ils avaient l'avantage de jouer des pièces de la composition de M. de Lulli, pièces d'une espèce toute différente de celles que jusque-là on avait entendues. Avant lui, on ne considérait que le chant du dessus dans les pièces de violon ; la basse et les parties du milieu n'étaient qu'un simple accompagnement et un gros contre-point, que ceux qui jouaient ces parties, composaient le plus souvent comme ils l'entendaient, rien n'étant plus aisé qu'une semblable composition. Mais M. Lulli a fait chanter toutes les parties presque aussi agréablement que le dessus ; il y a introduit des fugues admirables et surtout des mouvemens tout nouveaux, et jusque-là presque inconnus à tous les maîtres ; il a fait entrer agréablement dans ses concerts jusqu'aux tambours et aux timbales, instrumens qui, n'ayant qu'un seul ton, semblaient ne pouvoir en rien contribuer à la beauté d'une harmonie ; mais il a su leur donner des mouvemens si convenables aux chants où ils entraient, qui la plupart étaient des chants de guerre et de triomphe, qu'ils ne touchaient pas moins le cœur que les instrumens les plus harmonieux. Il a su parfaitement les règles de son art ; mais au lieu que ceux qui l'ont précédé n'ont acquis de la réputation que pour les avoir bien observées dans leurs ouvrages, il s'est particulièrement distingué en ne les suivant pas, et en se mettant au-dessus des règles et des préceptes. Un faux accord, une dissonance était un écueil où échouaient les plus habiles, et ç'a été de ces faux accords et de ces dissonances que M. de Lulli a composé les plus beaux endroits de ses compositions, par l'art qu'il a eu de les préparer, de les placer et de les sauver. » (*Extrait des Hommes illustres*, par Perrault, page 85.)

On retrouve les mêmes éloges dans la permission qui fut, en 1672, accordée au sieur de Lulli, pour tenir Académie royale de Musique.

« Louis, par la grâce de Dieu, roi de France et de Navarre, à tous présens et à venir, salut :

« Les sciences et les arts étant les ornemens les plus considérables des États, nous n'avons point eu de plus agréables divertissemens, depuis que nous avons donné la paix à nos peuples, que de les faire revivre, en appelant près de nous tous ceux qui se sont acquis la réputation d'y exceller, non seulement dans l'étendue de notre royaume, mais aussi dans les pays étrangers; et pour les obliger davantage de s'y perfectionner, nous les avons honorés de marques de notre estime et de notre bienveillance; et comme, entre les arts libéraux, la musique y tient un des premiers rangs, nous aurions, dans le dessein de la faire réussir avec tous ces avantages, par nos lettres-patentes du 28 juin 1669, accordé au sieur Perrin permission d'établir, en notre bonne ville de Paris et autres de notre royaume, des Académies de Musique, pour chanter en public des pièces de théâtre, comme il se pratique en Italie, en Allemagne et en Angleterre, pendant l'espace de douze années; mais ayant été depuis informé que les peines et les soins que ledit sieur Perrin a pris pour cet établissement n'ont pu seconder pleinement notre intention, et élever la musique au point que nous nous l'étions promis, nous avons cru, pour y mieux réussir, qu'il était à propos d'en donner la conduite à une personne dont l'expérience et la capacité nous fussent connues, et qui eût assez de suffisance pour fournir des élèves tant pour chanter et actionner sur le théâtre, qu'à dresser des bandes de violons, flûtes et autres instrumens. A ces causes, bien informé de l'intelligence et grande connaissance que s'est acquise notre cher et bien amé Jean-Baptiste Lulli au fait de la musique, dont il nous a donné et donne journellement de très agréables preuves depuis plusieurs années qu'il s'est attaché à notre service, qui nous ont convié de l'honorer de la charge de surintendant et compositeur de la musique de notre chambre, nous avons, audit sieur Lulli, permis et accordé, permettons et accordons, par ces présentes signées de notre main, d'établir une Académie royale de Musique dans notre bonne ville de Paris, qui sera composée de tel nombre et qualité de personnes qu'il avisera bon être, que nous choisirons et arrêterons sur le rapport qu'il nous en fera, pour faire des représentations devant nous, quand il nous plaira, des pièces de musique qui seront composées tant en vers français qu'autres langues étrangères, pareilles et semblables aux Académies d'Italie, pour en jouir sa vie durant, et, après lui, celui de ses enfans qui sera pourvu et reçu en survivance de ladite charge de surintendant de la musique de notre chambre; avec pouvoir d'associer avec lui qui bon lui semblera pour l'établissement de ladite Académie, etc. »

NOTE K, PAGE 138.

*Affaires d'Argent, dont se mêlaient toutes les dames du temps de la Fronde.*

Monsieur me dit un jour : « Vous avez connu monsieur le Coadjuteur : pourquoi ne vous plaît-il plus? » Je lui dis que je n'en savais rien; il me répliqua qu'il nous fallait raccommoder. Je lui dis que s'il faisait des avances pour cela, j'en serais bien aise; qu'il ne me semblait pas que j'en dusse faire. Je le trouvai chez Monsieur; il vint à moi, et il me dit : « Je vous supplie, que j'aie l'honneur de vous parler. » Nous allâmes à une fenêtre, où nous eûmes un grand éclaircissement duquel nous sortîmes bien amis. La Palatine eut grande joie de savoir cela avant que de partir; quoiqu'elle m'eût dit adieu, elle demeura encore quinze jours à Paris, pendant lesquels madame de Choisy vint me trouver pour me dire : « La Palatine a besoin d'argent; elle veut avoir deux cent mille écus. » Je lui dis que j'ordonnerais à mes gens de les trouver. Sur quoi elle me répliqua : « La Palatine ne veut pas que vos gens « le sachent; elle vous en fera trouver, et les sûretés « à ceux qui vous les prêteront, parce que vous « n'êtes pas en âge, afin qu'il n'y ait nulle difficulté. » Je n'en voulus rien faire, voyant bien qu'elle me voulait prendre pour dupe ; et comme ceci s'est passé avant la conversation de Goulas, je l'ai interrompue pour le mettre ici comme une circonstance à n'être pas oubliée. (*Extrait des Mémoires de mademoiselle de Montpensier,* tome II, page 153.)

### Note L, Page 142.

*Colbert forcé de fournir soixante millions de plus pour les dépenses de la guerre.*

« Cet événement, ou, pour mieux dire, cet horrible surcroît de dépense, est une des époques des plus considérables qui soient arrivées il y a bien long-temps. Jusque-là toutes les charges de l'État se payaient au jour ordinaire de leur échéance : depuis ce jour, les pensions, dont beaucoup furent retranchées, furent de seize et dix-huit mois. Dans les bâtimens, les ordonnances qui étant signées le matin se payaient souvent l'après-dîner, ne se payaient guère que plusieurs mois après, en vertu d'un état de distribution qui se faisait à mesure qu'il y avait des fonds. Le trésorier des bâtimens, à qui il restait ordinairement cinquante mille écus ou deux cent mille francs à la fin de son année, et qu'il remettait entre les mains de son confrère qui entrait en exercice, se trouvait ordinairement en avance de pareille somme, dont il était fort long-temps à être remboursé. Nous remarquerons que jusqu'à ce temps, quand M. Colbert entrait dans son cabinet, on le voyait se mettre au travail avec un air content et en se frottant les mains de joie ; mais que depuis il ne se mettait guère sur son siége, pour travailler, qu'avec un air de chagrin, et même en soupirant. M. Colbert, de facile et aisé qu'il était, devint difficile et difficultueux ; en sorte qu'on n'expédiait pas alors tant d'affaires, à beaucoup près, que dans les premières années de la surintendance des bâtimens. » (*Extrait des Mémoires de Charles Perrault*, page 170.)

### Note M, Page 150.

Les sciences, à cette époque, étaient loin de seconder, comme aujourd'hui, les soins de l'administration. En 1668, la Faculté de Médecine, à Paris, déclarait encore le pain fait avec de la levure, *préjudiciable au corps humain* : on en proscrivit donc l'usage. Il fallut que deux ans après, le 21 mars 1670, le Parlement permît aux boulangers, par un arrêt, d'employer de nouveau la levure dans la fabrication du pain.

Ces objets de police étaient alors placés sous la surveillance des cours souveraines ; elles descendaient gravement à tous ces soins minutieux. On ne peut, sans un léger sourire, lire aujourd'hui l'arrêt du Parlement qui permit, en 1659, à David Chaliou « de faire faire, vendre et débiter dans toutes les « villes et autres lieux du Royaume que bon lui « semblera, *une certaine composition qui se nomme* « CHOCOLAT, faite en liqueur ou pastille, en boîte ou « telle autre manière qui lui plaira. »

La chirurgie était plus arriérée en quelque sorte que la médecine : un préjugé absurde rabaissait la seule branche peut-être de la thérapeutique qui ait fait depuis d'immenses progrès. Jusqu'en 1668, les chirurgiens étaient encore placés sous la juridiction du *premier barbier du Roi*. Félix, qui plus tard opéra Louis XIV de la fistule, représenta l'inconvenance de cette législation, et la fit réformer. Les écrivains du temps le louent, comme d'une chose *extraordinaire*, d'avoir été *lui-même*, deux mois avant d'opérer Louis XIV, pratiquer la même opération dans les hôpitaux de Paris.

Les plus simples pratiques de la chirurgie avaient leurs dangers dans des mains inhabiles. Les chirurgiens les plus célèbres alors n'étaient pas sûrs d'une saignée; on en peut juger par le privilége qu'avait le chirurgien du Roi de faire sortir de la chambre ceux qui lui déplaisaient, quand il saignait Sa Majesté ou des personnes de la famille royale. Félix, tout renommé qu'il était de son temps, usa de ce privilége ; et Dionis, chirurgien de la Reine et des enfans de France, se vante de ne l'avoir jamais réclamé.[1]

Enfin, à côté de cette chirurgie, qui était encore pour ainsi dire dans l'enfance, se trouvaient placées des familles *d'opérateurs* qui se transmettaient leurs secrets et leurs procédés. Perrault, dans ses *Hommes illustres,* parle d'une famille Coleau qui pratiquait de père en fils l'opération de la taille. L'opérateur célèbre auquel il consacre un article fut lui-même atteint de la pierre ; son fils eut le courage de l'opérer, et le bonheur de réussir.

## Note N, Page 167.

Je n'attache pas, comme on peut bien le croire, une grande importance à la facétie qu'on va lire. Je ne prétends pas trouver l'accusation d'un siècle dans une chanson : ce n'est qu'une plaisanterie que la circonstance aura fait naître, et dont le nom d'un des auteurs aura perpétué le souvenir ; mais enfin il y a des sujets sur lesquels certainement on ne plaisanterait point de nos jours, parce que la plaisanterie, n'ayant aucun but, aucun fond, n'aurait aucun sel.

---

[1] Je ne sais ce qu'il en est aujourd'hui, mais alors plusieurs constitutions canoniques défendaient aux diacres, sous-diacres et prêtres d'exercer la chirurgie. Un prêtre ne pouvait pas même saigner sans la permission de l'évêque ; et s'il saignait sans cette permission, et que la personne saignée vînt à mourir, il était irrégulier. *Voyez M. de Saint-Beuve.*

Voici donc les deux couplets qu'on trouve dans le premier volume des chansons manuscrites, recueil curieux que j'ai déjà cité plus d'une fois ( tome I$^{er}$, page 223, année 1643). L'air noté est copié en tête de la chanson.

En marge du couplet on lit ces mots : *Par le duc d'Enghien, ensuite le grand prince de Condé; au marquis de la M......., avec qui il descendait le Rhône, par un temps détestable,*

  *Carus amicus musacus,*
  *Bone quod tempus,* [1]
   *Landerirette.*
  *Imbre sumus perituri*
   *Landeriri.*

En marge du second couplet, on lit : *Réponse de la M.......*

  *Securæ sunt nostræ vitæ;*
  *Sumus enim S......*
   *Landerirette.*
  *Igne tantum perituri,*
   *Landeriri.*

Le recueil renferme la traduction de ces deux couplets en vers français : je ne la donnerai pas.

## Note O, Page 169.

Segrais était attaché à la maison de mademoiselle de Montpensier, fille de Gaston d'Orléans. Cette

---

[1] Copié textuellement.

princesse écrivit à Colbert, pour lui recommander Segrais, la lettre suivante, publiée par Gabriel Peignot, qui en a copié littéralement l'orthographe :

A Choisy, ce 5 août 1665.

« Monsieur, le sieur Segrais qui est de la cademie et qui a bocoup travalie pour la gloire du Roy et pour le public aiant este oublie lannee pasée dans les gratifications que le Roy a faicts aux baus essprit ma prie de vous faire souuenir de luy set un aussi homme de mérite et qui est a moy il y a long tams jespere que sela ne nuira pas a vous obliger a auoir de la considération pour luy set se que je vous demande et de me croire monsieur Colbert

« Votre afectionnée amie,

« ANNE-MARIE-LOUISE D'ORLEANS. »

L'orthographe de cette princesse, en se reportant même à l'époque, pouvait laisser beaucoup à désirer; mais rien n'égale en ce genre un billet écrit par M. le duc de Gesvres, et copié très littéralement aussi sur un autographe. Voici ce billet :

A Paris, ce 20 septembre 1677.

« Monsieur me trouvant oblige de randre unne bonne party de largan que mais anfant ont pris depeuis quil sont an campane monsieur cela moblije a vous suplier tres humblemant monsieur de me faire la grasse de commander monsieur quant il vous plera que lon me pay la capitenery de Mousaux

monsieur vous asseurant que vous moblije res fort
sansi blement monsieur comme ausy de me croire
avec toute sorte de respec monsieur

« Vostre très humble et très obéissant serviteur,

« le duc de Gesvres. »

( *Documens authentiques et Détails curieux sur les dépenses de Louis XIV*, publiés par M. Gabriel Peignot. Paris, 1827. Page 44. )

### Note P, Page 200.

L'archevêque de Toulouse, depuis cardinal de Brienne, avait eu le projet, comme on l'a vu dans la Notice, de publier les Mémoires qu'avait laissés Louis-Henri de Loménie son aïeul. Il voulait y joindre une traduction de l'Itinéraire. Le traduire en entier, après ce que dit Brienne de ses voyages, dans les ch. XI et XII de ses Mémoires, c'eût été s'exposer à des répétitions. J'ai jugé plus à propos de n'en donner que quelques passages, en conservant en tête la note suivante, que l'archevêque de Toulouse avait écrite de sa main, pour servir d'avertissement à la traduction. Le nom de l'auteur donne un double prix à ce morceau.

*Avertissement écrit par Étienne-Charles de Loménie, archevêque de Toulouse et cardinal de Brienne.*

« Le grand mérite de cet Itinéraire est le laconisme. Si l'on ajoute la pureté du style, et qu'on considère l'âge de l'auteur et la place qu'il occupait, on ne sera pas étonné de la réputation dont a joui cet ouvrage ; car les auteurs jeunes et en place ont de grands priviléges.

« Ce fut M. Chanut, ministre de France en Hollande, qui le pressa d'écrire cet ouvrage en latin. Brienne l'avait composé d'abord avec plus d'étendue, et l'avait rempli d'inscriptions dont il était curieux ; de retour en France, il le réduisit au point auquel il parut la première fois. M. de Brienne ne l'aurait jamais publié s'il en eût cru monsieur son père, qui disait qu'il n'était jamais bon, à quelque âge que ce fût, de se faire imprimer ; il se rendit préférablement aux instances des gens de lettres dont il était entouré. La première édition fut assez bien reçue ; on y trouva seulement à redire sur la liberté avec laquelle il parle, page 18, de la manière dont on s'y prenait dans une ville de Suède, pour s'assurer de la constitution de ceux qui étaient sur le point de se marier. Dans la seconde édition, il retrancha cette citation tant soit peu ordurière et d'ailleurs peu certaine ; mais en même temps il y fit plusieurs additions, dont lui-même attribue les unes à Priolo, les autres à M. Blondel, comme il convient, en outre, que M. Chanut et le père Cossart ont mis la main à son ouvrage, et l'ont aidé à le porter à sa perfection.

« Il suit de ce que je viens de dire, que la première édition, à raison de cette citation supprimée dans la seconde, est encore recherchée ; car il ne faut qu'une polissonnerie dans un livre pour le rendre précieux et rare; et effectivement, cette première édition se trouve encore moins que la seconde, qui elle-même n'est pas commune. Cette seconde est préférable sous tous les autres rapports. Elle a été donnée par Charles Patin, docteur en médecine, savant dans les médailles, et attaché à M. de Brienne : c'est sous son nom que le privilége est donné. [1]

« Elle est précédée de vers et de complimens de plusieurs savans, qui s'empressaient de célébrer un jeune favori des Muses, qui semblait devoir l'être aussi du trône.

« Elle est terminée par une carte géographique et une table des lieux cités dans ce voyage. L'une et l'autre sont l'ouvrage de Samson, qui n'avait pas dédaigné d'éclairer de ses grandes connaissances le travail d'un jeune secrétaire d'État.

« Le portrait de M. de Brienne se trouve à la tête de cette édition, quoiqu'il manque dans quelques exemplaires; et les vers joints à ce portrait attestent qu'il doit s'y trouver [2]. Il est dessiné par Le Brun, et gravé par Rousselet, ainsi qu'une estampe qui est à la tête de l'ouvrage, et qui, comme le portrait, a été, sans doute à cause du nom du peintre et du graveur, enlevée de quelques exemplaires.

« Ainsi tout doit avoir concouru à la beauté de

[1] C'est aussi cette édition qu'on a suivie dans la traduction des passages qu'on va trouver plus bas, page 376. (*Note de l'Édit.*)

[2] *Magnum opus! Europam includis, Brienne, libello.*
  *Te brevis includit pagina; majus opus!*

cette édition, qui, comme la première, est sortie des presses de Cramoisy. Les additions qui s'y trouvent sont très considérables; et pour achever la notice de ce petit ouvrage, sur lequel on doit attendre plus de moi que de personne, je dirai quelque chose de quelques unes de ces additions.

« J'ai déjà dit qu'on n'y trouvait pas un passage un peu ordurier[1] qui est dans la première. Le voici :

« Vestogoticis silvis equitantes inducti, Lincopiæ
« ob loci religionem non omittendæ, tantillum sub-
« stitimus. Ibi cippus lapideus, pertusus, explo-
« randæ maritorum membrositati. Qui pares fora-
« mini, approbantur; impares excluduntur connu-
« biali toro. Indè matrimonia aut stant aut cadunt
« pro modulo peculii. »

« Brienne convient quelque part, dans une note mêlée à ses papiers, qu'il n'avait pas trouvé à Linkoping ce trou extraordinaire qui faisait peur aux plus vaillans. Il dit seulement tenir ce fait de M. Chanut, qui gardait la mesure comme une singularité.

« Une des additions renfermées dans la seconde édition, concerne une éclipse. M. de Brienne dit, dans la note dont j'ai parlé, que cette description est de M. Blondel, son mentor et son compagnon de voyage, homme très distingué dans les mathéma-

[1] *Un peu* est assez singulier sous la plume d'un archevêque; mais M. de Brienne aura pensé comme nous, sans doute, que la langue dans laquelle ce passage est écrit en diminuait *un peu* la licence.

tiques. Il ne dit pas si c'est la description française ou la description latine qui est l'ouvrage de M. Blondel.

« Une autre addition porte sur la reine de Suède, et celle-ci est en entier de M. de Brienne. Il dit, en parlant de l'abdication de cette princesse :

« Animum Briennei perculit magnitudo rei, eo
« magis, quod rimanti intima muliebris abdicationis,
« ægre quid solidum repertum. »[1]

« La reine de Suède ne fut pas contente de cette phrase, et le fit dire à Brienne par M. Bidal, son agent à Paris, depuis baron de l'Empire, et résident de France à Hambourg, par qui elle lui avait fait demander son Itinéraire ; il trouva à la marge de son exemplaire, écrit de la main même de la reine de Suède :

« Noli ante tempus judicare quod solidius quàm
« terrena regna despicere. »

« Sur un feuillet du même exemplaire, il trouva un sonnet de M. Le Camus, évêque de Grenoble, alors simple abbé, à la louange de l'abdication de la reine de Suède. C'était sans doute une plaisanterie de cette princesse, qui avait voulu répliquer par ce sonnet plein de louanges, à tout ce que M. de Brienne

---

[1] Ce qui rend encore plus profonde l'impression que Brienne éprouvait à ce grand souvenir, c'est qu'en réfléchissant à l'abdication de cette princesse, il n'y pouvait trouver aucun fondement solide.

dit de peu obligeant pour elle ; car la phrase à laquelle elle avait mis une note n'est pas celle qui dut le plus lui déplaire.

« M. de Brienne avait conçu une grande idée de cette princesse ; mais cette haute opinion s'effaça lorsqu'il la vit à Compiègne. Elle y parut habillée moitié en homme moitié en femme, ce qui fit dire à Benserade, chez la reine de France, où était toute la cour :

« Desinit in *virum* mulier formosa superne. »

Voici maintenant quelques uns des passages de l'Itinéraire. Brienne, dans le latin, y parle tantôt à la première et tantôt à la troisième personne. On a dû faire de même en traduisant.

*Itinéraire de Louis-Henri de Loménie, comte de Brienne, conseiller et secrétaire d'État.*

En 1652, le 24 du mois de juillet, Louis-Henri de Loménie, comte de Brienne, déjà conseiller d'État et secrétaire d'État en survivance, partit de Paris à l'âge de dix-sept ans, sous le bon plaisir de ses parens, qui l'accompagnèrent de leur bénédiction. Blondel était son gouverneur et son guide. Au milieu des partis qui déchiraient avec acharnement la capitale, il était difficile et dangereux d'en sortir. Cependant, muni de sauf-conduit que lui donnèrent le duc d'Orléans et le prince de Condé, il se mit en route, au plus fort des troubles politiques. Il s'arrêta quatre jours à Langres. Là il apprit que son père était sérieusement malade, et conçut de vives inquiétudes; mais de meilleures nouvelles vinrent le rassurer. Il gagna donc Besançon, ville de Franche-Comté, libre autrefois, aujourd'hui soumise à l'Espagne. On croit y posséder le véritable Saint-Suaire qui enveloppa le corps de Jésus-Christ. La sainteté du lieu engagea Loménie à y remercier Dieu du rétablissement de son père. Ce devoir de piété rempli, il employa deux jours à visiter divers monumens d'antiquité......

Le Rhin nous transporte heureusement à Cologne, qui nous rappelle sa fondatrice, Agrippine, mère de Néron. Nous rencontrons ensuite dans le trajet Dusseldorf, ville du duché de Neubourg, Wesel, le fort de Skink, près duquel le Waal se sépare du Rhin; Nimègue, Bommelivert, Bois-le-Duc, Gorkum, Dordrecht, et enfin Rotterdam, fier d'avoir donné le jour à Érasme, à qui l'on y a érigé une statue en bronze. Le 9 de juin, notre barque passe devant la ville de Delft, célèbre par les sépultures des princes d'Orange, et nous arrivons à La Haye.

C'est un bourg qui n'est pas entouré de murs, mais qui l'emporte sur beaucoup de villes célèbres. C'est là que tiennent leurs séances les États des Provinces-Unies, véritable image du conseil des Amphictyons. Loménie présente ses hommages à Chanut, ambassadeur du Roi, homme qui réunit à la fois une probité irréprochable, une grande habileté politique et une instruction singulière. Il avait passé deux mois délicieux dans sa société, lorsque d'Avaux, chargé d'une légation en Suède, et à qui le père de Brienne voulut qu'il fût attaché, arrive de Paris. Tous deux partent, mais par des routes différentes. D'Avaux, pour abréger son chemin, choisit le trajet par mer jusqu'à Hambourg : Loménie s'y rend en voiture.

Le 16 de juillet, nous quittons La Haye et la compagnie tout aimable de Chanut, et nous allons coucher à Harlem, sans nous arrêter à Leyde, que nous avions auparavant visitée avec soin. C'est l'Athènes de la florissante Belgique, l'asile des Muses ; c'est une ville remplie de lumières et illustrée par les presses des Elzévirs. D'Harlem une barque nous porte à Amsterdam, le plus riche marché de tout l'Océan. La ville est entrecoupée de canaux fort agréables. Le port doit sa solidité à des digues formées avec des pieux et du gazon ; par un art merveilleux, ces digues, toujours vacillantes, ne manquent jamais....

Le peuple hollandais a une sorte de fierté naturelle qui, au premier abord, semble exclure les formes de la politesse. Le caractère des habitans ressemble à celui du pays, comme il arrive presque partout. Cette contrée, en effet, semble surnager au-dessus des eaux; la mer lutte contre les barrières qu'on lui oppose, et il y a entre les Hollandais et l'Océan un implacable combat. L'un bat le rivage laissé à découvert, les autres pressent l'Océan, qui se retire.

La mer, acharnée et infatigable, ne leur accorde ni paix ni trêve ; de là leur vigilance toujours attentive, leur intrépidité, leur talent de marins. Ils ne pourront briller par une qualité plus précieuse ; rien ne pourra leur garantir plus de sécurité.

Comme leur sol manque de presque toutes les productions, ils n'y suppléent que par des importations du dehors. Fiers de leurs richesses, ils se confient à elles, et à leur position que ces digues nombreuses rendent inexpugnable. Leur force est surtout dans la disette dont ils menacent l'imprudent ennemi qui, pour les attaquer, s'avancerait dans ces canaux où l'on n'entre pas impunément ; aussi dédaignent-ils tous les dangers, et il leur semblerait honteux de ne pouvoir défendre ce que défend la nature. Ce sentiment fait naître en eux un noble amour de la liberté. Elle est pour eux une affaire de conscience, et leur donne tant d'opiniâtreté pour accomplir un devoir, que toute la politique espagnole, arrêtée dans son entreprise impraticable, échoua, au grand étonnement de l'univers, contre l'obstination de ces républicains. Le principal avantage qu'ils retirèrent d'avoir secoué le joug fut un bon système de gouvernement, si l'on excepte la lenteur de leurs délibérations. On ne peut voir sans admiration qu'ils se soient imposé à eux-mêmes des charges plus dures que celles dont les Espagnols ou un tyran quelconque les auraient accablés. Ils y ont du moins gagné quelque chose : les dépenses publiques s'achèvent sans interruption ; les travaux sont vivement poussés ; la solde des troupes et les appointemens annuels sont payés avec une régularité scrupuleuse. La guerre a fait naître chez eux la concorde, et affermi leur république, gouvernement auquel le repos est aussi funeste qu'il est cher à tous les autres. Le remède est pour eux plus à craindre que le mal. L'art des Espagnols consiste à terminer, du sein d'un pouvoir tranquille, ce qu'ils ne peuvent accomplir par la force des armes......

Le 7 d'août, nous partons de Hambourg, et par Lubeck, Ploen, Kiel, Gottorp et Sleswig, nous arrivons à Flensbourg : à peine veut-on nous y recevoir, sous prétexte que la contagion exerce ses fureurs. Tandis que nous attendons, une pluie abondante nous trempe jusqu'aux os, et comme si tous les malheurs étaient conjurés à la fois contre nous, l'audience promise par le Roi à d'Avaux est différée. Le monarque danois se faisait scrupule de l'admettre, parce qu'une éclipse se préparait.

Le 31 de juillet, vers neuf heures, on aperçut parmi des nuages le disque échancré du soleil. La partie qui regardait l'occident donnait seule de la lumière : la lune masquait une portion de la surface de cet astre. Il avait la même apparence que le croissant de la lune le troisième jour de sa conjonction. Un petit nuage cache pendant une demi-heure le soleil dont les trois quarts sont déjà voilés, et nous le revoyons ensuite plus étroit encore et plus resserré dans son orbe. Aussitôt l'air est obscurci ; un nuage plus épais que le premier, blafard et ténébreux, s'étend sur le soleil pendant un grand quart d'heure. Il était dix heures et demie, et pendant cette lutte de la lune contre le globe du soleil, il ne régnait qu'un crépuscule douteux. Le nuage se dissipe encore; on distingue la partie qui regarde l'orient. Le ciel reprend enfin sa riante sérénité, et le soleil, à onze heures, remplissait l'univers de sa lumière.

La crainte superstitieuse a cessé, et l'audience a lieu. Le monarque y garantit à d'Avaux sa bienveillance royale, et l'invita gracieusement à entretenir une amitié réciproque. Pour faire à notre envoyé un digne accueil, il ordonna une chasse générale, dans laquelle trois cents cerfs furent abattus, et donnés aux gens de la suite pour être salés ; le Roi pressa l'ambassadeur de charger toute cette provision sur son vaisseau.....

D'Avaux mit à la voile pour Stockholm ; mais Loménie, qui voulait parcourir le Danemarck, prit la route de terre, indifférent aux périls de la contagion, pourvu qu'il pût recueillir des observations nouvelles. Le pays était tout couvert de ces nobles coursiers qui sont d'un si grand prix ailleurs ; là, ils n'étaient pas plus soignés que les bœufs, et on les chassait comme des troupeaux, ce qui offrait un spectacle agréable. Il nous fallut traverser trois golfes ; et dans le second, nous courûmes des dangers. Une violente tempête s'éleva tout à coup, et nous menaça d'une perte prochaine ; le navire s'ouvrait et recevait sans cesse de l'eau, que nous rejetions avec nos chapeaux. Nous arrivons cependant à Frederickbourg, où le travail le cédait partout à la matière : la plupart des meubles, et, ce qui est remarquable, la chaire elle-même, étaient d'argent massif.

Nous entrons en Suède par la province de Scanie, qui n'était pas encore sous la domination suédoise. Alors s'offrent à nous des montagnes et des chemins escarpés, où les charrettes qui nous avaient conduits jusque-là ne pouvaient avoir accès. Nous pénétrons à cheval dans les bois de Westro-Gothie, et après avoir passé par Jonkoping, près duquel tombe un torrent avec un fracas qui fait retentir au loin la montagne et la forêt voisine, nous arrivons à Linkoping, qui renferme un temple célèbre [1]. Nous traversons ensuite Norkoping en Ostro-Gothie, ville commerçante, située à l'embouchure du lac Wetter, qui se jette dans la mer Baltique, et Nikoping en Sudermanie. Enfin, las de tant de chemins difficiles, nous parvenons à Stockholm le 5 de septembre.

Le 13 de septembre, d'Avaux débarqua. Le lendemain, le mauvais temps causa un mal d'yeux à Brienne. Jusqu'au 11 d'octobre, d'Avaux ne peut avoir d'audience du roi de Suède. La difficulté venait

---

[1] C'est ici que, dans la première édition de cet Itinéraire, en 1660, Brienne avait placé un passage que l'incertitude du fait et la licence des expressions l'engagèrent à retrancher de la seconde. On a pu lire ce passage dans l'Avertissement qui précède ces fragmens, page 374.

de ce que le monarque suédois, qui, dans ses lettres, donne à notre souverain le titre ordinaire de Majesté, n'était pas salué par lui du même titre. D'Avaux promet qu'il s'occupera d'obtenir au roi de Suède, pour l'avenir, entière satisfaction sur ce point : à cette condition il est admis. La même difficulté embarrassa Loménie, chargé de féliciter ce prince au nom du Roi pour son heureux avénement et son mariage prochain; mais tout fut arrangé avec lui sur le pied de la convention faite avec d'Avaux. Hedwige Éléonore, qui devait épouser le roi de Suède, fit, le 3 de novembre, son entrée solennelle à Stockholm. Le même jour les noces furent célébrées.

Brienne, retenu par une indisposition, resta jusqu'au 28 sans rendre ses devoirs. Il fut accueilli comme l'ambassadeur. Il se rendit si agréable aux Suédois, qu'on l'admit aux fêtes du carnaval, comme un naturel du pays. Ce divertissement est d'autant plus gai en Suède, qu'on n'y corrige point la licence des amusemens par le jeûne du carême. Toute la cour se déguise. Le Roi se met en aubergiste, et reçoit, à table d'hôte, une foule de convives qui, par leurs costumes, représentent diverses nations. Ils ont surtout pour but de tourner en ridicule la religion et les moines, dont on aime beaucoup à se moquer dans ce pays. Loménie devait représenter un Franciscain, et on ne lui avait imposé ce rôle que parce qu'il est catholique; mais il fut assez adroit pour échapper au piége, et prit le masque d'un paysan. Le 29 de janvier 1655, il est honorablement congédié par le Roi, et reçoit de lui les présens qu'il est d'usage de faire aux ambassadeurs.

Nous voulions visiter la Russie d'Europe; mais comme les vaisseaux ne pouvaient y pénétrer par la mer Glaciale, nous décidâmes que nous suivrions les côtes de la mer Baltique plutôt que de prendre la même route par le Danemarck. Le 2 de février, dans la saison la plus rigoureuse, et tandis que les lacs et rivières sont retenus par des chaînes de glace, nous nous mettons en chemin. Nous allons en droite ligne à Upsal, l'une des plus anciennes villes de Suède, au bord de la rivière de Sala, d'où elle tire son nom; elle a un archevêché et un temple assez beau, dans lequel on a déposé les restes de saint Éric. Son université n'est pas sans réputation. On y voit le palais royal où Christine abdiqua la couronne. Nous fûmes émus à l'aspect de ce lieu célèbre, comme si nous avions vu la Reine elle-même se dépouiller du diadème.

Ce qui rendit plus profonde l'impression éprouvée par Brienne à ce grand souvenir, c'est qu'en réfléchissant aux causes de l'abdication de cette princesse, il ne pouvait y trouver un solide fondement. Il voyait une femme remplie d'elle-même, avide d'apprendre que l'univers admirait une action si nouvelle, et de tourner sur elle les regards du monde entier, lasse du présent, et qui se nourrissait des illusions de l'avenir. Elle fut confirmée pleinement dans son dessein par la tourbe des flatteurs, aux louanges de qui elle se montra, dit-on, trop complaisante. Ces misérables valets, par leurs basses adulations, entretenaient l'opinion qu'elle avait conçue d'elle-même, comme d'une femme supérieure à son sexe. Très curieuse de voyager, excitée par des récits merveilleux, elle abandonna l'héritage de ses pères, comme s'il ne suffisait plus à la grandeur de son âme, pour étaler aux nations la variété des langues qu'elle possédait. Les Espagnols, qui voient partout des mystères, attribuèrent à Christine de profonds desseins, et crurent que la Suède se détachait violemment de la France : leur orgueil fut déçu, et la Reine, séduite par les pompes d'une antique religion et par les agrémens des bords du Tibre, trompa leur attente.

Au sortir d'Upsal, nous trouvons Sala, qui a une riche mine d'argent. Cette mine a trois ouvertures; deux fournissent de l'argent, et l'on tire de l'eau de la troisième par le moyen d'une pompe. Nous traversons la Dalécarlie, pour arriver à Coperberg, qui a reçu depuis quelques années les priviléges d'une ville municipale. On y trouve de célèbres mines de cuivre au pied d'une montagne percée en différens sens, et qui offre un spectacle extraordinaire. Cette masse énorme, creusée à la distance de cent vingt-cinq toises, est soutenue par des colonnes taillées dans le roc et qu'on a laissées de loin en loin. On croirait voir l'Etna bouillonner dans ses fournaises, et les Cyclopes travailler dans leurs brûlans ateliers;

la seule différence, c'est que les ouvriers sont plus nombreux. Il y en a douze mille, au moins, qui s'épuisent à ce pénible travail.

Nous quittons cette immense caverne, et, traversant la province de Gastrickland, nous arrivons à Hudwikwal, ville de l'Helsingland, puis à Sundswall en Medelpad, séparée d'Hudwikwal par la forte rivière de Niurunda. Nous passons ensuite une seconde rivière nommée Imra, et nous entrons dans l'Angermanland. A travers des rochers escarpés, nous gravissons la montagne très élevée de Scula. Les gens du pays en racontent des merveilles, et prétendent qu'elle est peuplée de fantômes qui font leurs évocations magiques sur le plus haut sommet. Nous voici dans la Botnie occidentale. Nous nous arrêtons à Uméa, où commence le pays des Lapons, la dernière contrée du Nord que nous puissions visiter dans notre voyage.......

Nous arrivons le 18 avril à Varsovie. Nous restons quinze jours dans cette résidence des rois de Pologne, où se tiennent les séances de la Diète. La reine Louise-Marie de Gonzague, née et élevée en France, envoie une voiture d'honneur au-devant de Brienne; elle le présente même au Roi sans lui cacher les liens de famille qui les unissent. Elle lui fait monter une maison et met à sa disposition un nombreux domestique; enfin, elle n'épargne aucune dépense pour traiter honorablement son hôte, et le comble de riches présens, dont le Roi égale la grandeur par sa munificence. Tous les grands aussitôt s'empressent à l'envi de l'entourer de leurs hommages, charmés de trouver cette occasion de plaire à la Reine. Au départ de Brienne, la Reine confia divers secrets à sa fidélité, particulièrement au sujet de la guerre dont les Suédois menaçaient la Pologne, et le chargea de les transmettre à notre monarque[1]; ensuite elle lui fit ses adieux avec une bonté inexprimable, lui fit présent de tout le service d'argenterie qui avait été employé pour sa table, et d'une voiture pour traverser, aux frais de l'État, les vastes contrées de la Pologne, avec cinquante de ses gardes. Elle prévoyait bien, cette princesse si pénétrante, que cette levée de boucliers des Suédois contre les Polonais ne pouvait être indifférente à la France, et que leurs armes ne pouvaient, sans nous blesser, se tourner que contre l'Autriche.

Le royaume de Pologne mériterait plutôt le nom de république. C'est un grand corps formé pour la guerre, et où la noblesse domine. Chacun selon son libre arbitre, guidé par l'opinion du mérite personnel, vote pour l'élection d'un chef. Ils lui donnent cependant le titre de Roi. On prescrit des limites à son autorité, et son pouvoir est borné par les lois, dans l'intérêt de la liberté, qui est pour eux une

---

[1] On remarquera que Brienne, avec une discrétion vraiment diplomatique, s'était bien gardé de laisser rien entrevoir de semblable dans la relation qu'il fit de son voyage en présence de toute la cour, chapitre XLI.

idole, et que leur choix préférerait toujours aux biens les plus précieux. Tout ce qu'on veut faire en leur faveur, la défiance qui leur est naturelle l'interprète dans un autre sens. Ils ne sont esclaves ni des intérêts de leurs amis, ni des leurs propres. Les troupes auxiliaires sont vues par eux d'un mauvais œil; ils craignent jusqu'aux fortifications; trop de sécurité leur déplaît. Tout ce qui prête un appui à leur liberté leur paraît renfermer des embûches. Leurs murs et leurs remparts, ils les placent dans l'intrépidité et le courage; leurs solitudes valent les plus fortes citadelles, et leur valeur est un arsenal toujours prêt qui suffit pour leur inspirer la confiance.

CHAPITRE II, NOTE Q, PAGE 239.

*Officier pendu pour avoir défendu le château qu'il commandait.*

« L'action d'un officier lorrain ne doit pas être oubliée ici; ce fut au commencement de cette campagne. C'était un soldat de fortune qu'on avait mis dans une de ces sortes de châteaux qui semblent faits pour faire pendre leurs commandans, soit qu'ils ne se défendent pas, soit qu'ils se défendent. L'armée étant arrivée, on le fit sommer inutilement; on le força dans une espèce de basse-cour; il se retira dans le château, et commanda à ses soldats de ne tirer qu'aux officiers. En effet, ils en mirent cinq ou six sur le carreau. On le somma encore, et il s'en mo-

qua. Enfin, on fit jouer un fourneau sous une tour où il s'était retranché; il tomba sous des ruines, enterré jusqu'à la moitié du corps; et encore en cet état, il tira un coup de pistolet à un soldat qui le voulut prendre. Une hardiesse si extraordinaire donna de l'admiration à tout le monde. Cependant, ayant été amené devant M. de Longueville, on lui demanda s'il ne savait pas ce qu'il méritait, d'avoir osé arrêter une armée royale devant une aussi méchante place. Il répondit, sans s'étonner, qu'il le savait bien ; mais qu'avec cela, il espérait que, quand les raisons de sa conduite seraient connues, on lui pourrait faire quelque grâce ; et, en effet, il montra une lettre de M. de Lorraine, qui lui promettait de le secourir s'il pouvait tenir jusqu'au jour qu'il fut pris. M. de Longueville parut fort porté à lui pardonner, mais l'avis plus sévère prévalut par les raisons de la conséquence; et ce brave homme, toujours également intrépide, fut pendu aux fenêtres de son château, admiré de ceux mêmes qui le condamnaient, et digne assurément d'une autre fortune. Aussi sembla-t-il que la Providence lui voulût faire plus de justice que les hommes ; car, la corde ayant rompu, il fut tué d'un coup de mousquet, trouvant une mort honorable au lieu de l'infâme qu'on lui avait destinée. »
(*Mémoires de l'abbé Arnauld*, page 161.)

Chapitre II, Note R, Page 241.

On retrouvait encore le caractère du temps dans cette partie de l'éducation qui n'a point de rapport à l'enseignement, mais qui tient de si près aux mœurs par les moyens qu'elle emploie pour diriger les inclinations heureuses, et pour réprimer les mauvaises. Les punitions qu'on infligeait à la jeunesse étaient à la fois avilissantes et douloureuses. Les princes, les enfans des Rois eux-mêmes n'en étaient point exempts. On leur infligeait un châtiment honteux, que la prudence, la morale et l'humanité ont aujourd'hui banni même des écoles du peuple. Gaston d'Orléans, frère de Louis XIII, fut conduit la verge à la main.

On lit dans les Mémoires publiés sous son nom, que le sieur de Breves, avec sa *prestance,* ne manquait pas de marquer à Monsieur toutes les choses qui pouvaient servir à son instruction. « Il avait ac-
« coutumé d'attacher des verges à sa ceinture, mais
« ce n'était pas pour s'en servir que *très rarement,* et
« le ramenait le plus souvent par quelque signe des
« yeux ou par la force de la raison, quand il était
« tombé en quelque faute, plutôt que par un châti-
« ment de sa personne. » (*Mémoires de feu M. le duc d'Orléans,* page 12.)

Louis XIII n'était pas moins exposé que son frère à ces punitions outrageantes.

« Notre nouveau Roi fut fouetté ce jour (dit l'*Étoile*), par commandement exprès de la Reine régente sa mère, pour s'être opiniâtré à ne point vouloir prier Dieu. M. de Souvray, son gouverneur, auquel en avait été donnée la commission, n'y voulait mettre la main jusqu'à ce que, étant comme forcé par la Reine, fut contraint de passer outre. Ce jeune prince se voyant pris, et qu'il lui en fallait passer par là : « Ne frappez guère fort, au moins », dit-il à M. de Souvray ; puis, peu après, étant allé trouver la Reine, Sa Majesté s'étant levée pour lui faire la révérence, comme de coutume : « J'aimerais « mieux, va dire ce prince tout brusquement, qu'on « ne me fît point tant de révérences et tant d'hon- « neur, et qu'on ne me fît point fouetter » ; trait qui fit rire la Reine, et qui fut remarqué pour un de ceux du feu Roi son père, qui ne manquait jamais de reparties promptes et fort à propos.[1] » (*Journal de l'Étoile*, tome V, page 26.)

Louis XIV fut élevé, peut-être, avec plus de négligence encore que ne l'avait été son père. Il semblait que Mazarin, qui s'était fait nommer surintendant de l'éducation, eût pris à tâche de laisser son

---

[1] On n'épargna pas le fouet davantage aux enfans de Louis XIII. « Pendant la régence d'Anne d'Autriche, dit l'abbé de Choisy dans ses Mémoires, il survint entre le Roi et Monsieur, son frère, un petit démêlé d'enfans qui se disputent quelque chose : le Roi voulut prendre un poêlon de bouillie, Monsieur en tenait le manche ; et avant que les gouverneurs eussent fait finir ce tiraillement, Monsieur fit mine d'en vouloir frapper le Roi. La Reine avertie vint faire fouetter Monsieur. »

esprit sans culture, et d'énerver toutes les dispositions généreuses qu'il avait reçues du ciel. Le marquis de Villeroi était son gouverneur; il avait pour précepteur l'abbé de Beaumont Hardouin de Péréfixe, qui fut depuis archevêque de Paris. Les Mémoires de La Porte contiennent le récit d'un singulier débat qui s'éleva entre Louis XIV et son frère dans leur première jeunesse.

« De Montereau nous vînmes à Corbeil, dit La Porte, où le Roi voulut que Monsieur couchât dans sa chambre, qui était si petite qu'il n'y avait que le passage d'une personne. Le matin, lorsqu'ils furent éveillés, le Roi, sans y penser, cracha sur le lit de Monsieur, qui cracha aussitôt tout exprès sur le lit du Roi, qui, un peu en colère, lui cracha au nez : Monsieur sauta sur le lit du Roi et pissa dessus ; le Roi en fit autant sur le lit de Monsieur : comme ils n'avaient plus de quoi ni pisser ni cracher, ils se mirent à tirer les draps l'un de l'autre dans la place, et peu après, ils se prirent pour se battre. Pendant ce démêlé, je faisais ce que je pouvais pour arracher le Roi, mais rien n'en pouvait venir à bout; je fis avertir M. de Villeroi, qui vint mettre le holà. Monsieur s'était plus tôt fâché que le Roi, mais le Roi fut bien plus difficile à apaiser que Monsieur. » (*Mémoires de M. de La Porte, etc.*, page 280.)

La Porte rapporte encore l'anecdote suivante dans ses Mémoires :

« M. de Beaumont disant un jour à Son Excellence

que le Roi ne s'appliquait point à l'étude ; qu'il devait y employer son autorité et lui en faire des réprimandes, parce qu'il était à craindre qu'un jour il ne fît de même dans les grandes affaires, il lui répondit : « Ne vous mettez pas en peine ; reposez-vous-en sur moi, *il n'en saura que trop*, car quand il vient au conseil, il me fait cent questions sur la chose dont il s'agit. »

La Porte ajoute quelques détails qui font connaître tous les soins qu'on prenait pour étouffer dans le cœur du jeune prince le germe des plus heureuses qualités.

« Comme le Roi croissait, le soin qu'on prenait de son éducation croissait aussi, et l'on mettait des espions auprès de sa personne, non pas, à la vérité, de crainte qu'on ne l'entretînt de mauvaises choses, mais bien de peur qu'on ne lui inspirât de bons sentimens; car en ce temps-là le plus grand crime dont on pût se rendre coupable était de faire entendre au Roi qu'il n'était justement le maître qu'autant qu'il s'en rendrait digne. Les bons livres étaient aussi suspects dans son cabinet que les gens de bien ; et ce beau catéchisme royal de M. Godeau n'y fut pas plus tôt, qu'il disparut sans qu'on pût savoir ce qu'il était devenu. » (*Mémoires de M. de La Porte, premier valet de chambre de Louis XIV.* Genève, 1755, page 253.)

La Porte donne encore d'autres détails sur les dangers auxquels fut exposé le jeune prince. Ceux qui ont lu les Mémoires de La Porte se les rappelleront ;

ceux qui ne les connaissent pas les trouveront à la page 289 de ces Mémoires : ce n'est point à moi à le suivre dans cette partie de l'éducation du jeune Roi.

D'autres principes auraient été suivis dans l'éducation de Louis XIV, pour son bonheur et pour celui du royaume, si la reine Anne d'Autriche eût été libre alors de réaliser le projet qu'elle avait conçu du vivant du roi Louis XIII.

Arnauld d'Andilly dit en termes formels qu'Anne d'Autriche, à laquelle il avait eu le bonheur de rendre d'importans services, se proposait de lui donner le soin d'élever le jeune prince. « Sa Majesté me dit à « Saint-Germain, durant le dernier voyage du Roi, « que l'une des choses du monde qu'elle désirait le « plus était, si cela dépendait d'elle, de me mettre « monsieur le Dauphin entre les mains, pour l'éle- « ver comme je voudrais; *car*, ajouta-t-elle, *que* « *pourrais-je faire de mieux que de mettre le Roi* « *entre les mains d'un homme à qui Dieu a donné* « *le cœur d'un Roi.* Ce furent ses propres paroles. » (*Mémoires d'Arnauld d'Andilly*, page 75.)

M. Petitot, qui a donné ces Mémoires dans la seconde série de sa Collection, a mis en note sur ce passage, *qu'il était fort douteux* qu'Anne d'Autriche eût tenu ce discours. C'est, en parlant d'un janséniste auquel on reproche à tout instant l'esprit de secte, agir soi-même avec passion. M. Petitot était assurément fort estimable; mais quand Arnauld d'Andilly *affirme,* et quand M. Petitot *doute,* il peut être permis de ne point rester incertain.

Chapitre III, Note S, Page 254.

*Paroles que Richelieu fait porter par son beau-frère à de Luynes.*

« L'exécution de cette affaire fut remise au dimanche prochain, tant pour attendre l'arrivée dudit sieur Duhallier, que pour une indisposition qui était survenue audit maréchal, et qui l'obligeait de garder la chambre. La chose étant donc en ces termes, il survint une petite rencontre qui faillit à la retarder. C'est que M. de Pont-Courlay le père, et beau-frère de M. l'évêque de Luçon, qui faisait la charge de secrétaire d'État, et qui était dans l'entière confiance de la Reine-mère et dudit maréchal, vint aux Tuileries, où le Roi se promenait le vendredi après dîner, où s'approchant du sieur de Luynes, il lui témoigna qu'il serait bien aise de lui dire un mot en particulier. En sorte que s'étant écarté avec lui dans une petite allée, il lui dit qu'il venait de la part dudit évêque de Luçon, pour le prier de vouloir bien assurer le Roi de son service et de son obéissance, et que ce qui l'avait obligé d'accepter la charge de secrétaire d'État avait été seulement pour avoir plus de moyens de le servir; qu'il voyait bien que les choses ne se passaient pas comme elles devaient être, et que Sa Majesté n'avait pas sujet d'être satisfaite; que son père ayant toujours servi les Rois ses prédécesseurs, dans des charges fort honorables, il avait succédé à l'affection qu'il avait eue pour leur service, et que s'il plaisait à Sa Majesté de le vouloir considérer et l'agréer pour l'un de ses ministres, qu'il n'y aurait rien, soit en sa charge, soit aux autres affaires qui viendraient à sa connaissance, qu'il ne lui en donnât un fidèle avis, par son entremise; et pour conclusion, que ledit évêque confirmât par sa propre bouche les mêmes choses dont il l'assurait de sa part. » (*Relation de la mort du maréchal d'Ancre*, p. 9.)

CHAPITRE III, NOTE T, PAGE 258.

Les assassins du maréchal s'étaient d'abord partagé ses bijoux, ses vêtemens; mais on s'occupa plus méthodiquement d'un autre partage.

« Cela fait, au coucher du Roi, on lui vint demander la dépouille de ce misérable. Vitri eut pour sa part la charge de maréchal de France, la baronie de Lusigny et sa maison à Paris, et les chevaux de son écurie, lesquels furent enlevés dès le lendemain matin. M. de Luynes eut la charge de premier gentilhomme de la chambre, et la lieutenance générale pour le Roi en Normandie avec le Pont-de-l'Arche. M. le maréchal de Vendôme recouvra le château de Caen, que le feu Roi lui avait baillé, et que ledit maréchal lui avait ôté, et demanda l'abbaye de Marmoustier. L'évêque de Bayonne demanda l'archevêché de Tours, à qui il fut accordé à même condition; et, dit-on, qu'ils en jouiront, parce que le frère de la maréchale voyant que le bien lui faisait la guerre, leur en avait fait la résignation de son propre mouvement, ne s'étant réservé que mille écus de pension sur chaque pièce, avec lesquels il espère vivre plus à son aise hors du royaume : aussi-bien n'était-ce pas un habile homme. D'autres ont eu le marquisat d'Ancre, qui est à la maréchale, et la petite maison joignant le Louvre, et de tout le reste qu'on a pu découvrir çà et là. Le baron de Rabat eut les abbayes de Livry et de Saint-Machen, du sieur Andrea, lequel lui en envoya la résignation pour son assurance. Persan, beau-frère dudit Vitri, eut la capitainerie de la Bastille, dont il prit possession seulement trois jours après; Duhallier, propre frère dudit Vitri, eut la charge de capitaine des gardes, et ayant appris que l'apothicaire dudit maréchal avait un de ses coffrets qui avait été saisi par les commissaires du quartier, au commandement du lieutenant civil, le Roi le lui donna, quoi que ce fût, et y étant allé, on y trouva une boîte de pierreries du prix de vingt mille écus, que ledit Duhallier emporta chez mademoiselle de Villeves, sa maîtresse, ayant laissé à l'hôtesse, pour ses épingles, une chaîne de turquoises de douze cents livres, et à un autre du logis, un anneau d'une rose de diamans de trois ou quatre cents livres; il fit commander par le Roi, aux officiers, de lui rapporter les procédures de la saisie, et en demeura le maître sans vérification de don. » (*Relation de la mort du maréchal d'Ancre*, p. 49.)

### Chapitre III, Note V, Page 260.

« Le Roi étant dans son cabinet des armes, dit la Relation de la mort du maréchal d'Ancre, ouit le bruit des pistolets; et comme il attendait impatiemment des nouvelles, le colonel d'Ornano vint battre à la porte du cabinet, et dit que c'était fait. Le Roi dit à Cluseaux, *çà, ma grosse Vitri,* qui est une carabine que Vitri lui avait baillée, et prenant son épée hors des pendans, vint à la grande salle, où le colonel arriva en même temps, et dit qu'il avait vu le maréchal bien mort. Lors on ferma les portes de la salle, et le Roi vint se présenter aux fenêtres qui donnent sur la cour, et pour être mieux vu, le colonel d'Ornano l'embrassa, et l'éleva pour le montrer à ceux qui étaient en bas avec ledit Vitri, auxquels le Roi cria tout haut : *Grand mercy! grand mercy à vous! à cette heure je suis Roi.....* Des lieutenans, enseignes et exempts des gardes montèrent à cheval, assistés de quelques archers, et s'en allèrent criant par la ville : *Vive le Roi! le Roi est Roi!* »

Concini venait de périr, Marie de Médicis allait être éloignée, mais de Luynes était favori, et Richelieu comptait revenir bientôt à la cour : le *Roi* ne devait jamais être *Roi*.

## Chapitre IV, Note X, Page 264.

Dans les Mémoires supposés que Senac de Meilhan fit paraître en 1786, sous le nom de la princesse Palatine, on trouve un portrait de Cinq-Mars ; mais ce portrait, écrit d'imagination, tient du roman : composons-le de traits empruntés à l'histoire :

« Il était beau, de belle taille, de bonne mine, avait l'esprit fort agréable dans la rencontre et dans la conversation [1]. Nommé d'abord maître de la garde-robe, il vécut dans cet emploi fort honorablement contre le gré de Louis XIII, qui n'aimait pas les somptuosités ni en habits ni en linge, et qui trouvait ce jeune homme trop magnifique [2]. Cependant il paraît que le Roi l'aimait avec plus de passion qu'aucun de ceux que Sa Majesté avait gratifiés avant lui de l'honneur de ses bonnes grâces [3]. Ce fut en effet pour Louis XIII une chose agréable de trouver un jeune favori, dont le cœur plein de feu ne respirait que l'honneur de faire parler de lui par quelque action éclatante [4] ; aussi Cinq-Mars se trouva tellement bien dans l'esprit du Roi, que ce prince ne pouvait durer un moment sans le voir, et l'appelait son cher ami. » [5]

[1] *Mémoires de Montglat.*
[2] *Même ouvrage.*
[3] *Relation de Fontrailles.*
[4] *Mémoires de madame de Motteville.*
[5] *Mémoires de Montglat.*

Une querelle de jeunes gens, j'ai presque dit d'enfans, fut le signal de la faveur dont Cinq-Mars commençait à jouir auprès du Roi. Monglat raconte cette querelle en ces termes :

« Or, comme le Cardinal avait résolu de perdre madame de Hautefort, il prit le temps du voyage du Roi, durant lequel elle ne le voyait point ; et, profitant de son absence, il fit une cabale de ceux qui étaient à lui du petit coucher pour dire du bien de Cinq-Mars, et insensiblement le faire entrer dans ses bonnes grâces. Cette intrigue réussit ; car le Roi était fort susceptible des impressions qu'on lui donnait, et il se laissait tellement gouverner par le Cardinal, qu'il aimait et haïssait selon sa volonté. Ainsi il commença de parler de Cinq-Mars, à Abbeville, plus qu'il n'avait accoutumé, et cette familiarité alla toujours augmentant durant le voyage jusqu'à Mézières, où sa faveur parut ouvertement par une telle rencontre. Il dînait en compagnie avec beaucoup de gens de qualité, et entre autres, avec le duc de Nemours l'aîné, qui était un prince aussi bien fait et spirituel qu'aucun qui fût dans le royaume, mais fort jeune et étourdi. Comme Cinq-Mars et lui étaient de même âge, ils se raillèrent durant le dîner : le duc attaqua l'autre le premier, lequel répondit fort hardiment ; dont le duc s'offensa, croyant que Cinq-Mars lui devait du respect comme prince ; mais il n'en demeurait pas d'accord ; car, fier comme il était, et enflé de gloire de sa faveur naissante, il croyait ne lui devoir que le pas. Il le montra bien quand le fruit fut venu ; car le duc, en mangeant des cerises, en jeta un noyau dans le nez de Cinq-Mars, lequel aussitôt lui en jeta un autre qui donna dans son œil, dont se sentant blessé, il sortit de table pour lui sauter au collet ; mais tout le monde se mit entre deux et les sépara. Sur ce bruit, toute la cour prit parti, et le duc de Nemours trouva peu d'amis, tous les courtisans tournant du côté de Cinq-Mars pour plaire au Roi, qui se déclara hautement pour lui, et témoigna savoir gré à ceux qui s'étaient offerts à lui ; et depuis il tint publiquement la place de favori. » ( *Extrait des Mémoires de Montglat*, tome I$^{er}$, page 239. )

Fier, confiant, impétueux comme on l'est à son âge, bientôt Cinq-Mars ne mit plus de bornes à ses espérances ; il ambitionnait déjà la main d'une princesse, l'épée de connétable et la place de premier ministre ; mais quand Richelieu s'aperçut qu'au lieu d'un instrument docile à ses volontés, il n'avait placé près du Roi qu'un compétiteur dangereux, il abreuva de dégoûts ce jeune audacieux qui menaçait son pouvoir. Fontrailles nous a donné le récit des affronts qu'essuyait Cinq-Mars.

« Il est à remarquer que M. Le Grand avait accoutumé, dit-il, d'être en tiers avec le Roi et M. le Cardinal dans tous les conseils les plus secrets, et que Son Éminence, mal satisfaite de lui, se résolut de l'empêcher à l'avenir. Je n'ai pas su s'il en était convenu avec le Roi, ou bien s'il croyait que

M. Le Grand ne viendrait jamais à un éclaircissement qui ne lui réussirait pas, et qui pourrait procurer sa ruine ; M. le Cardinal lui témoigna donc, par M. de Sainction, qu'il ne trouvait pas bon qu'il lui marchât toujours sur les talons quand il était auprès de Sa Majesté et qu'il avait à l'entretenir d'affaires qui ne requéraient point sa présence.

« Ce discours surprit fort M. Le Grand, qui fut dans le moment chez M. des Noyers, pour approfondir d'où venait ce changement ; mais M. le Cardinal, qui le faisait observer, y fut aussitôt que lui, où il le traita avec autant d'aigreur et d'empire que s'il eût été le moindre de ses valets, n'y ayant sorte d'injures ni d'outrages qu'il ne lui fît recevoir ; lui reprochant non seulement ses bienfaits, son peu de capacité et de mérite, qu'il passa jusqu'à cette extrémité qu'il lui fit connaître, avec le dernier mépris, qu'il ne faudrait qu'un homme tel que lui dans le conseil pour perdre de réputation tous les ministres parmi les étrangers, et pour conclusion, lui défendit de se trouver dans aucun conseil, et le renvoya au Roi pour lui demander s'il n'était pas de cet avis.

« Bien que je n'aie jamais vu homme plus outré de déplaisir qu'était M. Le Grand d'un traitement si injurieux, il n'eut d'autre voie à choisir que celle de le souffrir, et de se retirer dans sa chambre, où j'étais seul.

« Après qu'il eut pleuré de rage et de colère, et

sangloté long-temps, il ne put trouver autre consolation que celle du souvenir du dessein qu'il avait pris de ne rien omettre pour perdre son ennemi.

« M. le Cardinal, néanmoins, après lui avoir donné une rude mortification, lui fit offrir le gouvernement de Touraine, dans lequel il avait son bien, pour lui aplanir le chemin de sa retraite ; ce qu'il refusa, ne voulant abandonner la place qu'il tenait, que par force. » (*Relation de M. de Fontrailles.*)

Cinq-Mars trama dès-lors des complots dont la révélation mystérieuse le conduisit à sa perte ; mais il éprouva bien des incertitudes dans le cours de sa funeste entreprise. Le marquis de Chouppes rapporte dans ses Mémoires qu'il fut sur le point de la lui faire abandonner, en lui rappelant ce que le Cardinal avait fait pour son avancement ; et ce qu'il y aurait d'avantageux pour tous deux à s'unir au lieu de se diviser.

« Mon discours, continue le marquis de Chouppes, le jeta pendant quelques momens dans une rêverie assez profonde ; puis, revenant tout d'un coup à lui, *Vous connaissez M. le Cardinal,* me dit-il ; *il n'y a pas de retour avec lui, il ne pardonne jamais.* Je fis ce qui dépendit de moi pour lui ôter cette opinion, mais ce fut, je pense, assez inutilement.

« J'allai trouver de là le maréchal de la Meilleraie, à qui je racontai ma conversation avec M. de Cinq-Mars. Il fut sur-le-champ en rendre compte à M. le Cardinal. Son Éminence m'envoya chercher aussitôt ; le Cardinal voulut en apprendre tout le détail de moi-même : sur ce que je lui dis qu'on était dans la persuasion qu'il ne pardonnait jamais, il m'ordonna de retourner chez M. de Cinq-Mars, de tâcher de faire tomber la conversation sur le même sujet, et de l'assurer que s'il voulait vivre avec lui comme autrefois, et oublier sincèrement tout ce qui s'était passé, de sa part il en ferait autant, et qu'il s'offrait d'en donner à M. de Cinq-Mars toutes les sûretés qu'il pourrait raisonnablement exiger.

« Dès le lendemain je retournai chez M. de Cinq-Mars. Je ne cherchai point d'autre prétexte à ma visite que la conversation que j'avais eue avec M. le maréchal de la Meilleraie. Je lui avouai ensuite que j'avais vu M. le Cardinal; que je le trouvais dans des dispositions fort avantageuses pour lui; qu'il serait charmé de se réconcilier ; qu'il convenait de lui avoir rendu de mauvais services; mais qu'il y avait été porté par les sujets de plaintes qu'il lui avait donnés; qu'il fallait de part et d'autre oublier le passé. Il me répéta encore que M. le Cardinal ne pardonnait jamais. Je lui offris, de la part de M. le Cardinal, toutes les sûretés qu'il exigerait, pourvu que, de son côté, il en fît autant, pour ôter à l'avenir tout sujet de méfiance. A ce discours, il se tourna de l'autre côté de son lit (car il était encore couché), et me dit en faisant un grand soupir : *Ah ! M. de Chouppes, il n'est plus temps.* Je fus rendre compte sur-le-champ à M. le Cardinal de ma visite ; il me parut surpris de la réponse, et il jugea dès-lors que cette affaire était plus sérieuse qu'elle ne le paraissait au-dehors. » (*Mémoires de M. le marquis de Chouppes*, page 25.)

Déjà Cinq-Mars avait perdu la faveur dont il jouissait. Il n'est sorte de ruse qu'il n'employât pour en conserver du moins l'apparence pendant l'absence du Cardinal, qui était alors aux eaux.

« M. Le Grand, dit Montglat, était ravi de son éloignement, et faisait ce qu'il pouvait pour augmenter sa défiance, en faisant croire à ses confidens qu'il était fort bien avec le Roi, et que Sa Majesté ne se souciait plus du Cardinal, qu'il lui abandonnait entièrement. Toute la cour en était si persuadée, que tout allait à M. Le Grand ; et on ne pouvait se tourner à sa suite, tant la foule y était grande. Mais on ne connaissait pas l'intérieur du Roi, qui jugeait le Cardinal si nécessaire à son service, qu'il avait déclaré à M. Le Grand qu'il ne voulait point s'en défaire, et que s'il fallait que l'un des deux sortît, qu'il pouvait se préparer à se retirer, et qu'il ne se flattât point là-dessus. En effet, le Roi voyant la grande frayeur du Cardinal, pour lui donner de l'assurance commença à faire froid à M. Le Grand ; mais le Cardinal croyait que c'était un jeu joué pour l'attraper, et ne s'y fiait pas. Pour cela, M. Le Grand était fort aise que ce bruit-là courût, et faisait ce qu'il pouvait pour empêcher qu'on s'aperçût de la mauvaise mine que le Roi lui faisait. Comme une fois Sa Majesté s'étant retirée seule pour lire, défendit à l'huissier de laisser entrer personne; mais M. Le Grand s'étant présenté, l'huissier lui ouvrit, croyant qu'il était excepté; le Roi l'entendant venir, fit semblant de dormir dans sa chaise, et continua ce sommeil feint jusqu'à ce qu'il s'en fût allé, tant il craignait de se trouver seul avec lui, de peur qu'il ne l'importunât de l'éloignement du Cardinal, lequel il ne lui voulait pas accorder. Le lendemain, se renfermant encore, il dit à l'huissier de n'ouvrir à personne, pas même à M. Le Grand. Ce commandement étonna fort cet huissier, parce que souvent il avait vu des démêlés entre eux qui s'apaisaient aisément; et il craignait que, lui refusant la porte, il ne se vengeât après de lui en le faisant chasser. Durant qu'il rêvait à cela, il entendait grand bruit sur le degré, et ensuite il ouït heurter à la porte; et lors, au lieu de l'ouvrir grande comme il avait accoutumé, il ne fit que l'entre-bâiller, pour lui dire l'ordre qu'il avait. Il fut fort surpris, et néanmoins il ne perdit point le jugement; car ne voulant pas que ceux qui l'accompagnaient s'en aperçussent, de peur que cela ne décréditât son parti, il dit tout bas à l'huissier que c'était une querelle à l'ordinaire qui ne durerait pas long-temps; qu'il le laissât entrer, et qu'il lui répondait qu'il ne lui en arriverait point de mal. Sur cette assurance, il lui ouvrit; mais il y avait un petit passage entre deux portes où était l'huissier, qui n'était point vu du Roi, avec un petit siége sur lequel il se mettait : M. Le Grand s'assit dessus, et causa une heure avec lui, le priant d'en user tous les jours de même, et qu'il lui ferait sa fortune ; puis, sans entrer où était le Roi, il ressortit ; et quinze jours durant il se servit de cette ruse pour persuader qu'il était fort bien avec lui, et qu'il l'entretenait tout seul les soirs plus d'une heure. Ces nouvelles s'écrivaient par toute la France, qui confirmaient la disgrâce du Cardinal, et lui redoublaient ses défiances. » (*Extrait des Mémoires de Montglat*, tome I, page 380.)

La confiance téméraire de Cinq-Mars le perdit. Levossar raconte ainsi les détails de son arrestation.

« Louis ne s'était rendu qu'après de grands combats. Incertain si son premier ministre, dont la conservation semblait dépendre de la ruine du favori, n'avait point engagé Schomberg à faire une découverte fondée sur des conjectures peut-être éloignées, et craignant de mettre Cinq-Mars dans la nécessité de révéler tout ce qui s'était passé entre eux contre Richelieu, le Roi aurait plus long-temps résisté à donner son consentement, si le P. Sirmond, jésuite, son confesseur, ne le lui eût enfin arraché. On dit que s'étant mis d'abord à genoux, il pria instamment Dieu de lui inspirer la résolution qu'il devait prendre dans une conjoncture qui lui paraissait fort embarrassante. Le vieux Jésuite, gagné peut-être par le secrétaire d'État dont la fortune était uniquement appuyée sur celle du Cardinal, persuada facilement à son pénitent superstitieux de punir des perfides qui traitaient avec ses ennemis, pour l'obliger à faire une paix désavantageuse, et de n'épargner pas même son propre frère, qui, nonobstant plusieurs révoltes pardonnées, retombait toujours dans la même désobéissance. Louis chercha plus d'une fois à se défaire de son ministre arrogant; mais il voulut le chasser de son propre mouvement, du moins en apparence. Jaloux avec raison de certains dehors d'autorité, il ne pouvait souffrir qu'on entreprît de l'y forcer malgré lui, ni qu'on prît aucun engagement avec la maison d'Autriche. Sa Majesté va donc à Narbonne : Cinq-Mars la suit. Plus attentif à contenter ses passions criminelles qu'à pourvoir à sa sûreté et à l'exécution de ses projets déjà trop éventés, le jeune étourdi suborne, dès le jour même de son arrivée à Narbonne, une infâme créature, et l'engage à lui vendre la fille qu'elle avait d'un nommé Burgos, faiseur de poudre à canon dans la même ville.

« Le 13 juin, Louis donne ordre au comte de Charost, capitaine de ses gardes, d'arrêter le grand-écuyer. La chose ne fut point si secrète qu'elle ne vînt à la connaissance d'un ami de Cinq-Mars, qui l'en avertit lorsqu'il faisait la débauche chez Baumont, gouverneur de Saint-Germain, dit-on. Il va prendre incontinent ses bottes au palais de l'archevêque, où il était logé près de l'appartement du Roi, monte à cheval suivi d'un seul valet de chambre, et court aux portes de la ville. Les trouvant toutes fermées, il se réfugie chez la Burgos, dont le mari était absent. Charost ayant manqué son coup ; le va dire au Roi, qui ordonne des perquisitions dans toutes les maisons de la ville, défend, sous peine de la vie, à qui que ce soit, de cacher Cinq-Mars, et menace de la même peine ceux qui auront connu le lieu de sa retraite sans le découvrir. L'infortuné favori aurait pu échapper aux recherches de l'archevêque, créature de Richelieu, du lieutenant du Roi, et des consuls de la ville, si Burgos ne fût pas malheureusement revenu au logis. Quelqu'un de ses domestiques l'ayant averti qu'un jeune gentilhomme fort bien fait était dans la maison, il conjectura que ce pourrait bien être le grand-écuyer. Burgos, ébranlé peut-être par les grandes promesses que Cinq-Mars lui faisait, consulte un de ses amis, qui lui conseille de ne point s'exposer au danger de perdre la vie. Il avertit donc le lieutenant du Roi, qui vient prendre Cinq-Mars, et le conduit prisonnier à l'archevêché. » ( *Histoire de Louis XIII*, tome X, page 648. )

Quant à la grande princesse qu'on *avait accusée d'aimer Cinq-Mars*, suivant ce que dit madame de Motteville, tout le monde sait qu'elle voulut désigner Marie-Louise de Gonzague, fille de Charles de Gonzague, duc de Nevers et de Mantoue. A l'époque de son attachement pour Cinq-Mars, elle avait trente et un ans et lui n'en avait que vingt-deux ; ce qu'il y a de plus étrange dans cet attachement, ce qui peint le mieux les mœurs de cette époque, c'est que dans leur penchant mutuel, Cinq-Mars et la princesse de

Nevers, cédant l'un à l'ambition et l'autre à la coquetterie, entretenaient en secret, chacun de leur côté, de tendres sentimens. On n'en saurait douter d'après ce passage des Mémoires de La Rochefoucauld.

« Dans le temps que la vanité de Cinq-Mars devait être le plus flattée de plaire à cette princesse, elle, de son côté, souhaitait ardemment de l'épouser ; et dans ce temps, dis-je, où l'un et l'autre paraissaient entraînés par la violence de leur passion, le caprice, qui dispose presque toujours de la fidélité des amans, retenait depuis long-temps la princesse Marie dans un attachement pour ****, et M. Le Grand aimait éperdûment mademoiselle de Chemerault. Il lui persuadait même qu'il avait dessein de l'épouser, et il lui en donnait des assurances par des lettres qui ont causé de grandes aigreurs après sa mort entre madame la princesse Marie et elle, dont j'ai été témoin. » (*Mémoires de La Rochefoucauld*, tome I, page 362.)

J'aurai plus tard occasion de reparler de la princesse de Nevers, qui fut mariée, en 1645, au roi de Pologne, et que Brienne alla visiter dans ses voyages.

CHAPITRE IV, NOTE Y, PAGE 268.

*Traité fait avec l'Espagne entre M. de Fontrailles et le Comte-Duc.*

« Le Roi, dit Fontrailles, s'en alla à Narbonne, et je repartis en poste après avoir reçu la minute du traité, et une copie de la lettre de Monsieur à M. le comte-duc d'Olivarès, et deux blancs signés de son Altesse, qu'elle m'avait donnés, l'un de sa lettre au Comte-Duc, et l'autre en la forme qu'il le désirait pour le roi d'Espagne. » (*Relation de M. de Fontrailles*, page 314.)

« Enfin, continue-t-il, j'arrivai à Madrid, où le même jour je vis sans difficulté le Comte-Duc; et quoique je fusse très mal vêtu, il ne me voulut jamais parler que je ne fusse couvert et assis dans son carrosse, où je le rencontrai.

« Je reconnus visiblement qu'il recevait une joie extrême lorsqu'il vit le seing de Monsieur; et me l'ayant fait reconnaître par quelques discours qu'il envoya faire au Roi son maître, dont il se repentit, il essaya de réparer cette faute, mais jamais cela ne se fait que grossièrement.

« Je fus trois heures à me promener avec lui; il m'entretint toujours avec estime et respect de la personne de M. le Cardinal, ce qui marquait de la crainte. Il connaissait tous les gens de qualité de la cour, et leurs intérêts comme je pouvais faire; me séparant de lui, il me remit aux soins du secrétaire d'État son confident, qui s'appelait Carnero. Il avait continuellement un chapelet à la main et ne laissait pas de dire le mot sur le Pape et sur la religion; il croyait que je fusse huguenot, et pensait me faire plaisir : il me fit mettre dans son carrosse, ne traitant jamais autrement, et ne voulait point être vu s'il n'était assis, où il avait bonne mine, parce qu'il était si courbé que son menton, quand il était debout, touchait presque à ses genoux : je le vis une fois, mais ce fut par surprise, et m'aperçus bien qu'il en était fort fâché.

« Comme je fus dans son carrosse avec lui et Carnero, il me dit qu'il avait vu les demandes de M. le duc d'Orléans, qui étaient grandes, et qu'il fallait que le roi d'Espagne fît dépense, et déboursât trois millions d'or; et qu'il ne voyait rien que d'imaginaire dans les propositions de Monsieur, qui disait avoir avec lui deux personnes considérables qu'il ne voulait pas nommer, une bonne place frontière, et l'on ne savait ce que c'était ; qu'il était juste que dans un traité les conditions fussent égales; que comme Monsieur demandait des choses effectives de Sa Majesté catholique, il fallait aussi qu'il fît voir de l'effectif de sa part dans celle qu'il promettait; que la personne de Son Altesse était de très grand prix, mais qu'il ne paraissait point qu'il eût de place ni de gouvernement; qu'il n'était plus héritier présomptif de la couronne, et qu'il s'était trouvé dans de si fâcheuses affaires, qui lui avaient si mal réussi, qu'il était difficile de croire que beaucoup de gens se voulussent embarquer à l'avenir avec lui ; et qu'il avait fait plusieurs traités avec le roi d'Espagne, été reçu de lui dans ses États, et arrêté dans ses disgrâces, et que trois jours après avoir signé le dernier fait entre eux, il s'en était fui comme si l'on eût eu dessein d'user de mauvaise foi contre sa personne; qu'au surplus il ne devinait pas quels pouvaient être les deux hommes si considérables ; que la Flandre et l'Angleterre étaient remplies de personnes qualifiées de la France qui leur avaient beaucoup promis, leur coûtaient fort et ne faisaient rien ; que M. le comte n'était plus, duquel l'estime et la réputation avaient fait tant de bruit et acquis l'affection de tant de gens ; que M. d'Espernon, qui était homme de résolution et d'expérience, était mort; que M. de Meilleraie était parent et créature de M. le Cardinal, contre lequel ce parti se faisait; que le Roi était dans le gouvernement du maréchal de Schomberg, et par conséquent Monsieur hors d'état de pouvoir rien exécuter; que M. de Bouillon avait accepté l'emploi d'Italie; que M. de Gassion n'était qu'un capitaine de chevau-légers, dont il ne faisait pas assez d'état; enfin qu'il ne voyait pas quels pouvaient être ces deux hommes si considérables, et qu'il ne passerait pas plus avant sur ce que je demandais que je ne les eusse nommés avec la place de sûreté ; et qu'après tout ce qu'il alléguait, que le roi de France avait la bonne fortune de son côté en toutes les occasions, et se remettait de la conduite de toutes les affaires entre les mains d'un ministre qui était habile homme et qui était encore plus heureux, ainsi qu'il avait paru.

« Moi, au contraire, je m'excusai de les nommer sur le commandement exprès de ne le pas faire qu'après que le traité serait signé ; que j'offrais de lui montrer mon instruction, qu'il ne risquait rien en le signant, parce que si les personnes et la place ne lui plaisaient pas, étant entre ses mains il pouvait me l'ôter ; mais que si j'excédais mon ordre j'agirais contre mon devoir, et que s'il ne voulait pas ( moi les ayant déclarés) accorder les demandes de Son Altesse, je me trouverais coupable, et reconnu pour très malhabile homme.

« Après avoir contesté long-temps, il me repartit qu'il ne le signerait point, mais qu'il convenait de toutes mes demandes dès l'heure présente dans tout ce qu'elles contenaient, mais que je nommasse, ou qu'autrement il me ferait donner un passe-port, et que je serais libre de m'en aller quand bon me semblerait.

« Moi, qui étais assuré que les personnes et la place lui seraient fort agréables, et voyant que j'avais toujours ordre de m'en ouvrir, que ce n'était qu'un formulaire inutile ; que mon retour avec diligence était de conséquence, et plus longue contestation ne pouvait plus long-temps retenir, je lui dis que sur la parole qu'il me donnait de signer le traité en la forme que je lui avais présentée, je lui déclarais que ces personnes étaient M. de Bouillon, M. Le Grand, et la place de Sedan.

« Il me témoigna une extrême satisfaction de cette bonne nouvelle ; mais il observa aussi mal sa parole, car il me chicana sur tous les articles, tantôt sur les troupes, après sur l'argent, puis sur les qualités de Son Altesse, et enfin sur les avantages qu'il voulait donner à l'archiduc Léopold par-dessus elle. Ce qui me fit connaître par expérience qu'alors que M. de Bouillon m'avait assuré qu'il m'accorderait plus que je ne demanderais, qu'il s'était fort mépris, et ne pus m'empêcher de faire sentir à M. le Comte-Duc, que je ne m'étonnais pas si leurs affaires allaient si mal, puisqu'ils s'amusaient à des bagatelles, quand il était question de sauver Perpignan, qui, étant perdue, leur ôtait la Catalogne pour toujours et partageait quasi l'Espagne. Il me regarda, et ne me répondit quasi plus rien.

« Il me retint quatre jours, et encore me dit qu'il avait fait aller le conseil en poste à la française, contre sa coutume et la pratique de la nation. Il me fit voir le Roi après que le traité fut signé, auquel je présentai la lettre de Monsieur, dont je ne tirai pas grandes paroles, le favori faisant tout avec pareille autorité que M. le cardinal de Richelieu, agissant comme lui généralement en toutes affaires. » (*Relation de M. de Fontrailles*, pages 315 et suiv.)

### Chapitre IV, Note Z, Page 276.

J'aurai plus d'une remarque à faire sur ce passage. On n'en sera point surpris. Est-il vrai que le Cardinal ait parlé d'amour à la Reine? Diverses anecdotes, rapportées par le cardinal de Retz, Brienne le père et madame de Motteville, ne peuvent laisser à ce sujet aucun doute.

« M. le cardinal de Richelieu, dit le premier, haïssait au dernier point madame la princesse de Guémené, parce qu'il était persuadé qu'elle avait traversé l'inclination qu'il avait pour la Reine, et qu'elle avait même pris part au tour que lui avait joué madame Deforgi, dame d'atour, quand elle porta, à la Reine-mère Marie de Médicis, une lettre d'amour qu'il avait écrite à la Reine sa belle-fille. (*Mémoires du cardinal de Retz.*)

Voici maintenant ce que rapporte Brienne le père, qui, très bien instruit des choses de son temps, affecte seulement de les déguiser sous des termes obscurs; ici du moins le voile est transparent.

« Le Roi se mit en campagne, et le Cardinal se disposant à le suivre, crut qu'il était à propos que *la Reine* restât à Paris, et qu'elle eût un conseil auprès d'elle pour s'en servir au cas de besoin, et pour contenir le peuple, supposé que cela fût nécessaire. Bullion, qui devait avoir la direction de ce conseil, et qui en était capable, m'ayant averti qu'il avait été résolu que je resterais aussi auprès de la Reine, je lui répondis que je ne pouvais m'y résoudre, ne me soutenant à la cour que par quelque estime dont le Roi m'honorait; et qu'ainsi je ne jugeais pas à propos de m'éloigner de sa personne dans un pareil temps. « Allez du moins, me dit-il, chez le Cardinal « pour vous excuser et pour savoir ce que vous aurez « à faire. » Je suivis son conseil, et je trouvai ce premier ministre qui s'en allait chez le Roi, pour lui dire qu'il allait coucher à Royaumont, parce que Sa Majesté s'en allait à Chantilly, où elle devait rester deux jours. Le Cardinal m'ayant aperçu me dit : « Vous resterez *auprès des dames :* cela ne doit « point vous déplaire. — *Il n'y a, monsieur,* lui ré-« pondis-je, *rien à gagner auprès d'elles; car elles* « *sont trop fières.* » Il n'eut pas de peine à comprendre que je lui voulais reprocher *qu'il avait été mal reçu d'une certaine dame qu'il eût bien voulu engager à être de ses amies.* » ( *Mémoires du comte de Brienne ,* tome II, page 59. )

Enfin madame de Motteville confirme ces témoignages par le récit suivant :

« On veut aussi que le cardinal de Richelieu ait eu pour la Reine plus d'amour que de haine, et que ne la voyant pas portée à lui vouloir du bien, soit par la vengeance, ou soit pour la nécessiter à se servir de lui, il lui rendit de mauvais offices auprès du Roi. Les premières marques de son affection furent les persécutions qu'il lui fit ; elles éclatèrent aux yeux de tous ; et nous verrons durer cette nouvelle manière d'aimer jusqu'à la fin de la vie du Cardinal. Il n'y a pas d'apparence de croire que cette passion, tant vantée par les poètes, causât de si étranges effets dans son âme. Mais la Reine m'a conté qu'un jour il lui parla d'un air trop galant pour un ennemi, et qu'il lui fit un discours fort passionné ; mais qu'ayant voulu lui répondre avec colère et mépris, le Roi dans ce moment était entré dans le cabinet où elle était, qui, par sa présence, interrompit sa réponse; que, depuis cet instant, elle n'avait jamais osé recommencer cette harangue, craignant de lui faire trop de grâce en lui témoignant qu'elle s'en souvenait. » (*Mémoires de madame de Motteville*, tome I, page 357.)

Est-il vrai, comme le prétend madame de Motteville, que cet amour méprisé se soit changé en haine? Ce qui paraît certain, c'est qu'indépendamment des persécutions que Richelieu provoqua contre la Reine et contre les gens de sa maison, il alla jusqu'à composer, jusqu'à faire représenter en plein théâtre, devant Anne d'Autriche, une comédie qui renfermait une foule d'allusions offensantes sur sa conduite. J'en ai dit un mot dans l'*Essai* qui précède les Mémoires. L'abbé Arnauld, qui assistait à cette représentation, en parle ainsi:

« Je passai l'hiver à Paris; on y fit le mariage de M. le duc d'Enghien avec mademoiselle de Brézé, fille du maréchal de ce nom, et nièce de M. le Cardinal, qui fit les noces avec beaucoup de magnificence. On y représenta, sur le théâtre de son palais, la comédie de *Mirame,* dont Son Éminence elle-même avait donné le dessein au sieur Desmarets. Elle fut jouée en présence de la Reine: j'eus ma part de ce spectacle, et m'étonnai, comme beaucoup d'autres, qu'on eût eu l'audace d'inviter Sa Majesté à être spectatrice d'une intrigue qui sans doute ne devait pas lui plaire, et que, par respect, je n'expliquerai point; mais il lui fallut souffrir cette injure, qu'on dit qu'elle s'était attirée par *le mépris qu'elle avait fait des recherches du Cardinal.* Elle en fut un peu vengée par le peu d'estime qu'on fit de cette pièce, ce dont le Cardinal fut assez mortifié. On ne pouvait alors avoir d'autre satisfaction des offenses d'un homme qui était maître de tout et redoutable à tout le monde, quelque indignation qu'on eût contre lui d'un pareil procédé. » ( *Mémoires de l'abbé Arnauld*, page 199. )

Maintenant, pour en revenir à l'étrange anecdote, si bien circonstanciée par Brienne dans ses Mémoires, Richelieu dansa-t-il devant Anne d'Autriche avec des castagnettes à la main ? Ceci est plus fort, je l'avoue; cependant Brienne est bien instruit des différens faits qu'il rapporte : tout ce que je puis dire, c'est que ce qui nous blesse tant aujourd'hui choquait beaucoup moins les idées d'alors. Des prélats qui commandaient les armées et composaient des comédies, pouvaient bien aussi figurer un pas de ballet. Je n'ajouterai qu'un mot, c'est que, vers le même temps, ce même abbé Arnauld, dont je viens de parler, ecclésiastique respectable et janséniste sévère, assistant en Italie aux fêtes qu'on donnait à Modène, dansa le menuet en costume d'abbé devant toute la cour.

« Nous trouvâmes à Reggio, dit-il, un carrosse du duc de Modène. Si nous avions été bien reçus dans les autres cours, nous le fûmes encore mieux en celle-ci, d'autant plus que M. de Saint-Nicolas portait au cardinal d'Est le brevet du Roi pour la protection de France à Rome. C'était un prince d'un fort grand mérite, et bien digne du nom d'Ella Casa d'Este, si célébrée par tout ce qu'il y a de plus beaux esprits en Italie. Le duc son frère ne lui cédait en rien; et quoiqu'il fût encore alors dans les intérêts de l'Espagne, par son procédé honnête avec nous, il témoignait déjà assez son inclination pour la France. Il s'en présenta même une occasion quelques jours après. On célébrait une fête pour le jour de la naissance de la duchesse; le prince voulut qu'on donnât le bal à la française; ce ne fut pourtant pas de telle façon qu'on n'y retînt beaucoup des cérémonies d'Italie. En effet, toutes les femmes étaient séparées des hommes; elles étaient assises sur une estrade qui faisait un demi-cercle au bout de la salle. La duchesse était au fond, et toutes les dames à droite et à gauche le long des murailles. Les hommes étaient confusément dans la salle, laissant un grand espace vide au milieu. Un maître des cérémonies allait quérir celui ou celle qu'on voulait prendre pour danser. M. l'abbé de Saint-Nicolas fut invité à voir la compagnie, et on le plaça pour cela dans une chambre dont, la porte étant ouverte, on voyait fort commodément tout ce qui se passait dans la salle. Je ne fus de ma vie plus surpris que je le fus lorsque, le bal étant commencé, je vis venir à moi le maître des cérémonies me prier de danser de la part de la marquise Calcagnini, dont le mari était favori du duc. Il ne me semblait pas qu'étant en habit noir tout uni, avec des cheveux courts, en abbé, je dusse craindre qu'on me prît pour avoir part à cette fête. Cependant, refuser cette dame, c'aurait été lui faire affront en l'accusant tout au moins de peu de jugement dans son choix. Ainsi, après un moment de délibération, dont on ne s'aperçut point toutefois, je suivis le maître des cérémonies, et me revis, sans y penser, dans un exercice que je croyais avoir quitté pour toute ma vie. Il est vrai que, à proprement parler, on ne dansait pas, mais plutôt on marchait en cadence sans même quitter son manteau : ce qui était la mode du pays. Au reste, il ne faut pas s'étonner qu'ils le gardent en dansant, puisqu'ils l'ont même en courant la bague : c'est ce que nous vîmes le lendemain, et qui me parut assez ridicule. Ils ont une autre cérémonie, un peu étrange à mon avis, pour des gens qu'on accuse d'être jaloux : c'est qu'on ôte ses gants en dansant, et qu'on tient nue la main de celle qu'on mène. Je reçus beaucoup de complimens sur ma danse ; il me semblait que je ne les méritais guère ; mais, parmi de méchans danseurs, un médiocre pouvait passer. » (*Mémoires de l'abbé Arnauld*, page 228.)

Chapitre V, Note AA, Page 279.

J'ai connu M. de Chavigny, quoiqu'il fût mort quand j'épousai Henriette de Bouthillier sa fille. C'était un homme replet, aimant fort la bonne chère et son plaisir. Le jeu était sa passion dominante; car je n'ai jamais entendu dire qu'il eût été amoureux de femme que de la sienne, qui était très belle : il lui faisait des enfans tous les ans. Outre les sept filles qui étaient vivantes quand j'épousai feue ma femme, il laissa sept garçons à sa mort, savoir : M. de Pons, l'aîné de tous; le marquis de Chavigny; un abbé, qui était mort quand je me mariai; M. de Bouthillier, conseiller au parlement de Paris; l'évêque de Troyes; un chevalier de Malte, et un autre abbé, qui avait été chartreux. Voilà donc quatorze enfans, sept garçons et sept filles, très bien comptés, sans parler de sept ou huit qui sont morts en bas âge; en tout vingt et un ou vingt-deux enfans. Or, un mari qui se conduit si bien, et qui d'ailleurs a l'une des plus belles femmes de la cour, ne sera point soupçonné d'avoir eu des maîtresses. L'ambition le maîtrisa plus que l'amour. Il devint sec et maigre par la diète rigoureuse qu'il s'imposa, selon la méthode de Cornaro, pour diminuer son trop d'embonpoint, et il en vint à bout. Je ne l'ai vu que très décharné, les joues fort creuses, et les yeux, qu'il avait beaux, fort enfoncés. (*Note de Brienne.*)

# ÉCLAIRCISSEMENS. 423

## Chapitre VI, Note BB, Page 291.

« On avait persuadé au Roi, dit Anquetil, que « Chalais, lors du complot qu'il paya de sa vie, de- « vait le faire arrêter; qu'on le ferait déclarer ensuite « inhabile au mariage, et que l'on donnerait son trône « et sa femme à Monsieur. » De tous les bruits qu'on se plaisait à répandre autour de Louis XIII, pour agiter son âme faible et jalouse, aucun n'avait laissé dans son esprit une impression plus profonde. Pendant le procès de Chalais, il fit paraître la Reine en plein conseil, et lui reprocha d'avoir eu la pensée d'un autre hymen. *Je n'aurais pas assez gagné au change*, répondit-elle dédaigneusement.

Il est certain cependant que, dans un temps où la mauvaise santé du Roi donnait des inquiétudes sur ses jours, en 1630, Monsieur se trouvant veuf alors de sa première femme, madame Defargis, confidente intime de la reine Anne d'Autriche, noua quelques négociations auprès de lui, *sur le fait du mariage, en cas qu'il arrivât faute du Roi, ce que l'on ne pouvait croire qu'elle eût entrepris sans un ordre exprès de sa maîtresse.* (Mémoires de feu M. le duc d'Orléans.)

Mademoiselle de Montpensier (t. I, p. 395) confirme les démarches d'Anne d'Autriche, qui, du vivant du Roi, traitait ainsi d'un second mariage avec Monsieur. « Toutefois j'ai ouï dire à Monsieur,

« ajoute-t-elle, que quand son frère serait mort pen-
« dant son veuvage, il n'aurait pas épousé la Reine,
« si cela ne fût arrivé durant un certain temps, *qui
« fut environ l'espace de deux ou trois mois qu'il
« avait été amoureux d'elle.....* »

### Chapitre VI, Note CC, Page 309.

M. de La Rochefoucauld parle en ces mots des incertitudes qu'éprouvait la Reine sur le choix d'un premier ministre :

« Quelquefois à M. de Beauvais, et à tous nous autres, elle témoignait quelque propension de garder le Cardinal pour un temps ; mais au même instant qu'on lui disait quelques raisons pour l'en dissuader, elle semblait y acquiescer, et n'en parlait plus ; si bien que si les premiers sentimens nous donnaient quelque soupçon, cette condescendance à ce qu'on lui représentait nous rassurait aussitôt. Mais ce qui nous abusa entièrement, fut qu'au même temps qu'elle inclinait du côté du Cardinal, elle promettait à M. Beaufort les finances pour M. de la Vieuville ; faisait espérer les sceaux tantôt à M. de Châteauneuf, tantôt à M. de Bailleul ; assurait M. de Vendôme que, deux heures après la mort du Roi, elle ferait revenir M. Desnoyers, et même, sur la fin, envoyait quérir le père de Gondy, et le président Barillon, nouvellement revenu de son exil d'Amboise, pour savoir leurs sentimens. Je crois qu'il peut y avoir eu beaucoup de dissimulation dans tout ce procédé ; mais aussi il y a eu sans doute beaucoup d'incertitude et d'irrésolution. » (*Mémoires de M. de La Rochefoucauld, etc.*, p. 332.)

On va voir que M. de La Rochefoucauld, qui n'a rien su de la négociation conduite par Beringhen, ni du billet secrètement signé par le Cardinal, supposait cependant que Mazarin avait quelque raison de ne plus redouter une disgrâce.

« Je ne sais pas quelle assurance le Cardinal pouvait avoir, à cette heure-là, de la bonne volonté de la Reine ; mais s'il en avait quelqu'une, il ne s'en découvrit à personne du monde, et parla à ses plus confidens de son retour en Italie comme d'une chose résolue, témoignant être fort offensé de ce qu'en cassant la déclaration on ne l'avait point excepté. Mais les affaires changèrent bien de face en peu de temps ; car, quelque trois ou quatre heures après le retour du palais, la Reine lui envoya proposer, par M. le Prince, de lui rendre, par un brevet, la place que la déclaration lui donnait, et de le faire outre cela chef de son conseil. Il fit quelque résistance à cette proposition ; mais enfin il se rendit, et promit de demeurer en France jusqu'à la paix seulement. On peut juger quelle surprise ce fut pour nous tous, qui le croyions prêt à passer les monts, lorsqu'en arrivant sur le soir au Louvre, nous apprîmes cette belle nouvelle.

« Ç'a été une chose assez incompréhensible, ajoute-t-il, que la Reine, à qui il devait être encore plus odieux qu'à nous, l'ait laissé dans sa charge » ;

puis, pour s'expliquer une *chose* qui lui paraît *incompréhensible* parce qu'il n'en connaissait pas le mystère, il accuse l'inconstance de la Reine et la probité du comte de Brienne, dont le récit plein de droiture rend aujourd'hui ce rappel très facile à comprendre. « Comme la Reine, dit M. de La Rochefoucauld, est d'un esprit assez susceptible des impressions qu'on lui veut donner, ayant trouvé des intercesseurs, elle diminua peu à peu la juste aigreur qu'elle avait contre lui. Le premier qui lui en parla fut Montaigu, créature dépendante autrefois de M. de Châteauneuf, et gagné depuis durant sa retraite à Pontoise, par la mère Jeanne, carmélite, sœur du chancelier. M. de Brienne ensuite l'appuya fort, et préféra (comme il l'a dit lui-même) l'intérêt d'un ami vivant à la mémoire de M. de Thou, qui avait été un de ses plus intimes. On l'accuse d'avoir aussi principalement considéré en cette rencontre vingt mille écus, qu'on dit qu'il lui fit toucher pour ses peines. » (*Mémoires de M. de La Rochefoucauld, etc.*, p. 346.)

CHAPITRE VI, NOTE DD, PAGE 309.

Voici maintenant le passage de la brochure que le comte de Brienne crut devoir écrire en réponse aux Mémoires de La Châtre, et dans laquelle il repousse les expressions si légèrement avancées contre lui :

« Je fus celui (et M. de La Châtre l'a ignoré) qui

donna conseil à la Reine d'offrir à M. le Cardinal la même place dans le conseil que le feu Roi lui avait destinée ; mais ce ne fut ni pour en avoir été prié par Son Éminence, ni beaucoup moins pour en avoir reçu, comme quelques uns se sont imaginé, vingt mille écus, dont la somme était trop médiocre, si l'on considère les avantages que je me pouvais lors promettre. Je déclarerai librement quel fut le motif du conseil que je donnai à la Reine, et je ne doute pas que si Sa Majesté était priée de dire ce qui se passa entre elle et moi sur ce sujet, je n'eusse la gloire de ne m'être point avancé, et d'avoir conservé en cette rencontre la franchise que j'ai toujours fait paraître, oubliant mes propres intérêts, et les sacrifiant à la seule passion dont j'ai été porté, qui est la gloire de servir mes maîtres.

« Sa Majesté m'avait témoigné avec douleur que Son Éminence voulait se retirer en Italie, et qu'il l'avait suppliée de permettre qu'il pourvût à son honneur par cette voie, qui était la seule qui lui restait, puisqu'en la déclaration qui devait être portée au Parlement, la dignité de lieutenant-général, que le Roi avait déférée à Monsieur, lui était conservée, et à M. le Prince celle de chef des conseils, en l'absence de S. A. R., et qu'il n'y était fait aucune mention de lui, quoique le feu Roi ne l'eût pas moins considéré que ces deux princes. Je pris la liberté de dire à la Reine que, puisqu'elle jugeait que le service de M. le Cardinal serait utile au Roi et à elle, elle ne pouvait prendre un meilleur conseil que de lui offrir la dignité que le Roi lui avait destinée ; qu'il arriverait de deux choses l'une, ou que Son Éminence en serait satisfaite, et qu'il recevrait avec reconnaissance l'honneur qu'elle lui présenterait, et qu'ainsi elle le conserverait à son service, ou qu'en la refusant, il témoignerait n'avoir aucune volonté de s'attacher auprès d'elle, quelque désir qu'il lui en eût fait paraître ; auquel cas elle ne perdrait rien de lui permettre de se retirer. J'ajoutai néanmoins que j'étais persuadé que Son Éminence se tiendrait obligée de l'honneur qui lui serait offert, et qu'il serait engagé de nouveau au service de Sa Majesté, rien ne liant si étroitement les âmes bien nées qu'une obligation signalée qu'on acquiert sur elles. Ce que j'avais prévu arriva de la sorte, et l'événement a justifié que la Reine ne pouvait confier son secret à une personne qui en fût plus digne que Son Éminence. La fin que, sous les ordres de Leurs Majestés, il a si glorieusement et heureusement mise à une guerre qui déchirait il y a si long-temps les plus nobles parties de la chrétienté, et qui l'exposerait à l'avenir à la conquête de l'ennemi commun, en a été une preuve certaine. » (*Réponse faite aux Mémoires de M. le comte de La Châtre; imprimée à Cologne en* 1664.)

Dans la dernière phrase de ce passage, Brienne fait allusion à la paix des Pyrénées, signée le 7 novembre 1659. On voudra bien se rappeler que la Reine vivait encore à l'époque où parut cet écrit. Brienne, qui lui avait servi de conseil dans cette négociation délicate, Brienne qu'elle avait si particulièrement honoré de sa confiance, ne pouvait, sous aucun rapport, mettre le public dans le secret de la singulière confidence qu'il fit depuis à son fils, et qu'on a lue dans le chapitre VI.

FIN DU TOME PREMIER.

# TABLE DES MATIÈRES

CONTENUES

## DANS LE TOME PREMIER.

Avertissement.................... *Page.* v

Essai sur les Mœurs et les Usages du dix-septième siècle, pour servir d'introduction aux Mémoires de Brienne............................ 1

Notice sur Louis-Henri de Loménie, comte de Brienne................................ 187

## MÉMOIRES DE BRIENNE.

Chapitre premier. — Brienne est reçu dans la compagnie des enfans d'honneur. — Femme de chambre de la Reine, portant un hausse-col et l'épée au côté. — Goûts précoces du jeune Roi pour tous les exercices militaires. — Cadeaux que lui fait Brienne. — Sa Majesté lui donne une arbalète forgée et montée de la main de Louis XIII. — *Les Rois donnent ce qu'ils prêtent :* paroles remarquables d'une gouvernante. — Prise de Gravelines. — Enfans de huit ans placés dans le régiment des gardes; — leur costume. — Mot d'Anne d'Autriche en les voyant en faction........................ 217

Chap. II. — Première guerre de Paris. — Madame de Brienne se sauve déguisée en sœur grise, et le chancelier en missionnaire. — Études, exercices des jeunes seigneurs à cette époque. —Équitation, danse, voltige. — Rare agilité de Brienne. — Ses camarades l'appellent *La Folie*; — triste présage de son sort à venir. — Sa familiarité auprès du jeune Roi, qui lui disait tous ses secrets, et auprès de Monsieur, qui l'appelait *son ami*. — Il a la petite-vérole. — Le Roi se sert de lui pour faire peur aux filles de la Reine. — On fait cesser ce badinage. — Il voit pendre un rebelle au siége de Bordeaux. — Pleurs de colère et d'indignation qu'arrache, à Louis XIV, la révolte de cette ville. — Ses paroles à ce sujet. — Les jeunes années du Roi annoncent ce qu'il doit être un jour. — Il rentre à Paris. — Dangers auxquels est exposé Brienne à l'attaque simulée d'un petit fort. — Il obtient, à quinze ans, la survivance de son père, et prend place au Parlement, en habit de cavalier, sur le banc des secrétaires d'État.............. 251

Chap. III. — Richelieu. — Commencemens de sa fortune; — il la doit au maréchal d'Ancre. — Richelieu reçoit, à onze heures du soir, l'avis que le maréchal doit être assassiné le lendemain; — il réfléchit un moment, et s'endort sans prévenir le maréchal. — Motifs que lui suppose M. de Brienne le père, dans un entretien avec son fils. — Détails sur l'assassinat.

— Le maréchal de l'Hôpital, un des assassins, dit à Brienne que le coup lui paraissait juste, après l'exprès commandement du Roi. — Portrait du maréchal d'Ancre. — Regrets de Louis XIII. — Ce prince, étant à Écouen, croit y apercevoir l'ombre du duc de Montmorenci, et quitte à l'instant le château.................................. 247

Chap. IV. — Conspiration de Cinq-Mars. — Entretien de Brienne avec Fontrailles, principal agent du grand-écuyer. — Particularités nouvelles racontées à table, le verre à la main. — Le complot est révélé à Richelieu par le comte duc d'Olivarès, ministre du roi d'Espagne. — Dangers auxquels cette conspiration exposa Richelieu. — Celle qu'il prétend avoir été tramée contre lui par des femmes n'est qu'une folie. — Le Cardinal fit beaucoup pour leur plaire. — Sa passion pour Anne d'Autriche. — Conversation entre elle et madame de Chevreuse. — Ce qu'elle propose à Sa Majesté. — La Reine accepte. — Richelieu, en pantalon vert et des castagnettes à la main, danse une sarabande devant Anne d'Autriche. — Il se déclare ensuite. — On traite sa déclaration de pantalonnade. — Son amour se change en haine................ 262

Chap. V. — Faveur de M. de Chavigny : — on le croit fils du cardinal de Richelieu. — Chavigny menace Louis XIII du courroux de Son Éminence, et le Roi le souffre. — Commencemens de Jules

Mazarin; — cadeaux qu'il apportait de Rome à madame de Chavigny : parfums, gants, tableaux, chapelets *bénis ou non.* — Dépêche importante d'un ambassadeur de Venise sur les débuts de Mazarin dans la carrière diplomatique. — Ses talens; service qu'il rend devant Casal. — Son portrait. — Ses liaisons avec M. de Chavigny, sous le ministère du cardinal de Richelieu et pendant les derniers momens de Louis XIII............... 277

Chap. VI. — Derniers momens de Louis XIII. — Déclaration injurieuse pour la reine Anne d'Autriche; — elle est anéantie. — Intrigues pour la formation d'un ministère. — On n'a, jusqu'à présent, rien su d'exact à ce sujet. — Récit que fait Brienne le père à son fils. — Conseil secret chez la Reine. — Penchant mal déguisé de cette princesse en faveur du cardinal Mazarin : — ses motifs. — Brienne le père pénètre ses intentions et les appuie. — Embarras d'un courtisan qui s'est trop avancé. — Discours de la Reine. — Beringhen va, de sa part, trouver le Cardinal, qui était à jouer chez le commandeur de Souvré; — il quitte le jeu. — Sa dissimulation; sa joie quand on lui parle au nom de la Reine. — Promesse qu'il écrit au crayon; — il *offre de la signer de son sang.* — La Reine remet cet écrit entre les mains de Brienne le père, et le lui redemande ensuite. — Il termine là ses confidences.................... 290

Chap. VII. — Brouille de Mazarin avec M. de Chavigny : — celui-ci est emprisomné ; — il vend sa
charge au comte de Brienne, père de l'auteur. —
Ruse hardie qu'emploie Mazarin pour éloigner
M. Desnoyers du ministère. — Joli rondeau de
Benserade à ce sujet. — Le Cardinal écarte ainsi
tous ceux qui pouvaient balancer son crédit. —
Madame de Chevreuse : — son portrait ; — sa
disgrâce. — Nouveaux détails sur la captivité et
sur l'évasion du duc de Beaufort. — Mazarin dans
l'exil. — *La Canne et le Pin des Ardennes,* anecdote
piquante qui peint sa fourberie ou sa crédulité.
— Le cardinal de Retz jure, *foi de prêtre,* que
cette anecdote est exacte...................... 310
ÉCLAIRCISSEMENS HISTORIQUES........... 329

FIN DE LA TABLE DU TOME PREMIER.

www.ingramcontent.com/pod-product-compliance
Lightning Source LLC
Chambersburg PA
CBHW071102230426
43666CB00009B/1799